World as a Perspective

世界作為一種視野

成為幽魂的總統

一段橫跨三代的家族記憶與臺灣獨立運動往事

廖美文Kim Liao　著
向淑容　譯

Where Every Ghost Has a Name:
A Memoir of Taiwanese Independence

僅將本書獻給我的家族，包括過去、現在與未來的家人。
尤其是以下幾位長輩，他們經歷過諸多風雨，成就了我輩的今日：奶奶、珍妮姑媽、泰德伯父、亞歷伯父，還有爸爸。
感謝你們所做的一切。

目次

第四部

臺灣版作者序

撰寫與研究這本書的過程，讓我學會了真正的謙卑。身為美國人，在二〇一〇年以前，我從未踏上臺灣這片土地，也不會說中文。但當年抵達臺北後，我深深感受到臺灣人的溫暖、善意與慷慨——無論是廖家親人、祖父廖文毅的朋友與同事，或是素昧平生的陌生人，都給予我極大的幫助。正是因為這些人的支持，我才能有機會理解、重建，並分享這段來自過去的故事。

距離我在臺北生活的那一年，已經過了十五年。這段期間，臺灣有了許多變化。讓我特別感到振奮的是，政府近年來積極推動轉型正義，學界也日益關注相關歷史的書寫與研究。來自受難者、自由鬥士，以及他們家屬的口述歷史，是我們理解過去的重要途徑。我也為現在愈來愈多臺灣人願意討論臺灣在世界中的角色，以及愈來愈多年輕人認同自己是「臺灣人」而感到欣慰。

我寫這本書，是希望能將我們家族的故事介紹給美國與世界各地的讀者。但我從不認為自己能講述臺灣完整的歷史。我無意代表臺灣人民，也無意代表我的家族，或我的祖父廖文毅。我所能訴說的，只是自己的故事。

即便如此，我仍希望這本書能成為對話的一部分——關於臺灣歷史、白色恐怖、正義，以及每個人如何為自己相信的事情奮鬥。在我旅居臺灣期間，曾幫助過我的每一位朋友，我都深懷感激，也期待不久後能再次踏上這片土地。

我祝福臺灣持續和平與民主，也希望全世界都能看見、理解，並珍惜這座美麗而珍貴的島嶼——臺灣。

廖美文（Kim Liao），二〇二五年五月

作者說明

本書屬於創意非虛構寫作。為了忠實記錄歷史，我已盡最大努力確保書中所述事件的準確性。此外，我也盡力注明事實與推論的來源，好讓研究者能進一步探索這段歷史。書中關於過去與當代的敘述，有些場景是根據回憶與推測所重建，帶有想像的成分；其中部分當代人物的姓名亦已更動，以保護當事人的隱私。最後，記憶是盛裝真相的不完美容器，只能呈現片段與主觀的印象。

第一部

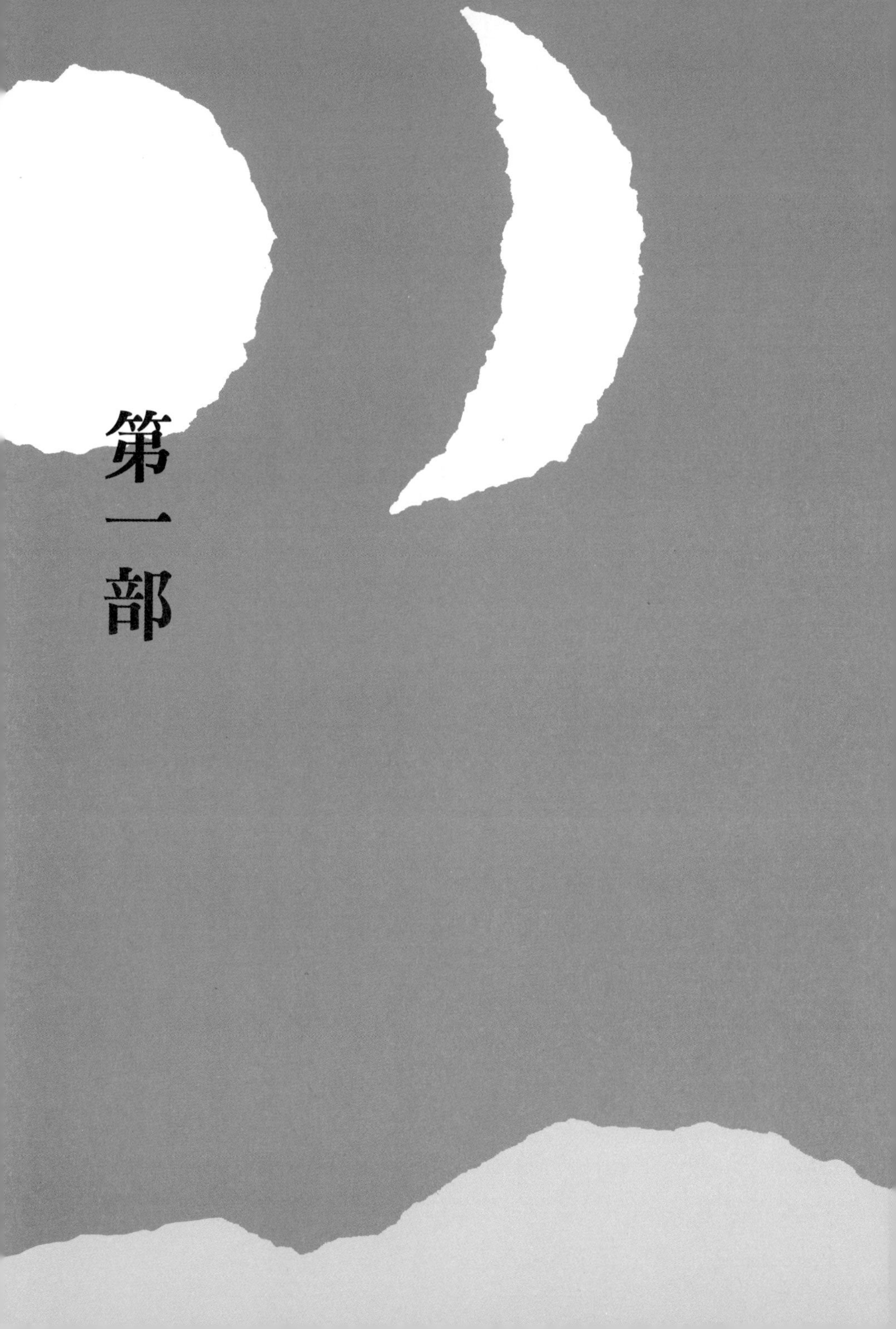

第一章 學錯中文了

二〇一〇年八月
臺灣臺北

一九四七年，獨裁者蔣介石試圖置我家人於死地。二〇一〇年，我來到臺灣探究原因。

我在八月下旬一個溫暖的早晨抵達，拖著幾個超大行李箱，心中滿是對過往的疑問，迫不及待想找到答案。剛到的那天，我走進臺北街頭，身上的裝備有地圖、一本漢英字典、一顆蘋果和一瓶水，活像個首次踏上陌生星球的太空人。我拿到傅爾布萊特（Fulbright）獎學金，預計在這裡待一年，希望這一年足以讓我找到答案。才沒幾分鐘，我的牛仔褲就被汗水浸溼，藍色T恤也緊接著溼透了。我當時二十六歲，是個美國人，這是我第一次來到亞洲，也是我人生第一次踏入北回歸線以南的地方。我走在大安區椰樹成排的寬闊大道上，熱浪一波波向我襲來。

為了尋找遮蔭，我離開大馬路，走進一片擠滿商家的狹窄巷弄。陽臺上掛著晾曬的衣物，小吃攤和餐館的桌椅延伸到人行道上；五顏六色的招牌層層疊疊，用我看不懂的中文字宣傳店家賣的食物。那時智慧型手機在臺北還不普及，我當然也沒有。這裡街道上的步調比紐約緩慢，我感覺自己彷彿正在穿越時光，回到過去。

我一邊探頭望進藏身角落的小店，一邊忙著閃避從四面八方湧來的機車與腳踏車，耳邊不時傳來嗡嗡的引擎聲，同時心想：一九四五年，我奶奶李惠容（Anna Lee）和爺爺廖文毅是住在臺北的哪裡？我希望能用想像力穿越回過去，走進他們的生命裡。

第二次世界大戰結束後，我爺爺公開批評由蔣介石領導的中國國民黨政府。日本政府於一九四五年投降後，將原本是清朝行省的臺灣「交還」給中國，國民黨政府因此取得對臺灣的控制權。然而，先前臺灣只是空有中國行省之名罷了。十九世紀的臺灣是一座秩序尚未建立的邊陲島嶼，清朝對其施加的治理十分有限。在那個時代，來自中國大陸的福建移民與客家移民（客家人是一個擁有自己文化及語言的少數族群）持續在臺灣拓墾定居，與早已在島上生活了數千年的原住民共享這片多山的土地。

一八九五年，日本藉由《馬關條約》從清廷手中取得臺灣，結束了甲午戰爭。因此，從那一年起直到一九四五年，臺灣都是日本殖民地。日本的文化影響至今仍隨處可見：充滿誘人堅果香氣的小咖啡店、多不勝數的日式壽司店，以及高效率的郵政與鐵路系統。這座美麗的島嶼展現出鮮活多元的文化交融，即使筆劃複雜的中文字讓我眼花撩亂、困惑不已，那股文化氛圍仍在高溫中一波波向我襲來，將我籠罩其中。

我漫步在蜿蜒曲折的巷弄裡，想像著一九四七年我祖父母曾在這些街道上行走，那是在一場名為「二二八事件」的衝突前夕，這場事件迫使我爺爺為了躲避蔣介石手下特務的追捕而流亡香港。在香港，他和他哥哥廖文奎這兩個自由鬥士更加暢所欲言，從批判國民黨政府逐步升級為組織臺灣獨立運動。一九五〇年代，他們向聯合國及美國請求政治與軍事支援，相信自己能推翻繼日本之後的另一個殖民政權，將臺灣的控制權還給臺灣人。這就是廖文毅和廖文奎的計畫。但接下來發生的一切，在隨後的六十年間始終是個謎。

我爺爺發展他的政治運動，我奶奶則在香港獨力撫養四個小孩。她與臺灣的廖家斷了聯繫，失去經濟支援，與自己的娘家更是毫無往來。在全家性命堪憂之際，她毅然決定，廖文毅爭取臺灣自由的理想，不該以犧牲孩子們的未來為代價——這代價實在太大。於是她離開亞洲，帶著幾個孩子前往美國，展開新生活。

一九五一年，奶奶和孩子們抵達布魯克林；我爸爸是老么，當時只有兩歲。此後，奶奶再也沒提過她的丈夫。我爸爸理查從小到大，對任何問起他父親的人都說已經死了，而他對爺爺曾參與的臺灣獨立運動也一無所知。我是他唯一的孩子，在廖家孫輩中年紀最小，家族對過去絕口不提，反而助長了我的好奇心。你對一個孩子什麼都不說，只會讓她一心想去探究。

數十年後的今日，我來到這裡，就是為了弄清楚一切：我想見爺爺的家人，也就是在臺灣的廖家人，瞭解他究竟經歷了什麼。我想知道他為什麼主張臺灣獨立、如何推動這場運動，又在臺灣邁向民主的歷程中扮演什麼角色。奶奶生前對這段往事三緘其口，我也一直不敢多問，怕惹她難過。奶奶去世多年後，我在來臺灣前先訪問了幾位姑媽與伯父，但當年他們逃難時年紀尚小。有太多事我至今仍無從得知。

沒想到，最震撼的一擊還在後頭。來到臺灣的第一天，我在臺北街頭走走看看，一邊試著熟悉環境，一邊追尋失落的家族記憶，卻發現我慘了：我在美國學錯中文了。我學的是簡體字，這種字體通用於中國大陸和整個華語世界。臺灣卻是其中的例外，使用的是繁體字，這意味著，我來這裡準備進行一整年的研究，結果卻幾乎是個文盲。如果我連字都不會認，甚至連餃子都不會點的話，又怎麼可能打破幾十年的沉默，挖掘出關於臺灣和我們家族的真相？

***

我站在一條昏暗溼熱的小巷裡，仰頭看著一家水餃麵食攤的價目表，想在這個陌生的國度吃一頓晚餐。這時我終於明白自己眼前的文字是繁體中文，頭一天的極度困惑在此刻化成了震驚、挫折，還有絕望。

繁體字保留了原始的筆畫。中國共產黨奪得政權並建立中華人民共和國後，將絕大多數的繁體中文字「簡化」，以提高全民識字率，理由是筆畫少的字比較易於讀寫，也比較好記。這確實有幾分道理。舉例來說，我的姓氏「廖」有十四畫，而繁體字的「龜」有十八畫，簡化後的「龟」卻只有七畫。先前我在波士頓學了整整一年的中文，那些教我的老師都知道我打算來臺灣生活、工作、研究臺灣歷史。既然如此，為什麼沒有人告訴我臺灣使用繁體字？這可一點也不是什麼小細節！

那天晚上我在麵攤看到的字，筆畫都特別多；我學過的「面」旁邊多出一團鬼畫符，變成了「麵」。這下麻煩大了。我手上有一封某臺灣國立大學教授寫的研究補助推薦信，信上預設我已經學好中文，準備好展開為期一年的研究生活——但就在一瞬間，我所有的準備就像一滴水落在炙熱的臺北街頭，轉眼蒸發無蹤。我孤身在異鄉，不知如何與人溝通。

幸好當晚還有兩種食物的繁體和簡體名稱長得一樣：包子（就是「包起來」的包）和咖啡（謝天謝地）。我買了一些不知道內餡是什麼的包子，在飯店房間裡吃下我淒涼的第一頓晚餐。吃完後我就爬到床上，時差和初到臺北頭一天的遭遇讓我累得直接躺平。

在這個地方住上一年，恐怕會比我想像的困難許多。

***

幾天後，我強迫自己再次走出門探索這座城市。我下定決心，就算看不懂繁體字，也要摸索出在臺灣生活的辦法。於是我前往臺北一處知名夜市。先不管做不做得到，至少我可以試。

傍晚時分，我從仁愛路出發去通化夜市，夜市入口在東邊幾個路口外的臨江街。我帶著地圖，覺得晚上走在路上還算安全，就一路走到昏暗巷弄被霓虹招牌點亮的地方。狹窄的街道擠滿了各個年齡層的行人，悠閒地在香氣四溢的小吃攤間穿梭。空氣中瀰漫著蒜頭、醬油和九層塔的香氣。攤販賣的食物有烤的、炸的、蒸的、嫩煎的、燉煮的；有的串在細竹籤上，有的裝在小紙袋裡。

除了小吃攤，我還看到一些臨時店面，擺滿球鞋、運動服飾、包包、帽子和T恤；有些T恤上印著美國職業球隊或韓國偶像團體的名字，有些則寫著不知所云的英文詞句。整個夜市像是購物中心、餐館與跳蚤市場的混合體。耳邊傳來高高低低、斷斷續續的中文交談，我打從心底希望自己聽得懂。我盡量低調地穿過夜市人潮，但我是一個高大的白人女性，站在人群中明顯比別人高，難免引人注目。臺北雖然是座國際化的首都城市，但在某些方面仍顯得純樸，甚至封閉。我遇到的人大多不會說英文，我更加覺得自己格格不入。

小時候我長得挺像亞洲人，但到了二十歲左右，我的淡褐色眼睛轉綠、棕色頭髮變淺，圓臉也拉長了。漸漸的，我長得愈來愈像俄裔猶太人母親，而不像亞洲人父親。爸爸有次說：「妳的眼睛顏色愈來愈淺，妳看起來愈來愈像白人了。」接著他補了一句：「但至少妳在最重要的地方還是亞洲人。」他輕敲自己的額頭，對我眨了眨眼。

我早就習慣了沒有歸屬感。在一九八〇年代的長島東部小鎮，像我這樣的混血兒並不常見。我念的是以白人為主的公立小學，在同年級裡，我是唯一的亞洲小孩兼唯一的猶太小孩。同學會取笑我圓圓的鼻子和偏深的膚色；而且我們家只是保留猶太文化傳統，並不篤信猶太教，因此我從未真正成為猶太社群的一分子。那種感覺很孤單。隨著年紀漸長，我愈發感到迷惘：我既不屬於亞洲人社群，也不屬於猶太人社群——我是個異類，是種奇特的混合物。我爸爸曾說：「妳是混種狗，混種狗是最聰明的。」但這句話並沒有幫我找到真正的歸屬。我從閱讀推理小說和寫些孩子們展開奇幻旅程、前往未知之地的故事得到安慰。我在書中尋找歸屬，也尋找冒險。

整個童年時期，總有陌生人問我：「妳是哪裡人？」語氣裡帶著真誠的好奇。他們不請自來的猜測五花八門，從越南人、韓國人，到土耳其人、墨西哥人、希臘人、羅馬尼亞人、葡萄牙人都有。我在美國長大，在那裡我是亞洲人，是有色人種，是被邊緣化的他者，不屬於主流社會。但來到臺灣後，大家又理所當然地把我當成白人。我再度被他者化，只是這一次，是因為我看起來比較像白人。

就算我在夜市裡顯得格格不入，至少還能尋找一些美食。我大學時的室友伊娃是臺灣人，她曾向我推薦兩樣她最喜歡的小吃：炒空心菜（空心的菜，我覺得這名字好可愛，也挺有詩意），還有臭豆腐。臭豆腐之所以叫臭豆腐，是因為發酵時間很長，會散發出令人皺眉的臭味，卻又出奇美味，就像卡門貝爾乳酪（Camembert cheese）。那天在通化夜市，我沒有把握能找到這兩樣小吃，但至少我有了任務。我一定會找到方法熟悉這座城市，把繁體字一個一個學起來。

我用中文問了好幾家攤販：「請問，你有沒有空心菜？」好不容易終於有人點頭對我說：「有，五十五塊。」我數出五十五塊錢的硬幣（大約一塊五美元），那位方臉老闆遞給我一份裝在塑膠碗裡的炒空心菜和一雙免洗筷。

我感到一陣勝利的喜悅湧上心頭。我坐上矮桌旁的一張黃色塑膠椅，大口享用這碗飄著蒜香的美味空心菜。它讓我原本空蕩蕩的心重新充滿了溫暖、勇氣與希望。

***

來到臺北即將滿一週時，已能順利買到食物和捷運悠遊卡的我，準備前往國立政治大學（簡稱政大）去上第一堂中文課。

在捷運動物園站旁的公車站，有個高高瘦瘦的年輕男子朝我走來，他的表情看起來跟我一樣茫然困惑。他有雙棕色的大眼睛，高挺的鼻子，頭髮短而直豎，身穿藍色鈕扣襯衫和牛仔褲。「救命！妳會說英文嗎？」他帶著英國腔喊道。

「會！」我很高興有人用我唯一能聽懂的語言對我說話。

「妳知不知道政大要怎麼去？我完全搞不清楚——」

「我也要去那裡！搭現在到站的二八二路公車，我帶你去。」

「妳是我的救星！」他在我們匆匆跳上公車時說道。那一刻，我像喝下一口愛爾蘭咖啡般，感到一股溫暖湧上心頭。我們一邊摸索著陌生的硬幣，一邊湊錢付車資。「我叫山姆，我來這裡學中文，預計待六個月或更久，學會為止。妳呢？」

「我叫金，美國人。我在研究臺灣史，想要挖掘我失散多年的爺爺的故事，他在二戰後領導過一場追求民主的獨立運動。」

「太酷了吧！」山姆綻開笑容。我們好不容易找到華語中心後，他突然給我一個擁抱。「妳在山下拯救了我，沒有妳我一定會迷路！下課見？」

我很開心能因為語文能力一樣差而和他馬上變成朋友，也才意識到自己在臺灣的頭幾天有多孤單。想到這裡，我鬆了一口氣。

山姆和我一起在學生活動中心吃午餐，外面下著暴雨，風把雨滴重重打在窗戶上，彷彿在發洩看不見的怒氣。我聽山姆聊他先前的南美洲背包行，他在那裡找到失散許久的爺爺，還跟一群從未見過的親人團聚。我驚訝於他的經歷和我此行追尋的目標竟如此相似，於是也把我目前所知道的祖父往事全都告訴他。

我跟山姆說了廖文毅和他哥哥廖文奎被蔣介石手下特務追捕、最後逃到香港的事。我也告訴他，我奶奶如何獨自帶著孩子連夜逃離，躲避那些翻遍他們家、想找出她丈夫的士兵。我感嘆還有許多與我們家族及臺灣獨立運動有關的問題尚未釐清。山姆說，如果我在臺北附近找線索時需要夥伴，他願意幫忙。我感激不已，也迫不及待地對他說，我真的很希望有人能陪我一起探究、挖掘臺灣的歷史。

吃過午餐，我們一路閃躲落下的雨滴，慢慢走去幫他辦行動電話（中文俗稱「手機」(shouji)，字面意思是「手上的機器」）。

「如果『手機』是『手上的機器』，那『手工作』(shou gongzuo) 不就等於……」——山姆查閱他的袖珍辭典——「手淫 (hand job)？」他把肩膀聳得老高，活像個卡通人物。

我直接大爆笑。「別鬧啦！」我上氣不接下氣，一邊說一邊肘擊他的肚子，人行道上的行人對我們投來異樣的眼光。「我們在這裡已經夠引人注目了。」

「誰理它？」他笑道。「反正我們不可能變矮，也不可能變成亞洲人，再說法律又沒規定我們不能開心。」山姆是個大膽無畏的旅人，從來不擔心迷路或語言不通。他散發出來的歡樂氣息緩和了我的焦慮。找到一個會說英文又會逗我笑的人，我心裡輕鬆多了。

我已清楚認知到，自己在這趟追尋中既迷惘又孤單，根本不知道該從哪裡開始。

我完全沒有其他家族成員的聯絡方式，對西螺老家也一無所知，但我知道父親在臺灣還有幾個堂兄弟姊妹。我應該事先向姑媽要他們的電話或地址，但光是準備這趟旅程、設法來到臺灣，就夠讓我身心俱疲了。何況我也不想麻煩她，更不想隨便拿自己的問題去打擾臺灣的親戚。

我向來很實際，無論是旅行還是換工作，通常都會準備得比必要的還周全。我做事認真，計畫總是一絲不苟。但在臺灣探索家族過往時，我很快就發現這完全超出自己能力範圍。我也不懂：為什麼我不事先求助？為什麼我會準備得這麼不充分？

如今回頭想想，安娜奶奶是不是把那份因創傷而造成的沉默傳給我了？我是不是下意識覺得，追問過去是一件危險的事？我是不是害怕惹怒我在臺灣僅存的幾位年邁親人？是不是害怕他們會說：「妳沒資格知道。妳又不是廖家人，所以我們不會告訴妳」？對廖家人而言，家族是一個靠黏合劑維繫的結構：血緣是紐帶，沉默是封印。

我不知道自己在怕什麼，但就是打從心裡想要逃避。我極度渴望知道祖父母的故事，才會遠渡重洋、來到我們家族的原鄉。然而，是不是我其實害怕真相太過刺眼，會讓我像飛得離太陽太近的伊卡洛斯一樣，從高空墜落、走向毀滅？我是不是害怕親人不接納我？

爸爸的大堂哥廖史豪和大堂嫂陳娟娟，我小時候在美國見過他們一次，但現在卻完全不知道要怎麼找到他們。我告訴自己：等時機成熟了，我就會打電話給史豪伯父和娟娟伯母。我會等自己中文學得更好、對臺北更熟悉、知道該問哪些問題的時候再聯絡他們。但照我目前的進度來看，那個「時機成熟」的時刻可能永遠不會到來。

***

第一次跟我的傅爾布萊特獎學金贊助人見面時，我才真正明白自己的能力有多不足。黃教授是歷史學者、政大臺灣史研究所的所長，而我當時也在那裡上中文課。我原本希望這座校園能成為我在臺北的學術根據地。我和黃教授以及他兩位同事在政大的一家咖啡店見面，他和我握手時驚訝得下巴都快掉下來了。〔妳是廖美文，廖文毅的孫女？〕他驚訝得表情都僵掉了，似笑非笑的。另外兩位教授也用中文自我介紹，我沒聽清楚他們的名字。

我的中文名字「美文」不是家裡面取的，而是我的中文老師。她一聽說我想來臺灣做這項研究，就幫我取了這個名字。「美」和「文」都很容易發音和書寫。「美」可以解釋為「美國人」或「美麗」，是常見的女生名字；「文」則有「文學」、「文字」或「文書」的意思，也和爺爺廖文毅的名字用的是同一個「文」字。

黃教授笑得很僵硬。〔好，妳希望如何開始和推進妳的研究？〕

「對不起，我們可以說英文嗎？我中文不好——我這週才開始在這裡上中文課，還要一段時間才能熟練。」我的臉漲得通紅，耳朵也愈來愈燙。雖然外語並非我的強項，但我從小到大成績一向優異。來臺灣之前，我跟中文老師用中文慢慢交談時還挺有信心的，然而此刻我卻像個困惑的孩子。我從未有過如此強烈的學業挫敗感。

他露出為難的神情。〔我不經常說英文。〕

他的年輕同事把他的話翻譯成英文：「黃教授不常說英文……」。

咖啡送來了，我趕緊端起自己的那杯，藉著喝咖啡來掩飾內心的尷尬。

〔——所以也許我們應該在妳學了更多中文之後再見面。〕

「好，我很樂意。」我回答時，不小心把咖啡灑到手上，皮膚被燙得好痛。「很抱歉，今天耽誤了你們的時間。」

黃教授接下來說的話，我一句也聽不懂。

那位年輕同事停頓了一下才開始翻譯。「妳——跟黃教授預期的不太一樣。他原本以為妳既然拿到這麼有聲望的研究獎學金來臺灣，應該能說中文，也能閱讀中文資料。我們也以為妳看起來會更像臺灣人，並且能將妳的專長貢獻給我們研究所。」

我羞愧難當，只覺得臉上更是火辣辣的。

同桌的第三位教授比較年長，他轉過頭來，親切地用英文問我：「妳小時候沒有跟家人說中文嗎？」

我搖搖頭。〔我們說英文。我已經一年學中文在美國。〕

他們三位都訝異地望著我。〔一年？〕黃教授問道。

〔是。一年。〕

該走了。我來之前特地練習了接下來這句話：〔我很高興開車我的研究。〕

那位年輕教授說：「美文，我想妳可能弄錯了。中文的『開始』要說kaishi，妳說kaiche，那是『開動車子』的意思。」

「謝謝，」我說。我的喉頭緊縮，覺得丟臉到了極點。

那天下午回到家，我丟下書包、撲到床上，感覺整個人都被打垮了。我這樣要怎麼開始我的研究？我知識不足、長得又不夠像臺灣人，讓我的傅爾布萊特贊助學者感到很為難，而我自己也羞愧得不敢再去麻煩那幾位教授。我原本期望這間研究所能支持並培養我進行理想中的歷史研究，如今看來完全行不通。這場追尋似乎已不可能實現。

那一刻要是有人給我機會，讓我放棄在臺灣繼續過完那一年、馬上回紐約，我絕對會立刻走人去機場。

***

剛開始的那段日子，臺北以高溫、潮溼和幽靈將我緊緊包圍。靠著手中的幾張地圖，我勉強能在市區找路，捷運搭起來也算方便。但找地址就沒那麼容易了：幾乎每條路都會分岔出好幾條巷和弄，像蜘蛛網一樣錯綜複雜。

我穿梭在那些巷弄裡，就像摸索著走進一座迷宮。這條巷子帶我通往一座美麗的山中公園；那條通向賣鳳梨的攤子，老闆揮舞大菜刀削著帶刺的黃色水果，刀法輕盈，像是在揮筆作畫。另一條則通往傳統市場，沿街擺滿賣新鮮蔬果的攤位，也有現殺的雞（後方還關著咕咕叫的活雞），以及一排排吊在眼前、隨風搖晃的現宰豬肉。市場清早開張，到了午後就收攤。

有條小弄裡藏著一家美味的餃子館。那條街上則有間小吃店，客人坐在騎樓下的塑膠凳上，用小杯子喝著啤酒或白酒（那種帶刺鼻酒精味的透明烈酒），配著幾道小菜，邊吃邊看著夜色籠罩臺北的這個小角落。

臺北到處都看得到蔣介石的人像，頌揚這位臺灣戰後的第一位總統。但他的故事，遠不止如此單純。

一九四七年二月二十八日，臺灣民眾與中國國民黨軍隊爆發激烈衝突。這場動亂史稱「二二八事件」，在當時引發國民黨政府大規模的血腥鎮壓。此後，臺灣逐漸進入高壓統治，最終在一九四九年實施全島戒嚴，這段時期後來被稱為「白色恐怖」。二二八事件發生後，蔣介石擬定了一份逮捕名單，要捉拿那些批評政府、對政府「不忠」的臺灣人。國民黨派出數千名士兵，全力追捕名單上的所有人，數以萬計的臺灣人被監禁、虐待，甚至慘遭殺害。許多人，就這樣無聲地消失了。二二八事件的真相，以及隨後幾十年間戒嚴體制下發生的一切，長期遭到國民黨政府封鎖。他們刻意不讓自己的人民知道真相。

二十多歲剛開始研究臺灣史時，我曾問朋友伊娃，她小學時學過哪些和二二八事件有關的內容。她說沒有，因為一九九〇年代的臺灣歷史教育課綱根本沒列入這件事。不過她回憶起學生時期有一次，有同學做了一份關於二二八事件的報告，老師和班上大多數人都極度震驚，有人是第一次聽說這個事件，也有人根本無法承受那些血腥細節的討論——整個班級的氣氛頓時變得一片凝重。伊娃回家後問她父親二二八的事，她父親也許是想安撫年紀還小的女兒，回答說：「二二八事件就是一堆蚊子成群飛來飛去，咬人吸血。」

她也記得從小到大，社會上對蔣介石的描述一直很正面：「他是我們的前總統。我們把他當作臺灣民主的奠基者之一。」

但他也曾下令國民黨士兵無差別屠殺。如果當年我祖父被他們抓到，今天恐怕就不會有我的存在了。

臺北有座宏偉的紀念廣場，中央矗立著一棟白色高聳的建築，用來緬懷蔣介石。建築頂端是寶藍色的寶塔屋頂，搭配華麗的裝飾，氣勢非凡。廣場兩側是兩棟金色屋頂的龐大建築，一為戲劇院，一為音樂廳，常舉辦世界知名音樂家與劇作家的演出。整座廣場明顯是在頌揚蔣介石的豐功偉業，至今仍是臺北最受歡迎的觀光景點。

這個地方甚至有自己的捷運站，就叫作中正紀念堂站。我第一次來這一站時，剛下車就注意到金箔馬賽克與鋪設華美的地磚與牆面。這裡的裝潢與臺北其他乾淨卻素雅的車站截然不同。我沿著地下道往紀念堂的對街走去，只覺得胸口一陣緊縮。

我不禁想問，關於蔣介石與國民黨士兵當年追捕我家人的細節，還有多少是我不知道的？他讓臺灣人徹底噤聲，又巧妙地將他對臺灣的統治包裝為「自由中國」，成功行銷給美國，導致白色恐怖時期的英文資料極其稀少。我開始思索，該如何從腳下這些金邊地磚之下，把那些被掩埋的故事挖掘出來。我也想知道，那些未曾留下姓名的幽靈究竟是誰。他們都是蔣介石的受害者，我彷彿看見他們的遺骨埋在這座美輪美奐的捷運站下方，靜靜崩解，化為塵埃。

我感覺有一雙冰冷的手掐住我的喉嚨，令我喘不過氣來。那些二二八事件與臺灣獨立運動的無名幽靈在我耳邊低語：找到我們。告訴全世界。讓我們犧牲得有價值。

我想像蔣介石本人的樣子：個子不高，頭髮理得整齊，留著一撮濃密的小鬍子，身穿陸軍上將制服，披著一件大斗篷，抵禦一九四七年三月的溼冷天氣。我看見他站在一張大桌子前，簽下一張張逮捕名單，腦中盤算著如何迅速、悄無聲息地消滅異己。他一心想讓臺灣在最短時間內被徹底掌控。

我想起爺爺廖文毅，他在一九八六年去世，那年我才兩歲。至今我仍不知道他葬在何處，也許在南部的西螺祖厝？我想著他的精神與遺澤，也想著自己是如何因為對他生平的執念，才跨越半個地球來尋找他，為他說出這段被遺忘的歷史。他在我心底低語：妳要找到我。我就在這裡。既然妳已經來了，我會幫妳。把我的故事告訴世人。

我一陣眼花，踉蹌著走上捷運站的階梯，走進陽光下。臺北的燥熱撲面而來，彷彿走進一座烤爐。耳邊的幽靈逐漸散去，退回地下道，滲進地磚之下，潛入城市的地底深處。這座城市埋藏了太多祕密。現代的臺北，是在無數血跡之上建立起來的。我必須回頭去挖掘那段被掩埋的歷史。

妳要找到我們。我們在等妳。

可是，怎麼找？

第二章 ═ 僅有的線索

二〇一〇年八月
臺灣臺北

我在臺灣展開短期生活之際，找房子是一大挑戰。我在臺灣外籍人士交流網站「Tealit」的英文租屋資訊中，挑了三間公寓，打算在剛到臺北的頭幾天去看。

第一間公寓標榜「近捷運站」。但我走了二十幾分鐘、穿過吵雜的建築工地才到，流了滿身大汗——結果就在我抵達前，那個小房間剛租出去。

第二間在一棟豪華的大樓裡。大樓很新，附有健身房、頂樓三溫暖等設施，還能俯瞰都市美景。然而所謂的「房間」，其實只是一個大的衣帽間，位在樓梯底下，所以天花板是斜的。一個自以為是的美國男子主張：「有門就是臥室。」我想到哈利波特小時候住的儲藏室，只委婉地回了一句：「我會再想想。」

去看第三間房的那晚下著雨，我的雨傘還被偷了。我渾身溼透、狼狽不堪地走到捷運麟光站，準備和一位名叫蘇珊的女子碰面，很擔心這又是一場空。幸好，蘇珊帶來一把大傘，能讓我們兩人一起遮雨。她是個嬌小的臺灣女子，英文說得非常流利。走路時，微捲的長髮垂落在背上，腳上的夾腳拖鞋踩在水窪裡啪嗒作響。她一邊走路，一邊輕鬆地和我聊起附近的市場、咖啡館，以及這裡離政大和臺北市中心有多近，整個人散發著令人安心的溫暖氣息。她的話語與雨聲交織，一點一滴落入耳中。

房內乾淨又舒適。蘇珊四十多歲，她的房子不像學生宿舍，而是一個真正的家。招租的房間有兩扇窗、一張大床、一張質感不錯的黑色書桌，還有一個附鏡子的衣櫃。最棒的是，它有獨立浴室。我心頭一震，有種一拍即合的感覺。這個房間彷彿一直在等著我來發現。蘇珊看起來像是一個值得信賴的人。我腦中有個聲音輕輕地說：沒錯，妳可以在這裡住上一年。這個房間會好好照顧妳。

「我要租，」我說。那一刻，我像是抵達臺灣後第一次真正鬆了一口氣。我可以住在這裡，然後從這個安全的據點出發，找到進入家族過往的路。

後來我才知道，附近的「Linguang」捷運站，其實是由「麟」與「光」兩個字組成的。「麟」大致可解釋為「母鹿」或「獨角獸」的意思，「光」則是「亮光」、「光明」的意思。「麟」這個字出自「麒麟」，為中國神話裡的神獸，結合了鹿、獨角獸、龍的特徵，是一種會飛、胸口燃著火、能招來福氣的厲害角色。據說麒麟是天庭的守護者，能驅邪避凶。於是我把「麟光」想像成中國獨角獸所發出的光芒，穿越時間與空間，為所到之處的每一個人帶來真相與覺醒。

這對我來說意義非凡，因為剛到臺北時，我極度迷惘與茫然，迫切需要某種神聖的力量，來幫助我展開這趟追尋。

隔天我就搬進新住處，把所有行李一一歸位。我將僅有的幾樣線索攤放在那張大大的黑色書桌上，準備展開對祖父母人生故事的追尋。我有一本名為《被出賣的臺灣》（*Formosa Betrayed*）的書，裡頭簡略記載了爺爺獨立運動經歷的一些細節；還有一本爸爸的旅行日誌，記錄了他在一九七九年、成年後首次回到臺灣與爺爺團聚的過程，以及一篇一九二〇年的報紙文章，文中提供了一條與奶奶神祕身世有關的線索。我奶奶安娜出生於紐約市，是個孤兒，在俄亥俄州上大學時認識廖文毅，後來隨他搬到臺灣，但我對他們兩人的童年都所知甚少。

我還帶著一本中文書，封面上是爺爺的照片，但書裡的內容我一個字也看不懂。這本書是泰德伯父（按：廖公瑾，廖文毅大兒子）借給我的，我把它帶來臺灣是為了求好運。這些物品看似雜亂，卻是我的護身符與線索。我只能依靠它們引領我一路向前，尋找被遺忘的過往。

***

線索一：那本書
二〇〇〇年四月
紐約州長島

關於爺爺在臺灣獨立運動中所扮演的角色，我找到的第一個線索，是一本提到我們家族的書：《被出賣的臺灣》，作者是葛超智（George Kerr），一九六五年出版。我念高中的時候，爸爸的大姊，也就是珍妮姑媽（按：廖薰瑾，廖文毅大女兒），曾不經意地提起過這本書，語氣輕描淡寫，彷彿那根本不算什麼：「對了，有一本書叫《被出賣的臺灣》，裡面有寫到我們家。主要是寫妳爺爺。」

那時我簡直難以置信，畢竟我們家從來沒有人願意談過去的事。沒有人想提，可竟然有人寫了一本書，是關於我爺爺的？怎麼可能？誰會在乎我們？

我好不容易透過圖書館的館際合作系統查到這本書，就把它借出來，在索引中搜尋爺爺的英文名字「Liao, Thomas」。接著我翻到書中第一次提到爺爺的地方，在書的很後面。我向來是個求知若渴的學生，於是迫不及待讀了起來：

廖氏兄弟的故事則發人深省。廖氏兄弟來自臺灣中南部富有的基督教地主家庭，兩兄弟於一九二〇年代離開臺灣到國外求學。兩人都拿到美國大學的博士學位……當臺灣於一九四五年被交給蔣介石時，他們有絕對的理由相信會被指派在新政府中擔任高職。不幸的是，他們具有一些缺陷——他們太誠實了，而且居然相信民主政治的原則與施行，這都不符陳儀用人的條件。

好喔，我開始思索。爺爺家境優渥、教育程度很高，戰後希望在臺灣政府中擔任官職。他信奉民主。這些我都能理解。到目前為止，一切合理。翻了幾頁後，我讀到這段話：

一九五五年九月一日，廖文毅在黨內成立一個三十三人的委員會……次年（一九五六年）二月二十八日，該議會成立臨時政府，廖文毅如眾所料，當選第一屆總統（大統領）。

等一下——真的假的？我爺爺不只領導了一場反對運動，還被選為某個政府的第一任總統？當時我還不知道這段歷史的細節，例如爺爺的「臨時政府」從未獲得聯合國等國際組織的承認。我只覺得：這絕對是搞錯了。要是我祖父真的當過臺灣的總統，一定早就有人告訴我了吧？

透過一本歷史書，以如此遙遠而陌生的角度去認識爺爺，實在讓人感到不真實。尤其是，爸爸從未提起，奶奶也從未說過一句。身為一個對臺灣在全球歷史中的脈絡毫無概念的高中生，我既困惑又好奇，卻也因此感到茫然無措。閱讀那本書，就像我突然走出了自己從小生活其中、受到保護的屋子。一方面，我眼前彷彿展開了一個嶄新的世界，讓我興奮不已；但另一方面，更多未解的疑問接踵而來，也讓我更難接受家人對過去絕口不提的沉默。

青少年時期的我把書闔上，刻意將那些內容擱置在一旁，多年後，二十幾歲的我才又重拾這本書，作為我探究家族歷史的起點。廖文毅究竟經歷了什麼？他又是如何成為這場運動的領袖？

***

線索二：旅行日誌

二〇〇八年十一月

康乃狄克州西哈芬（West Haven）

康乃狄克州一個陰雨寒冷的午後，爸爸在煮海鮮巧達濃湯。當時我二十四歲，終於開始問起關於廖家的問題。過去數十年來，安娜奶奶一直是這份家族沉默的守門人；但在她以九十四歲高齡辭世後，我就不用再害怕會惹她生氣或傷心。於是我開始訪談家族成員，首先是我爸爸理查，他是四姊弟中的老么。在此之前，我和爸爸從來沒談過家族的過往。我帶了一臺錄音機，機器的紅色指示燈在餐桌上閃爍，如同一座耀眼的燈塔。

他一邊和我聊天，一邊斷斷續續將食材加到湯裡。他先把幾瓣大蒜切末，丟進鋪著橄欖油的鍋底。刺鼻清新的蒜味立刻瀰漫整個廚房，他那雙靈巧的手握著木匙，拌炒鍋裡的蒜末。他的動作一向乾脆俐落。接著他倒入一罐鯷魚和兩罐整顆番茄。鯷魚和番茄混合交融，在廚房釋放出溫潤甜蜜的香氣，飄進飯廳，為我們的對話添上一層暖意。

我看著爸爸下廚的身影，他濃密的黑色微捲頭髮已開始泛白，襯著他的臉龐，眼鏡架在鼻梁上。爸爸總是穿著輕便的基本色系亨利領上衣、扣領法蘭絨襯衫，配上牛仔褲——用雙手幹活、從不嫌髒的舞臺技工都這樣穿。他什麼東西都能用木材打造出來，什麼種類的電氣設備都能配線安裝。年少輕狂的時候，有一次他只用一把螺絲起子和幾片金屬零件，就在洛磯山脈裡修好了朋友車子的引擎。他什麼困境都能解決，什麼問題都能排除，也經常教我各種實用的技能。我還很小的時候，他教我怎麼吹口哨、繫鞋帶、拉上外套的拉鍊。等我大一點了，他教我怎麼算長乘法和長除法、怎麼滑直排輪、怎麼投球和接球，還有怎麼在籃球場上完成一記上籃。他一生熱愛運動，雖然我運動神經不太行，但我們總能玩得很開心。我十幾歲的時候，他又教我開車和平行停車——會這些才重要。

有時候我覺得爸爸命很大，像隻九命怪貓，一直有某種守護天使在庇佑著他。我們在閃著紅燈的錄音機旁閒聊時，他回憶起自己小時候在布魯克林幾次玩命的瘋狂舉動：「有一次我們在一棟公寓大樓的屋頂射紙飛機，那時候我大概十歲吧。我的紙飛機飛出了邊緣，掉到下一層樓的露臺上。我直接從屋頂跳下去，跳到那個露臺。」

「著地後我才發現，露臺邊沒有護欄，腳下只是一塊幾英寸寬的水泥地。我站在邊緣搖晃晃，努力穩住身體。那可是至少七層樓的高度啊。我總算穩住了腳步，心裡想：『剛剛也太驚險了吧』，然後抓起紙飛機，爬回屋頂。」

接著我問起他的父親，廖文毅。

「我完全不知道他在幹嘛，直接說他死了比較簡單。但我知道他沒有死。後來到了七〇年代，我住在公園坡（Park Slope）波勒莫斯廣場（Polhemus Place）的那棟褐石公寓時，我在臺灣的堂哥問我：『你想見見你爸爸嗎？』」

當爸爸收到去臺灣的邀請時，他大概二十七、八歲。那時他已從布魯克林學院休學，改當舞臺技工和燈光師，平常玩玩吉他、參加民權運動、跟朋友開趴玩樂。他說：「有一次我們開派對，整棟褐石公寓裡的大批室友們一起狂歡，連玩了好幾天才散。」

當廖文毅試圖聯繫已成年的孩子、想在分開二十幾年後彌補他們時，最願意回應這份善意的，是放浪不羈的么子理查。有別於已經結婚生子、擁有穩定事業的兄姊，理查沒有哪件事是不能放下的。於是他去了臺灣，跟父親團聚。

我跟爸爸說，我很想多瞭解廖文毅參與的政治運動，並問他：「你對自己家族的過去有什麼看法？」

他的態度很冷淡。「等我知道那些事的時候，一切都已經不重要。太遲了。」

「為什麼太遲？」

他說：「我第一次見到我爸爸的時候已經三十歲，早就無法重燃任何感情。太遲了。他選擇不跟家人在一起，好啊，那就這樣吧。」

「你知不知道《被出賣的臺灣》這本書？姑媽告訴我，書裡有寫到你們的爸爸，還有他哥哥廖文奎——」

「是沒錯，但那都是常識。」

誰的常識？對我而言，這一切沒有一丁點是常識。

「那又怎樣？」他說。

「你不覺得這很重要嗎？我們是歷史的一部分，你父親是臺灣歷史的一部分——」

「我不認為特別重要。他是某個運動的要角，他心懷某些抱負。如此而已。」爸爸查看湯煮得怎麼樣，同時把切碎的蛤肉和蟹肉加進去攪拌。

我站在冰箱旁邊，他對我們家族歷史的冷淡態度讓我很洩氣。我們兩個說話從來不會搞到這麼僵。我想到珍妮姑媽，也就是爸爸的大姊；她曾在不久前的一次家族聚會上告訴我，她可以再跟我多說一些祖父母的事，還有她在臺灣的童年記憶。但我始終提不起勇氣打電話給她，想說還是先找爸爸聊聊好了。結果他漠不關心，我感到非常失望。

「我一直在想要打電話跟姑媽問這件事，」我站在廚房門口猶豫地說。「她說她知道一些別人都不知道的事。」

「那就打給她啊，」他頭也不抬地說。

「我有點緊張。」我挫折地嘆了口氣。

「妳幹嘛緊張？有什麼好緊張的，」他的音量愈來愈大，聲調也愈來愈高：「我真不懂妳在緊張什麼——」

「他們是我的家人！」我抗議道。「你完全沒跟我說過他們的事。」

「又不是只有妳，」他說。「根本沒有人對任何人說過任何事。」

「對，可是——」

「怎樣？怎樣？」他愈來愈大聲。

「爸，我愛我們的家人，可是我覺得自己不認識他們。你可以再有同理心一點，」我有些惱怒地說。

「我要怎麼有同理心？」他說。「熬過來了，就不想再回想那些餓得要命的日子，還有當年因為球鞋太貴而買不起的感覺。我和我哥哥從來不會坐在那裡感嘆：『要是我們有爸爸就好了。』事過境遷之後，大家才說：『你們竟然撐過來了？真好奇你們是怎麼辦到的。』但在那段時間，你只能咬牙苦熬，過一天算一天。」他說話時聲音顫抖，倒咖啡的手也在抖。

「你可以直接說你不想談，」我難過地說。我回到飯廳坐下，一股羞愧感湧上心頭，我因為想要知道過去的事而傷害了爸爸。我並不想傷害他。我怎麼可以逼他回想那些痛苦的記憶，只為了滿足我對自己身分和來歷的好奇心？

「不是我不想談，」他的聲音恢復平靜，臉上的情緒也已退去。他拿著咖啡坐下來。「只是這件事對我來說早就失去了意義。」

「但對我來說沒有，」我回答的時候，其實很想抱抱他。我真的希望能和爸爸在心靈上互相靠近，一同回顧家族舊事。我認為這樣也許能幫助我瞭解自己是誰。「我想把這些寫下來——寫我們家的故事。」

「妳不該寫這個，」他說。

＊＊＊

那天夜裡我睡不著，心情很煩躁。胸口像是裂開了一個洞。我不自覺地走向房間裡爸爸的書櫃，一本本細看起來。突然，我在其中一層看到一張小小的黑白照片。這張照片我從沒見過，照片上的人是奶奶，大學生的年紀，手拿著教科書，身上穿著襯衫和裙子。我急忙拿起照片細看，慶幸自己找到一小塊往日的碎片。

底下還壓著兩張爸爸年輕時的照片，年紀看起來和奶奶那張差不多，但拍攝於一九六〇年代，比她那張晚了好幾十年。爸爸那頭濃密蓬亂的捲髮包圍著整張臉，圓框眼鏡架在鼻梁上方，咧著嘴露出大大的笑容。我感到一陣興奮。也許爸爸還有更多家人的照片，或是其他跟家族過往有關的線索。我翻找書櫃下層，看見一個很舊的紙箱，側面直向寫著「信件」。我認得這個紙箱，它曾跟著輾轉於他的每一個租屋處，但我以前我從沒想過要打開來看看。這天夜裡，它散發出強烈的吸引力，召喚著我。

我把紙箱搬到床上打開，迫不及待地翻看屬於爸爸的寶物，其中還有他寫給幾任前女友的大量書信。快翻到底時，我發現一疊橫線紙，是從可撕式筆記本上整疊撕下來的。這些紙上滿是用藍色簽字筆寫下的紀錄，日期是一九七九年一月九日，標題是「旅行」(The Trip)。

我心頭一震，意識到這就是爸爸去臺灣見爺爺時寫下的旅行日誌。這份保存下來的證據，證明爸爸曾經對去見自己父親、瞭解他的過往充滿期待。於是我開始閱讀：

〈旅行〉

一九七九年一月五日

我坐在這裡，一邊眺望「巨岩」（惡魔島），一邊喃喃自語地思索。大約九個小時前，我從紐約市出發，一路向西飛去，遠得幾乎要穿越到東方。這地方（按：指舊金山）既陌生又熟悉，地名聽起來都對，但我記不起任何細節。感覺就像是重新認識一位老朋友，雖然這次停留只是匆匆的相逢與告別，但等之後回來，我會花更多時間停留在這裡。我這趟旅行的目的，是去找回自己生命中尚未認識的一部分。

我想像理查這個無憂無慮的年輕人，頭上頂著濃密蓬亂的黑髮，臉上戴著圓形膠框眼鏡，身上穿著一件破舊的防寒大衣。他坐在舊金山漁人碼頭的一處渡口，看著起伏的碧綠水波流過金門大橋下方，拍打惡魔島岸邊。旅行的機會激起了他的興趣；他父親先前寄給他一張環遊世界的機票，沒有回程日期，中間可以自由選擇停留地點與時間。他沒理由拒絕。理查的哥哥亞歷（按：廖公瓚，廖文毅二兒子）為了忠於母親而不願與廖文毅有任何牽扯，但理查不一樣，他對父親相當好奇。過去發生的事，他知道得太少，不足以讓他心生怨恨。不過，臺灣在他眼中彷彿是另一個世界。

我從父親的旅行日誌中抬起頭來。窗外是漆黑的夜晚，來自長島灣的柔和海浪輕拍著外頭的海灘。我激動得全身顫抖。我找到了前進的方向：旅行日誌裡那個二十九歲的理查成為我的嚮導，鼓勵我去探尋祖父母的故事。

這個理查想要知道家族的真相，他不覺得把那些事寫下來是浪費時間。他記錄下自己的經歷，以便日後重溫與父親團聚的情景。我可以跟隨這個理查去臺灣，因為我領悟到，若想真正瞭解我的祖父母，唯一的方法就是親自去一趟臺灣。

經過那一夜之後，接下來的一年裡，我在美國盡可能多蒐集資料，並採訪了爸爸的大哥和大姊，也就是珍妮姑媽與泰德伯父；他們對於自己在臺灣的童年，以及來到美國的過程，記得最清楚。父親的旅行日誌讓我確信，這趟追尋是值得的。

於是，我偷偷帶走了那本日誌。回家的路上，它躺在我的行李袋裡，暖暖的，像是個有生命、會呼吸的存在，規律發出心跳。它激勵我繼續調查，鼓勵我挖掘過往，去揭開我們家族在臺灣的遭遇。

***

線索三：報紙文章

二〇〇九年八月

紐約市

有一張奶奶的照片，是在她十二歲時拍的。小時候，我經常仔細端詳那張照片，希望能在她身上看到與我相似的地方。在那張黑白照片中，奶奶身穿刺繡滾邊的中式立領緞面短袍，閃著柔和光澤，更加襯托出她那張鵝蛋臉上的亞洲五官。她望向遠方，雙唇抿起，像是要笑又未笑。一個大大的絲綢蝴蝶結別在她頭上——很符合一九二〇年代華人女孩的時尚風格。我很小的時候總會盯著奶奶那張照片，在她的五官中看見我那一半的亞裔血統，心想：

「等我十二歲時，也想長成這樣。」

拍攝者：不詳。來源：亞歷（廖公瓚）提供。

根據奶奶自己的說法，她的人生從十二歲那年才真正開始。那年，她來到紐約市唐人街，住進一位名叫班塔女士（Miss Banta）的路德會傳教士家裡。在此之前的歲月，奶奶一直閉口不談，比她對任何其他往事的沉默都更加徹底。沒有遺憾，沒有怨恨，沒有嘲諷，只有徹底的沉默。

與爸爸談完後，過了幾個月，我去採訪珍

妮姑媽。我問她知不知道任何跟奶奶童年有關的事，結果她只證實了大家對那方面都一無所知；姑媽說：「沒有人知道奶奶小時候的事，她從來沒說過。」

「你們有問過嗎？」我說。「還是你們都知道不要問？」

「我們知道不要問。奶奶不喜歡談這個。如果問她遇到班塔女士之前的事，她會生氣。」

我不死心，又問：「那你們有沒有猜測過，奶奶十二歲之前的生活是什麼樣子？」

「我一直覺得她很可能是受虐兒，」姑媽回答。她的口氣不帶半點遲疑，彷彿老早以前就這樣想了。「奶奶應該沒待過孤兒院，」她繼續說。「我覺得班塔女士收留的女孩應該大多是受虐兒。」

想到這個可能性，我們都靜默了。

和姑媽聊過之後，我試著想像，將自己人生頭十二年的記憶徹底埋藏起來，會是什麼感覺。我好想知道她是怎麼做到的。要守住一段關於自己人生的祕密，我想，那一定非常孤單。

為了保護孩子，奶奶對許多事情保持沉默。她幾乎不提自己在二戰期間以美國人身分生活在日軍統治下的經歷，也不談帶著孩子離開臺灣來美國之前所面對的危險，更從未講過她多年來所做的犧牲。就這些事而言，她的沉默是一份慷慨的禮物：她讓孩子們免於經歷那些她自己曾經感受過的恐懼與痛苦。但她閉口不談童年，應該是為了保護自己而選擇的。不提往事，就不會想起過去。

準備去臺灣的前一年，我在紐約市的歷史檔案堆中翻找安娜奶奶的出生證明。當時我心想：的確，奶奶從沒跟孩子們吐露她的過去。但或許有什麼文件可以揭開謎團，例如她的出生證明或領養紀錄。於是，我去紐約市檔案館和公共圖書館的家譜資料室進行搜尋。

我為何執著於找到奶奶的出生證明？因為她的過去實在太神祕了。我也想藉此證明，在認識爺爺廖文毅、跟他一起回到臺灣之前，我的奶奶真真切切有過一段自己的人生。一紙出生證明就算無法解答我心中所有疑問，至少能讓我確定她人生的起點。但結果一無所獲。我才發現，我連她正確的出生年分都不知道：是一九〇八年三月十九日，還是一九〇九年？沒人知道，連奶奶自己也不確定。

最後，我取得了一個報紙資料庫的使用權限，可以檢索一八六五年以來的全文報導，當時新聞檔案剛開始數位化，這樣的工具相當稀少可貴。班塔女士曾是唐人街知名的公眾人物，致力於社會正義及社會福利工作。於是我在報紙資料庫中搜尋「瑪麗．班塔」（Mary Banta）和「路德會真光堂」（由她協助創立的教會），並把查到的每一篇報導都列印出來。我趁等待列印的空檔，細讀這些報導的標題：

- 〈瑪麗．伊莉莎白．班塔逝世，生前長年於唐人街傳教〉（一九七一年訃聞）
- 〈唐人街備受敬愛的女教師，完成五十年兒童救援工作〉（一九五四年她退休及接受表

揚時的人物專題報導）

- 〈獲路德會表揚：唐人街平信徒領袖暨傳教士獲路德會表揚〉

接著，我發現了一系列轟動社會的審判報導，在這些審判中，班塔女士都代表受虐華裔兒童出庭：

- 〈她們是奴隸：華裔女童出庭〉（《紐約論壇報》，一九〇九年）
- 〈華裔女童失蹤：雙親暗示女兒遭傳教士誘拐。警方展開搜尋。〉（《華盛頓郵報》，一九〇九年）
- 〈奴隸傳聞遭否認〉（《紐約論壇報》，一九〇九年）
- 〈華裔女童送交收容所：父親同意交由機構收養——另一宗「奴隸案」則再度延期審理〉（《紐約論壇報》，一九〇九年）
- 〈梅語苔（按：譯音）送交收容所〉（一九〇九年）

綜觀這些報導，可以看出唐人街曾經存在一種令人憂心的現象：華裔女童的父母或監護人會把孩子賣到寄養家庭或其他充斥虐待行徑的環境中。班塔女士為了拯救兒童所付出的努

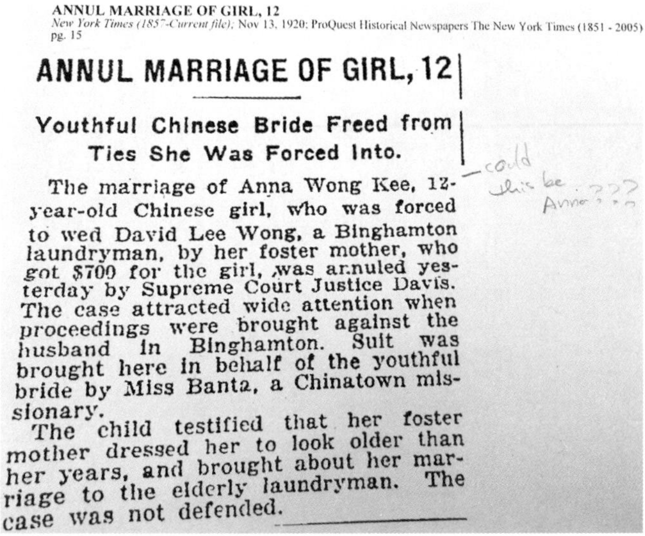
ANNUL MARRIAGE OF GIRL, 12
New York Times (1857-Current file); Nov 13, 1920; ProQuest Historical Newspapers The New York Times (1851 - 2005) pg. 15

ANNUL MARRIAGE OF GIRL, 12

Youthful Chinese Bride Freed from Ties She Was Forced Into.

The marriage of Anna Wong Kee, 12-year-old Chinese girl, who was forced to wed David Lee Wong, a Binghamton laundryman, by her foster mother, who got $700 for the girl, was annuled yesterday by Supreme Court Justice Davis. The case attracted wide attention when proceedings were brought against the husband in Binghamton. Suit was brought here in behalf of the youthful bride by Miss Banta, a Chinatown missionary.

The child testified that her foster mother dressed her to look older than her years, and brought about her marriage to the elderly laundryman. The case was not defended.

來源：《紐約時報》

力，真真正正地把他們從剝削與暴力對待中搶救出來，透過這些詳盡的報導，清楚呈現在我眼前。

接著，我查看列印資料的下一頁，是一篇一九二〇年的報導：〈十二歲女童的婚姻宣告無效：華裔童養媳解除強迫婚姻的約束〉。

一九二〇年的時候，奶奶正好也是十一、二歲。後來我從一份一九五〇年代的社會安全福利申請表中得知，她的本名是安娜・費絲・李（Anna Faith Lee），「費絲」這個中名是班塔女士為她取的。報導中寫的Kee，會不會其實是Lee？在二十世紀初期，中文姓名的羅馬拼音拼寫經常出錯，那會不會就是個打字錯誤？

班塔女士是在哪裡找到安娜的？安娜又是怎麼住進班塔女士家裡的？也是後來我才知道，奶奶在填寫社會安全福利申請表時，自述她曾是個孤兒，並且曾被「紐約棄兒之家」(New York Founding Home) 收容。但如果事實上，她是被人領養的，或者像上面那些報導中的其他女孩一樣，是被收養人家賣掉的呢？我在一篇一九〇九年的報導裡讀到，「中國男子常以五十到六十美元的價錢從中國購買女童，帶來美國撫養，等小女孩長大到十四、五歲時，再以八百至九百美元的高價轉賣；這在當時是相當普遍的做法。」

我在Anna Wong Kee婚姻無效的那篇報導邊緣，用鉛筆潦草寫下：「會是安娜奶奶嗎？」可是，在沒有奶奶的完整姓名、出生證明、出生年分，也沒有廖家任何成員提供資訊的情況下，我到底該如何去交叉比對這樣一個故事？不過，這篇報導至少提供了一個關於奶奶童年身世的可能線索，儘管微弱且缺乏確切證據。當年其他住進班塔女士家的華裔美國女孩，也都經歷過相似的悲慘遭遇。

那篇報導總讓我放心不下。我止不住地想：那還能是別人嗎？即使我永遠無法確定奶奶的人生究竟是如何開始的，這起在賓漢頓被宣告無效的童婚案，仍不失為一個可能的線索。

***

要如何用一張薄薄的報紙，填滿沉默造成的空白？

線索四：我看不懂的中文書

二〇一〇年九月

臺灣臺北

花了幾週時間安頓好之後，我房東蘇珊帶我騎腳踏車去龍山寺。騎著腳踏車跟在蘇珊後面可是一點都不容易。她騎得超快，在各種交通工具（汽車、機車、公車、計程車、行人，和其他腳踏車）之間鑽來鑽去，還會毫無預警就騎上人行道，一邊騎車一邊閃躲行人。我騎的那輛車太矮，所以膝蓋彎曲時幾乎碰到手肘。我好不容易才搖搖晃晃地把車從人行道騎到馬路上，就看見蘇珊加速闖過紅燈，還一路狂按腳踏車鈴。

那是我這輩子數一數二危險的單車行程。

我們經過一處圓環，那裡匯集六條臺北的主要道路，充滿雜亂的燈號和喇叭聲，地名叫作六張犁（我覺得是集合六條毀滅之路的地獄）。我緊抓住把手，深怕會沒命。終於抵達龍山寺時，臺北那些現代化的建築彷彿一瞬間消失無蹤。眼前是座古老珍貴的建築，我感受到數百年的歷史在這片土地上迴響著。

龍山寺的屋頂上有許多石材雕成的龍；那些龍色彩繽紛，層層往下排列，身體彎彎的，彷彿靜止在飛躍的剎那。我們一走進外門，就進入一座寬敞的前庭，四周牆邊設有水池與噴泉。我聽見木製器物敲擊石板地面的空洞聲響。煙燻檀香的氣味撫平了我的感官。

我仔細觀察周圍的面孔。有些人閉著眼睛，全身隨著內心的節奏搖擺，接著將一對彎月狀的木塊拋落到地上，然後睜開雙眼。隔一會，他們會走到一個插著許多竹棍的筒子前；竹棍上寫有紅色的數字，他們會抽一枝出來看上面的號碼。觀察一段時間後，我問蘇珊：「這要怎麼做？」

蘇珊解釋道：「妳要先向神明請求指點，然後抽一枝竹棍，看看抽到的號碼是不是妳的運。」

我一臉狐疑地看着她。

「妳要問神：『這個號碼是不是我的運？』如果擲出三個聖筊，那這個號碼就是妳的運，妳要去取出跟號碼對應的籤詩。如果是三個無筊，那就另外再抽個號碼。試試看嘛！」

「好吧。」我覺得這有些荒謬，但還是緊握住筊杯；觸感溫溫的，很光滑。我心想：真的可以這樣嗎？我覺得自己不信這套儀式，卻還來廟裡求籤，這樣好嗎？我讓筊杯從指縫滑落，輕輕敲擊在石板地上。一凸一平。聖筊。

我應該來臺灣嗎？我會找到方法開始調查嗎？

聖筊。

祢願意聽我祈禱嗎？「祢」真的存在嗎？真的有所謂的運嗎？我要不要抽個號碼？

兩凸：無筊。再擲，聖筊。

我走到籤筒前，隨意抽出一枝：六十三號。我望向那些深色的石雕神像，以及廟裡安放鮮花素果來供奉神明的桌子。周圍的喧囂與氣味逐漸消散，只剩下我和手中的兩個筊杯。

六十三是我的號碼嗎？

無筊。無筊。無筊。神明連續三次說不，代表要去抽個新號碼。

好，來，龍山寺的神明，七十三號怎麼樣？

聖筊。聖筊。

聖筊。

我緩緩吐出一口氣。七十三號是我的運、我的命嗎？

「哇，連續三個聖筊耶，」蘇珊的語氣很興奮。我們找到放置籤詩的木抽屜櫃，每首籤詩都寫在細長的紙條上。幸好，這些中文寫成的籤詩都有英文翻譯。她找到七十三號籤詩，我用英文大聲唸出來：「在變動劇烈的時刻，妳的非凡將顯現於世。」

我倒抽一口氣，覺得彷彿有人在大聲告訴我：「妳來臺灣是對的。」蘇珊被我突如其來的反應嚇一跳，訝異地看著我，但什麼話也沒說。我將那首籤詩一字不漏地抄在筆記本上，也拿走了一張中文籤詩紙條，心中懷著一絲微弱的希望，希望有一天我能自己看懂。

＊＊＊

那天晚上，我正在做中文作業，蘇珊突然興奮地衝進我房間，手中揮舞著一支無線電話。「金！金！金！」她大喊。

「怎麼了？」

「我剛才跟朋友講電話，她說她在一個教會上歷史課，課程主題是妳爺爺。」

我的筆掉在桌上。「等一下，妳說什麼？在哪？」

「是蔡太太去的教會，來，我寫給妳。」蘇珊寫下教會的中文名字和地址。「我跟她說妳爺爺是廖文毅，她說妳應該去看看！他們老師一定很想見妳。妳可是他授課內容主角的孫女耶！」蘇珊很激動地把她的想法一股腦說出來。「我都不知道原來妳爺爺這麼有名！我以為他只是關心臺灣的自由而已。」

我突然想到，我手上有一樣蘇珊看得懂的東西。那是一套分成兩冊的中文書，封面上印著爺爺廖文毅的照片，是爸爸的大哥泰德伯父借我的。我跟泰德伯父都看不懂這兩本書的內容，但我還是把它們帶來了。求個好運。

我把書遞給蘇珊。「這就是我爺爺廖文毅。他發起的臺灣獨立運動，就是我來這裡想要瞭解的事情，我想探究他的生平，也想認識臺灣的歷史。」

「哇，哇，哇！」蘇珊瞪大了眼睛。「這就是廖文毅？我跟妳說，這個——」她手指著封面上的中文字。「作者張炎憲，他就是那個在教會上課的老師！他就是妳禮拜四會見到的教授！」

「嘩！」這也太巧了吧。

「我們家也支持臺灣獨立，」蘇珊熱切地望著我說。「國民黨統治臺灣後，我們家遭遇不少苦難。」她輕輕敲著書。「當年妳爺爺是在為臺灣人奮戰。我爸因為反對國民黨，隨時可能被抓；我媽那時候正懷著我姊姊，他們只好躲到山裡去。今天我看到妳在龍山寺的反應很特別，所以晚上我讀了妳寫的網誌，然後跟朋友聊起妳爺爺。結果她就跟我說了這件事！」

＊＊＊

到了教會，我走進一個大房間，裡面有很多人來上張炎憲教授的臺灣史課程。我二十六歲，是在場最年輕的一個，比其他人小了至少三十歲。我覺得自己好像小朋友。

張教授在課堂開始前幾分鐘現身。他比我矮個幾吋，頭髮花白，帶著滿臉笑容和我握手。接著，教會代表向滿場一百名年長的臺灣教友宣布，廖文毅的孫女來了。她的手指著我。

所有人開始大聲鼓掌。

我覺得自己彷彿動物園展示的動物，所有人都看向我，端詳我的淺棕色頭髮、高大的身材，和豐滿的體型。成為眾人的目光焦點，我微微有些飄飄然，但同時又尷尬得要命。如雷的掌聲讓我內心激動不已。真希望爸爸、姑媽、伯父能看到有這麼多人尊敬、讚賞他們的父親。

這一連串的巧合實在不可思議。教會裡每個人對我都極度友善和親切，我好感動。蘇珊的朋友蔡太太說，「妳爺爺真的很偉大。他為了臺灣的將來，甘願冒生命危險。他給了我們希望，讓我們有一個人可以信賴。」在場大多數人都表示同意。

開始上課後，一位名叫文森的親切老伯說他可以幫我翻譯，於是我用錄音機錄下他的翻譯，同時狂做筆記。結果我發現自己的中文好不好根本不重要，因為課堂上看的影片和張教授的上課內容都是臺語發音。臺語是只有臺灣使用的方言，跟福建話很像，跟粵語也有幾分相似，兩者都是中國大陸東南方說的語言。臺灣的國語是中文，但是已經在臺灣好幾代的家庭大多會說臺語。臺語是臺灣的母語。

總之，我一句也聽不懂。於是我聽著文森低聲用英文翻譯那支關於白色恐怖的影片，主題是監獄酷刑。

「有個人在講綠島的政治犯監獄。他說，囚犯只要死在島上，就會直接葬在那裡，不會送還給家人。另一個人說，獄方在他雙腿塗滿蜂蜜，然後把他關進滿是蜜蜂的房間裡——」

我停下筆記，兩眼怔怔地看著他。

「這些事當年都是祕密。政府設了兩個部門來逮捕政治異議人士，他們還互相比賽，看誰抓的人多，誰就能拿到獎金。」

文森繼續轉述往事：「所有判決都要送到蔣介石手上，由他親自批核。十年刑期的判決，他有時候會加判成十五年、二十年，甚至直接改判死刑。」文森停頓了一下。「那個女人說：『為什麼那些恐怖的回憶總是揮之不去？』」

下課後，有人跟我說史豪伯父的妹妹，也就是我的堂姑廖溫香，下午會來參加讀經班。這個教會也太神奇了吧！我心都快跳出來了。這裡有我真正的家人——廖家人。

一個小時後，一位嬌小的白髮女士來了；她的妝容完美，臉上帶著一絲高傲的神情。她看起來年紀很大，但氣色很好、精神奕奕，身上穿著一件醒目的黑白印花絲襯衫，兼具經典與前衛的氣質。透過另一位翻譯，溫香姑媽說她不會講英文，並問我為什麼來臺灣。我跟她說我在研究廖文毅的生平和臺獨運動，她回應說，她對爺爺印象很好，因為他們以前會一起用日語交談。她、史豪和其他兄弟姊妹都是在日本長大的，所以日語是他們的第一語言。

我問她史豪和娟娟兩位長輩的近況。

「史豪的身體很差，」溫香姑媽說。

「他動過心臟繞道手術，瘦了很多。」那娟娟呢？「喔，她很好，身體很健康。娟娟什麼語言都會。她可以幫忙我們兩個溝通。」

我向她道謝，並表示希望很快可以和大家聚一聚。

那天我帶著娟娟和史豪的電話號碼離開教會，心情好像乘著依卡洛斯的翅膀起飛了，既興奮又忐忑。我會調查到什麼？結局會是怎樣？會不會以災難收場？我感覺彷彿冥冥中有一股力量在推動著整個調查，而儘管內心充滿不安、恐懼與擔憂，但看起來，我已順利走在與家人相見的路上。

娟娟當晚就打電話給我了。「妳一到臺灣就應該來電話的！」她的口氣近乎責備。

「對啊，」我表示贊同。「我應該先找你們。」

「妳明天過來吧，」她溫柔地說。「我告訴妳地址。」

***

從我的住處搭公車去史豪伯父和娟娟伯母家，只要五分鐘。娟娟開門請我進去喝茶時，我被她和伯父年老體衰的樣子嚇到。我十五年前見過他們一次，當時他們去紐約看奶奶，而我還是小孩子。這次再見面，八十七歲的史豪老態龍鍾，拘謹地坐在椅墊上，身上是整套西裝和襯衫，還加穿了好幾層毛衣來為他削瘦的身軀保暖。不過八十四歲的娟娟似乎精神和身體都很好；她的臉頰飽滿，看上去比實際年齡年輕。

此時他們已經是廖家的老長輩了。史豪是家中長子，兄弟姊妹都在日本長大；他們的父親廖溫仁是爺爺的大哥。溫仁四十幾歲的時候就因為心肌梗塞去世，所以史豪照顧母親和弟妹的時間相當久。現在他不太說話，因為他重度重聽，不過倒是常常笑。娟娟講述她印象中的廖家往事時，他不是跟著點頭，就是略表不贊同，偶爾會比出手勢糾正她。

這次我首度造訪，娟娟說起我奶奶在二二八事件後找她幫忙的事：「國民黨的士兵要抓廖文毅，就去搜他們在臺北的家，惠容很害怕，問我該怎麼辦。當時我剛開始在美國大使館上班。」娟娟在大使館一待就是四十年，所以英文、中文、臺語，甚至日語都難不倒她。我實在很慶幸她的語言能力那麼強。

「我告訴她：『妳是美國公民。妳去大使館，他們會保護妳。』所以她就去大使館跟他們說：『請幫幫我，我是美國人！』大使館的人叫她在自家外面掛美國國旗。只要她照做，國民黨士兵就不會再去騷擾她。」

娟娟講起奶奶的故事，我聽得全神貫注。此外，我還從她的話語中感受到自己被臺灣的廖家人接納了，這令我既開心又寬心。我輕啜拿在手裡的茶，心裡暖暖的，充滿了希望。

最後，娟娟伯母告訴我，爺爺的遺骨已經不在西螺了。「他的遺骨在臺北。」她說著，笑出聲來。「就葬在離這裡很近的地方。妳決定搬進麟光站附近的公寓時，有想到自己會住得離我們家和妳爺爺的墓這麼近嗎？」

我倒抽一口氣，感覺彷彿又遇到一個完美的巧合。

是不是爺爺的靈魂在指引我？是不是他把我帶來這裡，要把我留在身邊？那天下午搭公車回家時，我注視著途中經過的每一條路。爺爺的遺骨是不是葬在這裡？我是不是曾在買咖啡的路上，偶然經過他的墓地？

我可以選擇去臺灣的任何地方生活和做研究，怎麼就偏偏來到這裡？爺爺的靈魂為我帶路或引導我去見他的親人這種事，光用想的都讓人覺得可笑，我從來都不信。然而，我遇到的這些事就是有某種說不上來的感覺，完美得不像真的。於是我更加渴望查出我祖父母在臺灣時所遭遇的一切。

我家族的故事就藏在某個地方，等著我去發現。我要做的，就是挖掘它。一直挖下去。

第三章　惠容在日治臺灣

二〇〇九年夏天與一九四五年
佛羅里達州坦帕（Tampa）與臺灣西螺

「我們很幸運，」珍妮姑媽說。珍妮姑媽是我爸爸的大姊，比他年長十三歲。這時候她七十出頭，但外表比實際年齡要年輕許多。她方正的臉龐和微捲的短髮散發出活力，說話時雙眼炯炯有神。「第二次世界大戰時，美國沒有進攻臺灣，而是進攻了位於臺灣和日本之間的沖繩。」

時間是我去臺灣前的那個夏天，我初次向爸爸的兄姊詢問他們在臺灣的生活。我打電話問珍妮姑媽方不方便讓我去找她，她說會把知道的一切都告訴我。

「我有照片可以給妳看，」她的聲音很激動。「照片會幫助我回想。」

「關於妳在臺灣的童年，不管妳還記得什麼，對我都很有用，」我說。

「趁我還記得的時候告訴妳也好，」她笑出聲。「我要確保我的記憶會一直存在。應該有人把我們的故事寫下來，留下這段回憶。妳就是那個人，妳把它寫下來。我有好多事要告訴妳。」

我胸口一緊。

「我來跟妳說日本兵出現在我們家廚房的事。當時我只看得到他們的靴子。那些靴子又大、又黑、又亮。」她的聲音微微顫抖，我聽得出恐懼在那段記憶中留下的烙印有多深。

此刻，我們在她位於坦帕郊區的家中，坐在她的米色沙發上。我們一邊吃黑櫻桃，她一邊回憶童年時期的西螺。

「我們很幸運，沒有遭到侵略，」她說：「但還是經歷過不少戰事。我們常遇到空襲，到處都被轟炸。從我們家望過去，西螺鎮那邊有一座很大的糖廠，被轟炸後燒了好幾天。」

拍攝者：不詳。來源：廖史豪、陳娟娟提供。

***

一九四五年。西螺。夜裡。我在腦海中想像出一間臥房、一張床、一名女子。我看見了惠容。

惠容睡不著。她從床上坐起，本能地伸手撫摸身邊冰冷的枕頭。文毅離家談生意已經快要三個禮拜了。她匆匆下床，在單薄的睡衣外頭披上一件絲質睡袍。這是她一天中唯一能在庭園中隨意溜達、不受監視的時候。

戰爭愈拖愈久，日本兵對他們一家的監控也愈來愈嚴密和不講理。她的美國公民身分拖累了家人，文毅甚至曾經遭到短期監禁，還被質問是不是間諜。

孩子們在西螺居民眼中是外人，因此在學校總是被欺負。日本小孩會對珍妮和泰德反覆喊：「間諜！間諜！」因為他們是外國人的孩子。泰德年紀太小，感受不到那些孩子的嘲笑，珍妮倒是明顯感受到了：她長得不太像臺灣人；她住在鎮上那棟大宅子裡；她也不太會說日文，無法融入他們。在當時的社會風氣下，這些特徵裡的任何一項都能引來猜忌和嘲弄，於是珍妮開始害怕去上學。

後來孩子們獲准留在家裡，不用上學，惠容才終於放心。轟炸頻率大幅提高，空襲警報響個不停，成為一種日常的聲音。幾個月前，一個穿著校服的男孩被一架低飛的美軍飛機射殺了，可能是因為他身上的卡其襯衫、長褲、棕色帽子，看起來跟日本軍裝很像。從那以後，惠容就把孩子們關在廖家祖厝裡，不讓他們出門。

但一直被困在屋裡，惠容已經煩透了。她再也不能沿著附近的濁水溪騎馬了。她最喜歡騎馬去看稻田裡的秧苗隨風搖曳、觀察田裡的西瓜逐漸膨脹成綠色的大圓球。她原本每天都會在廖家的魚池游泳，現在也不行了。戰爭前，惠容的西螺人鄰居只要看到她，都會對她揮手，彷彿她是好萊塢電影明星。他們常常跑到廖家那片廣闊的莊園，看她在池裡游泳，仰慕地對她呼喊。惠容總覺得這很有趣，也會朝圍觀的人群揮手，同時暗自輕笑。戰爭前，被注目多半是愉快的事。然而日本跟美國開戰後，她就被視為敵人。她不得不避免所有可能會替廖家引來關注的行為。

她怨恨文毅可以隨心所欲，自由來去，而她只能被困在家裡；他能無憂無慮地到處談生意，她卻得獨自面對日本兵的監控。起初文毅一次只離家幾天，後來時間拉長，要一個禮拜。他上次出門時更說：「別等我了。這次會更久。」

「多久？」她突然起疑，厲聲問道。難道還有某件事或某個人比家族農業公司更具吸引力，讓他想在臺北逗留？文毅向來很受女性歡迎。惠容還記得戰爭開打前，她和文毅無論去到哪裡，其他女性總會投來覬覦的眼光，她們羨慕惠容能擁有英俊瀟灑的文毅。惠容早已認命，覺得這輩子都得忍受別的女人盯著她丈夫看。

一九三〇年代後期，還沒有戰爭的時候，文毅在浙江大學擔任化工教授。因此，他們在中國的生活很富裕，暑假還能去桂林遊山玩水。廖文毅的父親廖承丕是臺灣非常富有的大地主，家中兄弟都在日本和中國受過教育，而廖文毅和二哥廖文奎也都曾赴美攻讀博士學位——文毅念化學工程，文奎念政治哲學。文毅在即將拿到俄亥俄州立大學的博士學位時認識了惠容，當時她是俄亥俄州衛斯理大學的大一學生。珍妮姑媽說：「他讓她傾心不已，」還承諾要讓她在亞洲過上光鮮又安逸的生活。

但在中日戰爭爆發、日軍攻入南京後，惠容卻得在破曉時分偷偷從幽暗的小巷溜出去搶購前往上海的最後幾張火車票，而且票價是平時的五倍。他們從上海搭船趕回臺灣，剛好逃過日軍殘暴的大屠殺，後來文毅才從報紙得知此事。惠容總能從險境中脫身，那是她作為一個孤兒，在紐約磨練出的本領。她總是能找到逃生的方法。

雖然惠容到目前為止都躲開了日本兵，但她擔心遲早還是要面對他們。上週她在臥室收聽英文短波廣播時，女傭走了進來。她把收音機關掉並藏好，心中懷疑女傭或許已經在幫日本人監控她了。

她走出屋外，進入庭院。主屋的塔樓聳立在她面前，兩邊是裝飾華麗的露臺。這是惠容住過最大的房子，有如一座臺灣式宮殿。但她卻被困在這個用她夫家財富建造的樂園裡，都是日本人害的。

月光照在她的臉龐，帶著溼潤的觸感。溫暖的夜晚瀰漫著溼氣。惠容光著腳走過草地，來到魚池旁。她的腳趾劃過清涼的水面，勾出一道搖曳的痕跡，引起陣陣漣漪。接著她走到家族墓園，那是一座小亭子，裡面安放著祖先和摯愛家人的遺骨。惠容常在夜裡前來，唯有這時，她才能保有一點隱私。

她找到將近兩年前過世的小女兒安東妮亞的墳墓。安東妮亞是個可愛的嬰兒，頭髮又黑又捲，眼睛很大，很愛笑，常發出咿咿呀呀的聲音，照亮了他們一家人在西螺的日子。她才三個月大就猝逝。有天早上她遲遲沒有醒來，呼吸不知為何中止了。對惠容而言，那是一場突如其來的惡夢，她的人生從此蒙上一層揮之不去的陰影。曾經，日復一日的悲傷像灰色的浪潮，把她的生活沖刷得只剩下死氣沉沉的黑與白；如今，這股陰霾終於開始退去，她的世界也開始恢復色彩。惠容依舊無法入睡，但至少夜裡還能在庭園中走一走，避開日本人窺探的目光。

文毅說，戰爭就要結束了。美軍攻占硫磺島和沖繩，日軍傷亡慘重。但是先前她害怕女傭會向日本人報告家人的一舉一動，就把短波收音機藏起來了，所以現在沒有管道接收更多訊息。她只能等待。周圍的人都認為惠容看起來很冷靜，也很有耐心和毅力。然而，她的內心有千思萬緒在翻騰。文毅為什麼不回家？他們最起碼可以一同度過戰爭的最後一段時日吧。

一陣風吹起，她打了個冷顫。當初，她和他在俄亥俄州的國際學生聚會中談笑言歡；如今，她不禁自問：這真的是我當初所期待的生活嗎？他會回來嗎？會兌現那些承諾，陪她一起在這片莊園過著平靜的生活？她開始懷疑，也許丈夫根本無法甘於平淡度日，總在追尋下一場戲劇性的新刺激。要他安穩地待在西螺幾個月不出遠門，實在太難了。

有時候她覺得，嫁給文毅就像是嫁給一個迷人的幽靈，他總是不在身邊。她想念他洪亮的聲音、敏銳的頭腦，還有他的體貼入微，讓她覺得彷彿全世界只有她一個女人。其實她並不寂寞，早年在紐約市的生活已將她磨練成為自立自強、講究實際的人，所以她幾乎不會依賴別人。但是長期被限制在這裡，實在很難受。她渴望擁有任意來去的自由。

走回屋子途中，惠容仰望遼闊天空裡點點閃動的星光。她想起自己的生母，不知道母親此刻是否能從天上看到她。她真希望能有機會問母親為什麼拋棄她，為什麼不要她。那是她一生最重要的未解之謎。

***

我小時候，奶奶是活在當下的人。她守住廖家的沉默與所有祕密，從不談論過往。絕對的緘默是她的武裝。但我曾經見過那道武裝崩塌，就一次，只有短短一瞬間，那年我十二歲。

有一天，我們聊天時不知道說到什麼，突然讓她想起第二次世界大戰。「我還記得，戰爭的時候日本兵會來村子裡用力拍打民宅的門，一個禮拜來一次，」說著說著，她的聲音轉為冷硬。她盯著我看，深邃的眼神在閃爍。「只要有人惹麻煩，他們就會來更多次。」

我坐在她的沙發邊上。此刻只有我們兩人獨處，我很不自在，想辦法擠出一點回應，大氣都不敢喘。她召喚出的那段珍貴回憶懸在我們兩人之間，我怕自己一個不小心就會把它吹散。

她低頭看著雙手，細瘦的手腕和手指都緊繃起來。她彎彎的指甲輕輕拉扯著毛衣袖口。「他們會用力拍門、進屋搜索，還會問：『妳有聽新聞嗎？現在是誰贏？』」即使事隔多年，她聲音裡的某種東西，仍讓我對那些日本兵心生畏懼。我突然覺得，他們彷彿正潛伏在奶奶福頓街（Fulton Street）公寓的廚房裡，就藏在牆後。

她臉上閃過一道陰影，眼神凝視窗外，宛如看見士兵正沿著福頓街行進。

我開口問她：「妳是怎麼跟他們說的？」

「我說：『是你們贏，』」她回答的聲音變啞了。我很好奇年輕時的奶奶，看起來會是什麼模樣——臉上還沒有皺紋，一頭深色鬈髮，五官兼具亞洲與西方的特徵。「我說：『是你們贏，』因為他們就想聽到這個答案。我不在乎。我不想知道在戰爭裡占上風的是誰。知道一些事情、到處窺探、跟其他女人嚼舌根，還有聽廣播，這些都會招惹麻煩。我不想自找麻煩，所以就對他們說他們想聽的話。」

「哇，」我說。那一刻我真的好想知道，在那個充滿恐懼、頭頂飛機轟鳴的臺灣，她過的是什麼樣的生活。奶奶曾勇敢面對士兵、保護她的孩子，我以自己是她的親人為榮。我們靜靜坐在沙發上，讓她的話語在四周慢慢散去。她那段短暫的回憶在空氣中逗留片刻，隨後裂成碎片，消失在那片無法穿透的地毯中。

此後奶奶再也沒跟我提起過往。

＊＊＊

「我們以前會數飛機，」珍妮姑媽對我說。她對戰爭的記憶依舊清晰無比。「飛機都飛得好高好高，看起來就像銀色的星星。」

「我們能聽見飛機飛來的聲音，因為一次都是來一批。鎮上有警報器，飛機來的時候會響，等到解除警報才算安全。但有很長一段時間，警報從未解除，因為飛機一直來，白天和晚上都有。所以我念完小學一年級後，就沒再去上學了。」說到這裡，她笑了。「我們不去學校，反而去外面數飛機。」

九歲的珍妮額頭上留了一排齊瀏海。她坐在家中庭院旁的石牆上，和玩伴一起數著銀色的星星。她和朋友們漸漸對戰爭聲響不再感到驚慌。他們早已習慣半夜被警報聲、飛機聲和爆炸聲驚醒，那些聲音就像一座座壞掉的時鐘，毫無預警地猛然大作。

珍妮聽見士兵前來的聲音。隆隆的貨車引擎聲和響亮的說話聲從田野的另一頭傳來，傳到坐在果樹旁矮牆上的她耳中。她只好停止數飛機（那天有三十架！），跑進屋裡通知她母親。她赤腳跑過後院、揚起沙塵，經過魚池、穿過主屋大廳，衝進他們一家在祖厝的起居空間。

「媽媽，媽媽！」她大叫著跑進廚房。惠容正坐在餐桌前看狄更斯的書。珍妮知道那是狄更斯的書，因為她母親的英文書全都是狄更斯的作品，她認得封面，但看不懂內容。珍妮衝到桌前、氣喘吁吁地說：「阿兵哥又來了！」

惠容猛然起身，砰地把書合上。她一句話也沒說，走進臥室，掀起她和文毅睡的床墊一角。她帶了一套狄更斯小說全集來臺灣，這些書是她最珍愛的寶貝。文毅上次被捕後，惠容意識到自己必須把家中所有的英文書藏起來。他們的管家林奉恩在木製床架底部鋸出一個洞，協助她把英文書藏進去，再將洞口補得天衣無縫。她只留了一本沒有放進去，就是她正在重讀第三次的《遠大前程》（*Great Expectations*）。此刻，她伸長了手，使勁把書塞進床墊底下，希望這樣足夠隱密。

回到廚房後，惠容開始洗早餐用過的盤子，也不管女傭晚一點就會來了。她只是想讓雙手不要閒著，自己才能保持鎮定。

「沒事的，」她對坐在桌前、害怕得睜大眼睛的珍妮說。「我把收音機藏在雞舍裡，他們不會去那邊找。他們才不想弄髒靴子！」她勉強擠出一聲苦笑，看著窗外佃農把收割的稻子搬到家裡的網球場去曬穀打穀。

小珍妮還在發抖。

「他們沒有理由傷害我們，」惠容說。「我們為他們的軍隊生產糧食。我們是『大日本帝國』最忠誠的擁護者。」她的聲音冰冷中帶著嘲諷。

沉重的拍門聲嚇了她們母女一跳。惠容穿過走廊，心中憤恨地想著：很好，直接闖到廖文毅和他「白人」老婆的家。她既有白人血統，也有華人血統，但最諷刺的是，她在美國被視為華人，在臺灣卻被當成白人。在這裡，她的華人血統完全被無視。她把門打開。

門口站著三名日本兵。他們的軍裝是棕褐色的，就是甘蔗經過一個漫長夏季之後呈現的那種顏色。他們戴著軍官的寬沿帽，穿著深棕色高筒皮靴，三個人都背著幾乎跟他們一樣高的長步槍。其中兩個人比較矮，神色陰沉。最高的那個頗為英俊，但表情冷酷，輪廓如刀鋒般銳利。他對惠容冷笑。

「早安，」惠容假笑著用臺語說。她只將門開了一半，沒有讓他們進屋。「如果你們要找廖文毅，他不在。他離家去談莊園的生意了。」她努力擠出一絲微笑。「你們明天再來看看吧。」

「讓我們進去，」高的那個以帶著濃重口音的英語咆哮道。他把門推到底，昂首闊步地沿著走廊往廚房走。惠容跟在後面，希望小泰德還在睡覺。

珍妮坐在廚房裡，聽著日本兵的腳步聲愈來愈近。她聽見靴跟的聲音在屋子裡迴響，像是在預告即將有壞事發生。糟糕，她心想。他們把媽媽怎麼了？他們要來抓我了！她滑下椅子，躲到餐桌底下。桌巾垂著，把她遮得嚴嚴實實。三雙深棕色的靴子大步走進來。他們應該不會發現我躲在這裡。

惠容跟著那三個日本兵穿過走廊，在心中暗自咒罵他們。都是他們害她無法離開臺灣去找她的養母班塔女士，然後在美國待到戰爭結束。都是他們害她無法自由出門，總是被人跟蹤。竟然無聊到要來找無辜主婦的麻煩，這些日本人難道沒有別的事好做嗎？

她走進廚房時，看見珍妮的腳在桌子底下，烏黑的瀏海從桌布下緣露出來。她微微一笑。至少她的孩子會是真正的臺灣人。她要孩子們有歸屬，要他們擁有她童年時從未擁有過的安穩家園，在平靜中成長。

三個士兵猜疑地在廚房裡來回踱步。如果說他們是在找東西的話，惠容還真想不出來那個東西會是什麼。忽然她意識到：也許女傭跟他們說了短波收音機的事。還是把收音機藏到戰爭結束吧。可惡，我會很懷念收聽棒球賽的時光。惠容在紐約的時候是個狂熱的棒球迷，戰爭期間，她最大的慰藉和娛樂之一就是收聽來自馬尼拉的棒球轉播，那裡設有美國廣播電臺的中繼站。收聽棒球賽讓她能稍微重溫家鄉味，所以放棄聽廣播對她來說掃興極了。不過，棒球比不上家人的安全重要。

「你們也看到了，我只是個臺灣家庭主婦，」惠容用臺語說，站直身子，抬起下巴，擺出不服輸的姿態，等著他們解釋自己的行為。

「我們知道妳會說英語，」高個子日本兵用英語說道。他的聲音讓她想起小時候在唐人街看到的那些男人，想到這裡，她不禁打了個冷顫。「我們知道妳是美國人。」

「是又怎樣？」她反嗆，怒火上湧，索性改用英語回敬。「我都離開美國，搬來你們大日本帝國生活了，我對那邊根本談不上有多喜歡，」她說。

「可是妳有回去過，」那個帶頭的人露出譏諷的笑容。他八成查過政府檔案，才會知道她的旅行紀錄。「妳回去過美國，一九四一年回來，幾個月後美國就對我們大日本帝國宣戰了。」他將手中的步槍握得更緊。「我們怎麼知道妳不是美國間諜？妳都知道些什麼？」

「我這樣像間諜嗎？」她不屑地回嘴。「我是回去美國生我兒子。生完後，我總不能馬上帶著剛出生的嬰兒坐好幾個禮拜的船回來吧？」當心啊，惠容，說話不要太刻薄，否則會闖禍。這些人可不是主日學的牧師，不要挑釁他們。

「抱歉，長官。我先生是忠誠的日本公民，我也是，」惠容說，語氣軟下來，退到廚房流理臺前。「我知道現在是你們贏。」她實在很難不盯著那些人的長步槍。「我們都確信，日本帝國終將勝利。」

那三個日本兵露出笑容。「很好。我們一向重視忠誠的國民。可是廖夫人，請妳告訴我，妳怎麼知道現在是我們贏？」

惠容微笑，避開他們設下的陷阱。「我知道的都是我先生每天晚上回家後跟我說的。我們知道的事，整個西螺也都知道，那就是現在一定是日本贏！」

「妳都不看美國報紙或是聽廣播嗎？妳不會用無線電發送訊息？」

「我連在臺灣要去哪裡買收音機都不知道，」她邊說邊聳肩。「我在這裡從來沒看過收音機，所以我什麼都不知道。我先生只關心從他父親那邊接手過來的莊園生意。他明天回來，到時候你們可以跟他談。」她強忍怒氣和恐懼，不讓他們看出來。

兩個士兵看看那個帶頭的。「好，」他說。「明天我們再來找廖文毅。再見，廖夫人。天皇陛下萬歲！」他們大步走出去，把門甩上。

惠容在餐桌旁跪下，和躲在下面的珍妮對上眼。「沒事了，妳可以出來了，寶貝，」她溫柔地說。

珍妮爬到母親的腿上，眼眶中滿是淚水。「他們還會再來嗎？他們會不會把妳跟爸爸抓走？」

「沒有人會被帶走，」惠容撫摸著女兒的頭髮說。「我們沒做錯事。好了，妳去看看弟弟。剛才那麼大聲，可能吵醒他了。妳要勇敢，寶貝。」

珍妮心想：我永遠也無法跟媽媽一樣勇敢。她誰都不怕。然後她跑上樓去。

惠容還坐在廚房地板上，呼吸仍很急促。我遇過更糟糕的情況，而且撐下來了。這一次我也會熬過去。我只希望不會牽扯到孩子們。也許文毅能讓那些日本兵不要再來。她站起身，拍掉身上的灰塵，然後走進臥室把書找出來。回到廚房坐下、把書翻到原本在看的那一頁之後，惠容感覺到突然吹起了一陣風。一場午後雷陣雨正在醞釀。她祈禱那些她用來安慰自己的話，都會成真。

第四章 閣樓

二〇一〇年十一月
臺灣嘉義

天還沒亮，我便一身防風裝扮從嘉義市出發。租來的速克達（scooter）是一種輕型摩托車，我騎在上頭，身著牛仔褲、Converse帆布鞋和T恤，外面又套了扣領牛仔襯衫、條紋開襟羊毛衫，還有一件蓬蓬的羽絨背心。我還戴了手套、太陽眼鏡，以及一條紫色的棉圍巾圍住口鼻（為了避免吸入飛揚的路面塵土），頭上則是租車附送的橘色安全帽。這身裝扮有些七拼八湊，但我安慰自己說，無論我怎麼穿，看起來都會很突兀。

出了市區，我騎上通往北方鄉間的大馬路，路上滿是機車。我刻意落在車陣後方，騎得小心翼翼，畢竟我才剛在臺北借朋友的速克達練習了幾天。騎了幾公里後，馬路漸漸變窄，機車騎士也陸續分道揚鑣。接下來這段路，我得獨自前行。我特意選了比較小條的鄉道來騎，而不是這一帶最主要的幹道。我估計，到爺爺廖文毅的故鄉西螺，大約還需要兩小時。

那週稍早，娟娟伯母曾勸阻我：「不要去西螺。」當時我說想去家族的故鄉看看，請她給點意見，沒想到她會叫我不要去。

「祖厝早就沒了。有個貪財的堂弟，就是阿寶的弟弟，五叔最小的兒子，他沒跟任何人商量，就擅自把祖厝拆了，還把地賣了。」

「什麼！真的假的？」我這才知道祖厝竟早已不在。「西螺還有廖家的親戚住在那裡嗎？」我原本很期待能親眼看看老家的莊園、見見爸爸那輩的堂兄弟，沒想到早就錯過了機會。

「就只剩那個貪財的堂弟還住在那邊。妳要是回西螺，千萬不要去找他。我想妳去了也不會覺得開心，那裡早就沒有我們家族的東西。」

但我還是壓抑不住心中的渴望，不願就這樣聽從她的規勸。我想親自去看看那座城鎮。

***

我騎車經過一望無際的稻田。每塊田都像一池淺綠的水塘，一根根細細的秧苗從光亮的水面中探出頭來。我騎過芭樂園、鳳梨田，也穿過一些小鎮，鎮上的主要街道通常只掛著一盞孤零零的紅綠燈。有一次我呆呆地在紅燈前停著，後頭一連串機車卻呼嘯穿越路口，彷彿紅燈根本不存在。於是我也跟著皮了起來。如果路口只有我一輛車，我就會放慢速度左右張望一番，再加速前行。

騎著騎著，我想起爸爸在一九七九年造訪西螺、跟爺爺團聚的那次旅行。他在旅行日誌裡這樣描述祖厝：

我們家的祖厝……實在很難形容。有庭園、倉庫，還有一座祠堂，裡面掛著一幅祖父母的畫像——這棟房子就是他們蓋的。後院有座小型的現代泳池，夏天用來消暑，這裡氣候真的非常熱帶！還有關在大籠子裡的孔雀和其他各種鳥類，甚至還有一位全職管家兼我父親的私人助理！

爸爸對我說過，他記得自己夜裡在祖厝的一間臥室裡抽大麻菸，兩臺電扇同時對著他吹，因為天氣實在太熱了。我想像他那頭濃密的蓬髮被風輕輕吹動，卻怎麼也吹不散那份悶熱。我多希望自己也能親眼見到他見過的，那個屬於我們家族的原點。

太陽的位置變高了，風景也轉成深褐色。低矮的木造建築被曬得乾乾皺皺，彷彿烘烤後的赤陶土。這些小鎮既不繁榮，人口也稀疏，幾乎沒有什麼商業活動能吸引人們走到街上。我騎著小小的速克達在風中穿行，彷彿一路向時間深處倒退，走進祖父母的過往。即使廖家祖厝只剩過往殘跡，我也要找到它。我在心中呼喚祖父母的靈魂，懇求他們指引我找到他們曾經生活的地方。

我想得出神，根本沒注意到轉彎後一個空蕩蕩的路口亮著紅燈，直接疾駛而過。突然間，我聽見警笛聲，從後視鏡裡看到一輛警車追上來。

慘了。

我打了右方向燈停下車，渾身發抖。我在美國從來沒被警察攔過，此刻腦中一片空白，連半個合理的藉口都想不出來。就算想得出來，我也不知道該怎麼用中文表達。看來只能哀求警察原諒了。

警員氣沖沖地走向我，一開口就劈哩啪啦講了一長串我完全懂不得的話。我只聽見他不斷重複「hongzi」（聽起來像是「紅燈」的意思），情急之下我開始用中文大聲求饒：〔對不起！對不起！對不起！〕接著又補上一句：〔沒看到！〕他示意要我出示身分證件，我只能羞愧地把證件遞給他。

幾個月前，我去臺北的簽證辦公室領取外僑居留證，這張卡是我以傅爾布萊特研究員身分合法居留臺灣的證明。當時我心中就泛起一絲不安。我想著，那些坐在玻璃隔板後方、為國民黨政府辦事的公職人員，如果知道自己發證的對象，是曾試圖推翻蔣介石政權的廖文毅的孫女，會在意嗎？如果他們知道，我此行是為了向英語世界揭露：蔣介石曾屠殺無數勇敢為同胞爭取權利的臺灣人，還會同意讓我合法居留嗎？

當這名地方警察低頭檢視我的居留證時，我不禁又想：如果他知道我正在追查那些被掩蓋的臺灣歷史，還打算把這些故事告訴全世界，他會怎麼看我？我不知道他會不會對我開罰單、把我抓起來，甚至威脅到我的合法居留身分。我只知道，我得設法讓他放我走，心裡想著：裝傻吧，演個搞不清楚狀況的外國人。

「對不起，沒看到。」我又說了一次。他把證件遞還給我，一副已確認我不是罪犯的樣子。「對啊，」他低聲說。接著又丟下一句：「小心！」隨即回到警車上，在一陣塵土中揚長而去。

我縮在層層衣物裡顫抖著，心有餘悸地深吸了幾口氣。這一趟去西螺的路，大概還得花上一小時——因為接下來我一定會行駛在速限內，遇到紅燈就乖乖停下，哪怕路口一輛車都沒有。我發動機車，緩緩重新上路。

「小心」直譯是「小的心」：像是「小心點」、「做事要用點心」、「留心一點」。有時候我聽到「小心」這個詞，會想成「留心一點」。我留心一點，繼續往前騎。

＊＊＊

我減速轉進西螺的主要街道延平路，整條路靜悄悄的。兩旁的商店與建築排列整齊，全是矮矮的兩層樓，二樓突出的陽臺像是掛在牆上的盒子。和臺北相比，這裡簡直像封存著舊時代記憶的時空膠囊。我一邊張望，一邊心想，廖家這棵家族之樹的灰燼，如今會不會就藏身在某家店鋪之中？

就在那一刻，我突然意識到，我根本不知道祖厝的確切位置。我不知道路名、地址，也不知道地標，什麼都不知道。我怎麼會這麼笨？竟然沒有先問娟娟伯母！我原本有打算問她，只是聽到房子早已拆除後，太震驚了，話就卡在嘴邊。後來我也不想再打電話問她，因為那等於是在告訴她：我決定不聽她的勸告，還是要去西螺。也就是說，我毫無準備就來到這裡，根本不知道該從哪裡找起。這種細節簡直再基本不過，說出來都嫌多餘：當你要到一個陌生國度的小鎮，尋找家族歷史中神聖的重要地點時，請記得帶上地址。我卻沒有多想一下，上了車就開始騎，只因我太渴望，想要親眼去看看、親自知道答案。

於是我就這樣沿著寂靜的延平路騎行，卻完全不知道該往哪理去——迷失在自己家族的發源地。

我背包裡有一張臺灣地圖，還有一張便利貼，上面潦草地寫著「長老教會」這四個中文字。當我告訴房東蘇珊我要去西螺時，她隨手寫下這個地方，建議我去看看，因為她聽說這間教會和臺灣獨立運動有關係。於是我來了。我不太會說這裡的語言（也沒有智慧型手機），全靠直覺帶我前進。

我在一座廟前停下車，廟外面的大門掛著黃色燈籠，裡面則有一張大供桌，桌上擺著神像、筊杯、籤筒、鮮花、水果，還有其他供品。我看見一個賣香的婦人，便上前問路。

我開口說：〔請問，你們知道這個教會在哪裡？〕我把便利貼遞給她看。

「我知道！」婦人用中文說。「欸，你，」她叫住一個工人。「你能不能帶這個小姐去長老教會？」

「好啊，我帶妳去，」他說完就跳上一輛不知道從哪裡冒出來的腳踏車。「跟我來！」

他一溜煙地騎走，我也趕緊跳上機車緊跟在後。他數度急轉彎，離開大馬路，帶我鑽進更安靜的民宅巷弄中，這些巷弄形成西螺鎮與周圍農地的大致分界。

他在西螺長老教會外面急停，教會是一棟兩層樓高的灰色石造建築，在人煙稀少的街道上、稀稀落落的建築物當中，顯得特別高聳。

「這裡就是長老教會！」工人說完就騎著腳踏車疾馳而去，我朝他背影感激地大喊一聲：〔謝謝！〕

***

教堂大門深鎖，空蕩蕩的。那天是週二早上，我只能暗罵自己膽子太小，沒敢事先打電話來確認。雖然此時我在臺北已經上了將近三個月的中文課，但還是不敢用中文講電話。我環顧四周找尋人影，看到隔壁就是一間學校，裡面有許多孩童和修女。

我輕敲學校的紗門，一名修女走出來。「請問，這間學校是那間教會的嗎？我要找教會的……主任。」我不知道「牧師」的中文該怎麼說，就用了「主任」。

「不是，我們這裡是對面天主教會辦的，」她指向對街，用英語說道。「長老教會的牧師今天不在，妳可以禮拜天再來。」

「我只有今天在這裡，」我急切地說。「我正在找我們家的祖厝原址，原本想說牧師能幫我，因為我聽說我們家和那間教會關係密切。請問妳知不知道廖家祖厝的舊址在哪裡？」

修女搖了搖頭，但隨即靈機一動。「我不是西螺人，不過我認識一個人，他也許能幫忙。跟我來，我帶妳去找他。」

修女走到她的汽車旁，拿出一把大雞毛撣子，刷去擋風玻璃上一層厚厚的灰塵。我忍不住暗笑——以前我從沒有想過修女會自己開車。我跟著她走了一條完全不同的路線，彎彎繞繞的產業道路，把我們帶到另一所學校。修女帶我去見校長，用我完全聽不懂的中文說了一大串話。

「校長認識牧師，」她對我說。「他叫杜牧師，不過他今天出去處理教會的事了，下次妳來之前先打個電話給他吧！」

也許這是個錯誤，我心想。也許我應該現在就放棄，打道回府。我幹嘛老是硬著頭皮去做一些自己根本沒準備好的調查？

到了停車場，一名路過的女子認出修女，跑了過來。「哈囉！」她們互相擁抱。「妳怎麼會來？」修女的朋友問道。修女指著我，重新解釋了一遍。她朋友的眼睛頓時亮了起來。「廖文毅！我知道廖文毅！」

一絲微弱的希望讓我精神一振。有人知道我們家。「真的嗎？」我問。

「真的！」她中文說得很快，但很清楚。「我是西螺人，我們都知道廖家！」

「那妳知不知道祖厝在哪裡？」

「已經拆掉了，拆掉之前就在市區。美得不得了！」她說。「確切位置我記不太清楚了，不過我先生知道。我打給他，請他帶妳去。」

五分鐘過後，一名身形魁梧的西螺男子騎著一輛底盤很低的機車呼嘯而來。「誰要找廖家祖厝的舊址？」他問。

「是她，」他太太向他介紹我。「她是廖文毅的孫女。」

「喔，」他咕噥了一聲，「是這樣喔。那妳跟我來！」

我再度發動機車，跟在這位一輩子都住在西螺的男人後頭上路。不知道他認不認識我的家人，對西螺從前的繁華歲月又有些什麼印象。

最後我們又回到市中心的延平路上。男子在一個路口停下車，朝左邊幾棟建築物一指：

「那邊，」他指給我看後就繼續騎走了。「妳家祖厝原本在那邊。當年廖家宅邸是整個鎮上最漂亮的房子。」

＊＊＊

現在，廖家祖厝的原址變成了一家牙醫診所、幾棟公寓和華廈，轉角還有一間雞排攤。我成功找到了爺爺長大的地方，我祖父母的故事就是在那裡展開的，如今祖厝卻不在了。房子被夷平、拆毀，而後蓋起新的建築物。我幾乎站都站不住，能勉強撐住不倒下，已是我所能做到的極限。我的膝蓋像是要鬆掉了，差點就跪倒在這片土地上——我恨不得整個人跪下、癱倒在地，或者直接徒手開始挖，只為找到一點、哪怕一點點證據，能證明廖家曾經住在這裡。一顆小石子、一塊碎石，甚至一根掉落的小黑髮夾也好。然而我還是逼自己邁開腳步，慢慢繞過那些房屋，走到旁邊那條比較小的路，在這個街區繞了一下。我想起娟娟伯母的告誡，她的聲音在我耳邊叨唸：「妳不要去西螺，因為我們家族的一切都不在了。」

我到底為什麼要來這一趟？那一刻，我真希望爸爸就在這裡，為這片冰冷的殘骸注入生命，帶我看看他第一次來臺灣時住過的地方，告訴我他初次見到父親時的記憶。但他也說了，我們家族的故事並不重要——我不該寫。儘管如此，我還是追溯他的腳步，走到了這裡。此刻，爸爸當年與家人團聚的痕跡，已被層層塵土深深掩埋。

我終於開始明白，在這場追尋中，我有多孤單。

從小到大，西螺對我來說一直是個謎，充滿了無人述說的故事與無解的疑問。它是我失落的綺色佳，是我想奪回的故鄉，縱使它對我而言幾乎陌生。西螺一直是我心中的一道問號，如今我終於來到這裡，它卻早已毀滅。我來遲了。

***

啟程回嘉義之前，我決定先在一家小餐館吃午餐，店主是個親切的中年婦女。結帳時，她注意到我的項鍊。圓形的鍊墜框著一個金色的「廖」字。我把這條項鍊當成幸運符戴在脖子上，還會嘲笑自己迷信，同時我也把它當成某種身分證明：我是廖家人！我屬於這裡。即使我的外表跟你們不一樣。

她說：「妳姓廖？我姓廖！」

「是嗎？」我問。「我的家人以前住在這裡。我祖父是廖文毅。」

「真的嗎？廖文毅？不會吧！」

「真的！」

「妳走之前一定要去西螺螺陽文教基金會。」

「哪裡？」我沒聽懂。

店主抓住我的手。「來，我帶妳去！跟我來！」我們跑到對街，她把我拉進一棟建築物，那裡的門面是石材打造的。

這棟建築的內部忠實還原了臺灣傳統房屋的樣貌，有許多挑高的房間、開放式門廊，後面還有一個漂亮的中庭。樓上是展覽空間，展出西螺過去一百年來的照片。這裡是西螺延平老街文化館，那些照片美極了。

「謝謝妳帶我來，」我和新朋友一起走回入口時說道。

「一定要的，」她說。「以前廖文毅住在西螺，現在西螺也是妳的家。」

「請問，」我問坐在入口旁邊那張桌子前的祕書，「如果我以後回來西螺做研究，應該要跟誰聯絡？」

她給我館長的名片。「妳對西螺的歷史有興趣嗎？」

「對，我們家是西螺人。我祖父是廖文毅。」

她呆住了，雙眼睜得很大，然後她抓住我的手臂。「廖文毅？不是吧！」

「是！」

「跟我來！有個東西妳非看不可！」我們跟著祕書回到樓上。她俐落地領著我們穿過展覽空間，把我帶到一道木造樓梯前。那道樓梯又窄又破舊，基本上只是一把斜鑲在牆上的工作梯。

「小心！」她引導我走上去，進入閣樓。

我們小心翼翼地穿過閣樓椽架之間的空隙，沿路經過各式文物、照片、畫作，甚至還有一些雜物。所有東西都覆著厚厚的灰塵與蜘蛛網。到了牆角，她指向幾張展覽用的大型海報。「妳看！廖文毅和你們家其他人。」

是他，是爺爺，還有我其他家人。那四張大型海報展示的照片中有爺爺和他的兄弟姊妹，史豪伯父和娟娟伯母也在。照片下方有中文說明，介紹每位家族成員在臺灣獨立運動中扮演的角色，並特別針對廖文毅的角色寫了一段較長的歷史概述——他曾在日本成立臺灣共和國臨時政府、出任大統領，作為對抗蔣介石在臺灣實施戒嚴統治的民主替代方案。

正是因為這個發現，我才有動力繼續追尋。也因為閣樓裡的這些寶藏，我才會在六個月後又回到西螺。那次回去，我見到文化館館長和長老教會的杜牧師，並且在他們的協助下找到那個貪財的堂叔，和他面對面。第一次到西螺的這天，我明明沒有做好準備，卻因為陌生人熱心幫助而大受鼓舞；這天，我終於回到家了。

「妳看，廖家的房子！」祕書舉起兩張框裱的大照片。

在這座閣樓裡，我終於見到了廖家祖厝從前壯觀的樣貌。這棟房子即使只是印在光面相

拍攝者：不詳。來源：西螺延平老街文化館提供。

紙上，也能讓人感受到它的富麗堂皇。塔樓有數層樓高，上面是華麗的陽臺和帶有尖齒的壁壘，就像城堡的頂端。我用手指滑過那些石柱、磚牆、藍綠色的裝飾，看得出神。色彩鮮豔的旗幟自陽臺迎風飄揚，主屋的其他廂房由中央塔樓延展出去，圍繞著一座寬闊的中庭，構成一個巨大的方形格局。

在傳統中式老屋裡，最年長的一輩住在中間的主屋，子女、姑媽、叔伯和堂兄弟姊妹則住在周圍的廂房。我是整個家族中最年輕、關係最疏遠的成員：我在距離家族核心極度遙遠的地方長大，對我們的根源完全不瞭解。但我還是回來了。我兜兜轉轉回到了這裡，從瓦礫堆中為我們被摧毀的家找回原貌。

第五章 遠大前程

一九四五年九月

臺灣西螺

惠容和文毅居住的廂房裡，到處都是箱子。床上堆滿文件。夏末的溼氣尚未退去，紙張邊緣在暑熱中捲翹，如同向陽伸展的藤蔓。文毅大步走進來，腋下夾著一個新箱子，手裡還拿著一疊文件。天氣悶熱，他濃密的黑髮黏在額頭上。文毅得意洋洋地晃了晃右手拿的一疊文件。「文奎寄的雜誌內頁剛到！樣張都齊了，等下個月我們搬進臺北的新家時就能出版！」

惠容將她的狄更斯小說集小心收進一只大皮箱，裡頭還裝著她的絲質睡袍和蕾絲滾邊睡衣。幾個女傭在打包她的其他衣物和所有孩子的個人物品，但她堅持親自打包她的書。她把書整理得井井有條，確保一本也不會漏掉。這些書曾經帶給她極大的慰藉，而且日本兵一直沒找到她藏書的地方。美軍在日本投下兩顆原子彈之後，臺灣本地的報紙和廣播電臺都報導了日本全面投降的消息。惠容走進雞舍，在溼滑的雞糞堆裡翻找，找出了她藏短波收音機的木箱。那天晚上，她和文毅收聽了一場從馬尼拉轉播的洋基隊球賽，彷彿重溫了當年在故鄉曼哈頓、班塔女士的傳教中心裡聽球賽的時光。

他們要搬家到臺北。文毅向她保證，西螺那些令她感到沉悶又閉塞的事物，在臺北這座繁華的都市裡將會截然不同。她將住進今日大安森林公園附近一棟寬敞、裝潢精美的房子裡，遠離鄉下人的窺探，也不必再受流言蜚語與旁人的好奇心干擾。她可以與那些來自臺灣菁英知識階層的富太太交際——因為文毅有一番大計畫。

「這還只是開始而已，」前一天晚上，文毅對她說。「我們先發行《前鋒》雜誌，接著我要參加地方公職選舉，文奎則會撰寫政論，向即將接管臺灣的中國政府提出建言。我們希望中國人把臺灣視為一個模範省分，藉此徹底改革現代中國的治理體系。能恢復說中國話（按：下稱「國語」），實在太好了！」

這個語言上的挑戰，讓惠容很焦慮。她完全不會說國語，雖然之後她依然可以跟朋友和店家說臺語，但還是一定要能聽懂且會說國語才行。戰爭結束前，儘管她非常厭惡那些騷擾她的日本兵，也還是學會了一些日語，常見用語她也能理解。

可是現在，她和珍妮與泰德兩個孩子，得從頭開始學習國語，這是他們從未說過的語言。她希望孩子們學起新語言會比她容易，當初她學臺語就已經夠辛苦了。惠容深深希望孩子們能像他們父親一樣，擅長在多種語言之間自如切換——畢竟連臺語有時也會搞得她暈頭轉向。

就在此刻，泰德飛快地跑進他們房間。「媽媽，媽媽，我們什麼時候要去大都市？」他喊道。

文毅把箱子放下，一隻手抓住兒子。「小伙子，要去哪？」他裝出嚴厲的語氣。「慢一點，小阿兵哥！」

「我等不及要看看那座城市了！」泰德說。「我們到了要先做什麼？」

「這個嘛，你和姊姊要學騎腳踏車，這樣你們就可以自己去上學。我們還要去看看那些大樓，也許還能去那條貫穿整座城市的大河邊釣魚。而且爸爸要參加選舉，進市政府服務喔！」

「政府？」泰德瞪大雙眼。

「對啊！兒子，聽爸爸說。這是爸爸在我們新出的雜誌上寫的一篇文章，慶祝臺灣回歸中國。」他清了清喉嚨，在桌前坐下，他兒子則笑容燦爛地看著他。文毅讀出印在雜誌樣張上的內容，彷彿在對著數百人演說，他低沉的聲音在臥室中迴響。

親愛的六百萬同胞！祖國抗戰已勝，六百萬同胞已脫離深陷的泥沼。我們從深淵中重獲新生，回到祖國去，做了大中華民國的國民，能夠與世界任何的民族並肩的一等國民。這是我們應該深深地感謝我們的領首蔣主席。

惠容鼓掌，同時向泰德使眼色，要他一起拍手。在她的心目中，文毅身上那套因為搬家被弄得又皺又亂的衣服消失了，她彷彿看見她英俊的丈夫穿著一身時髦的西裝，頭髮整齊地往後梳。文毅的魅力無庸置疑，所以或許他真的會當選，進入臺北市政府。他才智過人，有他效力是市政府的福氣。至於在中國人的治理下，臺灣省政府應如何改革，文毅的哥哥文奎也有一些很好的想法。

「哇，爸爸，你說得好棒喔！我長大也要跟你一樣！」泰德說。

「嘿，未來的政治家先生，去看看姊姊打包好了沒，」惠容回到現實。「順便叫她下來吃午飯。」

文毅大手一揮，把桌上和床上的文件全掃進大箱子，完全不管紙張落在哪裡，也不管順序。他浮誇地往床上一躺，兩隻腳在空中踢來踢去。「太熱了，吃不下，」他裝出很痛苦的樣子抱怨。

「今天有西瓜沙拉和冷麵，你應該吃得下去，」惠容笑了。「未來的臺北市政府長官，可得好好補充體力！」

***

和文毅攜家帶眷搬到臺北時，惠容深知，文毅與文奎對作為中國一部分的未來寄予厚望，他們希望臺灣能成為模範省，引領整個中國大陸。他們已開始與臺北的官員討論地方政府政策，並預期在陳儀出任臺灣行政長官後，能在地方政府中扮演積極角色。前景一片光明，而《前鋒》雜誌也成為他們傳播理念的主要平臺，闡述如何在中國統治下推動臺灣社會現代化。

一九四五年時，他們尚未充分意識到國民黨政府正與毛澤東領導的共產黨在中國大陸進行內戰，其情勢日益嚴峻。共軍的人數與實力不斷擴張，威脅著因抗戰而元氣大傷的國民黨軍隊。

一九四五年臺灣「光復」後，疲憊不堪的蔣介石政府首要之務便是掠奪全島資源，以補充他們狼狽的軍隊所需。國民黨一來就查抄了日軍先前儲備的大量糧食與軍用物資——這些儲備原是為二十萬士兵準備，可供應兩年之久。國民黨掃蕩所有軍事儲備，導致臺灣出現史上首度米荒，鄉間剛收成的稻米立刻被裝船，運往中國大陸。這令臺灣人民憤恨不已，因為這座富饒的海島上處處是多產的農田，在此之前他們從未挨餓過。隨著情勢升溫，國民政府展開徵米計畫，下令全島各地的地方委員會負責監督，將稻米交由國民政府轉運至中國大陸。如果出現短徵或疑似有人屯糧，政府還會派警察搜索民宅。

臺灣人民原本對回歸中國滿懷期待，卻發現自己被當作次等公民對待，令他們深感震驚——這種待遇甚至比日治時期還不如。他們拒絕將辛苦得來的穀物、糧食和乾貨，交給掠奪成性的國府軍士兵。一九四七年甫開始，新來的國民黨政府與臺灣人民之間的衝突迅速升高，愈演愈烈，尤其是國府軍人恣意炫耀權勢，更是令本地居民怒不可遏。

***

一九四七年二月二十七日

惠容與文毅吻別後，文毅和文奎離開臺北住處，前往上海發表他們針對陳儀治理臺灣不當的政治評論。姪子史豪正坐著黃包車在門外等候，準備與他們一同前往臺北最北端的淡水港搭乘輪船。

兄弟倆拖著行李、大衣飛揚地匆忙出門後，惠容輕輕地鬆了一口氣。他們兩年前的那份自信與樂觀，如今早已被國民黨的腐敗行徑澆熄。這個政府將臺灣視為殖民地，而非模範省分。

一九四六年，文毅曾任臺北市公車處處長，並參選南京的國民參政會代表，原應當選，卻遭國民黨以「選票有瑕疵」為由，宣布選舉無效。文毅堅信國民黨不願意讓他掌權，因為他與文奎主張讓臺灣人參與更多決策、推動民主機制，並批評任何採取極權統治的政府。對文毅來說，落選本身已是一種恥辱，更令他憤怒的是，這場敗選竟是因政治腐敗所致。自此之後，他對國民黨的批評就愈發尖銳。國民黨政策對臺灣本地經濟造成的損害，更讓整體局勢雪上加霜。

文毅與文奎整天滔滔不絕地談論政治，慷慨激昂地宣稱行政長官陳儀正把臺灣推向貧窮與饑荒，甚至預言臺灣人會激烈反抗。這些話讓惠容一整週都心神不寧。他們在家中客廳與臺北各界的有力人士多次會晤，正準備向陳儀請願，要求賦予臺灣人更多的自治權。

惠容心想，他們都太短視了。他們難道看不出來嗎？陳儀不過是蔣介石的傀儡，正像擰乾一塊溼海綿那樣，把臺灣的資源榨個精光。一旦儲備米糧耗盡，會怎麼樣？要是大陸戰事惡化，又會怎麼樣？臺灣人會不會被徵召去大陸，為一場與自己無關的戰爭而戰？她感覺自己才剛脫離一個殘酷的殖民政權，卻又被推進另一個同樣壓迫的殖民政權手中。許多臺灣人試著合理化這種待遇，還會說：「中國是我們的根，中華民國是祖國，我們好不容易才統一啊！」然而她知道，統一只是帶來了更多殖民統治。臺灣人與大陸人不對等，來自中國的國民黨迅速成了統治階級，本省人被當成落後的鄉巴佬，像僕役一樣服侍那些權貴。

惠容將這些想法藏在心裡，專注於幫助孩子們在學校學習中文。她為孩子們請了中文家教，珍妮和泰德都學得很快，在學校表現優異。不過兩人都很內向，在新的社交場合裡沉默寡言，舉止遲疑。惠容覺得，可能是抗日戰爭嚇壞了他們，加上錯過幾年的學校生活，沒能和同儕建立情誼。他們對交新朋友格外謹慎，也始終難以放下心防，彷彿還不確定自己是否能在臺北這個新家真正安頓下來。

小兒子亞歷山大尚在襁褓之中，惠容想，至少他將來學中文不會有問題。他於一九四六年出生在臺北一家醫院。平日孩子們去上學時，她照顧亞歷、陪他玩耍，也讓心情稍稍振作。戰爭期間，她年幼的女兒安東妮亞夭折，令她心碎，也讓她對再度懷孕心存遲疑。但文毅最終說服了她，如今回想，她十分慶幸。小亞歷總是能逗得一家人笑容滿面。

文毅出門後，惠容去叫他的姪子雙耀起床。二十歲的林雙耀暫住在他們家，表面上是為了學習經營家族事業，其實也是在文毅不在家時陪伴惠容，並協助處理廖家事務。他睡在客房，惠容敲了敲門：「懶蟲，起床囉！要不要去喝杯咖啡？」

從年少時在紐約開始，惠容就酷愛喝咖啡，而住在臺北的一大好處，就是隨時可以就近在日式咖啡廳與街邊攤位品嘗到好咖啡。她過去在中國時總是找不到咖啡可喝，因為茶才是中國的國民飲料，沒人對煮咖啡有興趣。然而在臺北，受到日本文化影響，咖啡隨處可見，而且香濃可口。*這是日本唯一的可取之處*，她暗自想著，輕笑了一下。

那天早上，珍妮負責照顧泰德和小亞歷，惠容和雙耀則沿著仁愛路散步，轉進一條從馬路岔出去的蜿蜒小巷。隨著都市人口愈來愈密集，在大馬路旁開闢小巷是安置更多住戶的有效方法。惠容注意到，臺北的巷弄就像動脈延伸出的靜脈與微血管，愈走愈窄小。這天，她和雙耀去了一家小咖啡館，其實只能算是有天篷和幾張小凳子的路邊攤。他們點了烤吐司和濃黑咖啡，正是惠容最喜歡的組合。

喝完咖啡、吃完烤吐司，他們就回家。回家後，惠容會先做些家務，再打電話問朋友下午要不要打麻將；雙耀則去電西螺老家，看看家裡是否需要他辦什麼事情，或是去跟佃農收租。接著，惠容會教雙耀英文，這是一天當中她最喜歡的時刻。她會設想各種不同的聊天主題：物品、食物、做計畫、旅行，還會翻書找圖給他看，然後用英文造句。再度說英文的感覺太好了！她不想荒廢自己的母語，所以她很高興文毅不在身邊的時候，還有人能聽懂她說的話，儘管只懂一點點。

這一天，惠容、雙耀和孩子們都沒有感覺到任何不對勁之處。當晚他們坐下來吃晚餐的時候，並不知道在臺北的淡水港，有六個臺灣省專賣局的查緝員正在盤問販賣私菸的婦女林江邁。他們要沒收林江邁的貨品，林江邁跪下來求他們放過她，因為賣菸是她唯一的收入來源。下跪求饒沒有用，一名查緝員突然用手槍槍柄打她的頭，把她打得頭破血流，昏倒在地。

這場騷動在繁忙的港邊引起眾人注意，一群憤怒的民眾圍在六名查緝員周圍。人群中有人開始鼓譟要教訓查緝員，他們見狀不禁感到性命堪憂。此時，其中一名查緝員掏出槍。他槍殺了淡水人陳文溪，導致群情更加激憤。抗議民眾大批聚集，前往派出所和警察總局要求懲處攻擊無辜婦女的專賣局查緝員。但兩處都大門深鎖，官方無人出面回應。

那天夜裡與隔日，在廖家位於仁愛路的豪宅外面，臺灣人民的怒火持續燃燒，匯聚成一股無人能擋的力量。第二天，也就是二月二十八日，也將因其悲劇與恥辱，銘刻於臺灣歷史之中，為好幾代人所記取。

***

一九四七年三月一日

雙耀飛奔回家，衝進家門，惠容正在和孩子們玩撲克牌。「有阿兵哥帶著槍！」他上氣不接下氣地說。「他們在全臺北胡亂掃射。」

惠容看著年紀輕輕的雙耀，他的衣服蒙上了一層塵土，脖子上有血跡。「你受傷了？孩子們，回房間去玩，順便看一下小亞歷。」她迅速收起紙牌，交給珍妮；珍妮安靜地點點頭，帶著泰德離開。

「我沒事，外面好可怕。」雙耀的手在顫抖。

可憐的孩子，他沒有見識過戰爭，惠容心想。這可能會演變成戰爭，又一場戰爭。惠容拿來一條舊毛巾給雙耀，要他洗掉血跡；她自己則坐在浴室門外的矮凳上，留點隱私給雙耀。「來，把你看到的一切都告訴我，」她說。

不過短短兩天，他們和平安寧、生氣蓬勃的文化首府就變得面目全非，不再是她深愛的那座城市。二月二十八日中午，抗議者遊行到專賣局臺北分局，憤怒民眾集結成群，要求制裁六名查緝員。混亂中有人開槍，國府軍士兵被召來驅散群眾。也有人強行進入廣播電臺，打斷節目，對全臺灣播報臺北當時的狀況。當天晚上臺北市宣布戒嚴以恢復秩序，凡是在街上逗留的人都遭到逮捕或當場槍斃。

三月一日早上，雙耀冒險走出家門去為廖家採買鮮奶和食品，卻看見周圍都是暴力衝突和毀壞行為留下的殘破景象。寧靜祥和、充滿綠蔭的大安區隨處可見瓦礫、垃圾、彈殼、磚石碎片，還有被砸壞的車輛。他快要走到北門旁邊的北平西路和延平北路口時，遇到抗議者襲擊臺北市警察局。雙耀躲在一根柱子後面，目睹整個過程。

人群推擠警局大門，其中七名男子爬上大門旁邊的金屬圍籬。接著，一輛以帆布蓋住車斗的國府軍卡車駛到路口，在離抗議群眾不遠處停下來。車斗上的帆布掉落，眾人才發現裡頭載滿了手持機關槍的士兵。他們朝群眾開槍，四周都是子彈撕裂空氣的聲。他看著那七個爬圍籬的人中彈、落下、掉在地上。這時雙耀想起了戰時的自保技巧：聽到槍聲就要放低身體、找掩護。

他藏身在柱子後面，身體縮成一團，雙手抱著頭。有個人在街上倒地，就在他旁邊。子彈打到石柱後彈開，彷彿撒旦在敲鐘，乒砰作響；剝落的油漆碎片落在他頭上。他不斷祈禱，希望沒有人會查看柱子後方。

聽著雙耀描述，惠容不禁揪緊雙手。雙耀沖完澡，走出浴室，惠容看到他的耳朵在流血，便拿乾淨的毛巾把血擦掉。

「我在柱子後面一直躲到槍擊結束，」他說。「槍聲停止後，我才敢出來。街上已沒有人，全是破瓦殘礫，還有血。阿兵哥一走，我就一路跑回家。」

惠容擁抱他。「真高興你沒事。在暴力平息前，我們誰都不許出門。」

與此同時，臺北的街頭也染上一片血紅。

***

接下來的一週，有六萬多名國府軍士兵在全臺各地無差別屠殺臺灣人。他們手上有逮捕名單，最先鎖定殺害主張自治的地方領袖與那些在二二八事件前批評過陳儀及行政長官公署的人。據當時美國駐臺副領事葛超智的說法，「最先死的都是領導人物：報社編輯、醫師、律師，臺灣方面曾在十二月和一月應美國大使館要求，提供過其中一些人的姓名。」

葛超智在三月二十六日收到一封信，信中悲嘆：

國府軍在全島各地，無時無刻地進行屠殺、逮捕與掠奪。唉！真是恐怖的黑暗時期！每個人都因害怕而戰慄。每個人都懷抱同樣的看法——唯有美國能解救臺灣。請您盡力將這美麗的島嶼由豬仔口中解救出來吧。

二二八事件發生至今，關於事情的始末和責任歸屬，一直眾說紛紜，死亡人數也一樣，估計數字從一千到兩萬都有。然而只要檢視事實，有一點不容爭辯：這一切的確發生過。

蔣介石派遣國民黨軍隊到全臺各地，那些軍人殺死了大量臺灣人民，這種殘忍暴行在官方記載中從未受到充分檢討。在接下來的白色恐怖時期，政府抹除所有與受害者有關的蛛絲馬跡，包括他們的姓名、逮捕與刑求狀態，還有死亡的紀錄。國民黨用數十年的時間否認這一切的確發生過，否認有無辜的人民在一場政治動亂中遭到殺害，成了陪葬者。但歷史事實不容抹滅：這一切的確發生過。

政府下令，只要找到我的爺爺廖文毅與伯公廖文奎，就要逮捕並處決他們。幸好當時他們人在上海。除了慶幸運氣好之外，還要感謝冥冥之中守護我們家族的那股力量。要是他們被抓到了，爸爸和我都不會來到世上。

第二部

第六章 ══ 惠容出逃

一九四七年三月
臺灣臺北

每一天，惠容都在等文毅的消息；每一天，她什麼也沒等到。雙耀告訴她，政府有一份逮捕名單；蔣委員長的軍隊在追捕「叛國賊」，而文毅和文奎都在名單上。還是沒有消息。

她藉著陪小亞歷玩耍來分散注意力，好讓自己暫時不去擔心文毅的安危和下落。亞歷快滿一歲了，正在學走路、說話，也願意嘗試媽媽餵他的各種副食品，但仍最愛用奶瓶喝溫熱的牛奶。隨著臺北的動亂趨於平靜，惠容也開始放心讓珍妮和泰德恢復騎腳踏車去上學。一切似乎恢復了正常，但文毅依舊杳無音訊。

惠容不知道哪一種情況比較好：一是他突然在家裡現身，結果被逮捕；二是他留在上海或逃往更安全的地方。她只想知道他是否平安無事。在不確定當中等待，令人煎熬難耐。

雙耀返回西螺管理生意，出發前給了惠容一個大擁抱。「我會練習英文，」他說：「等妳下次見到我，我會說得更好。三叔很快就會回家了。」

惠容不相信，但她什麼也沒說。夜裡，她夢見自己和文毅初次邂逅的情景，那是在俄亥俄州立大學國際學生宿舍舉辦的一場派對上。她還夢見自己跟他在星空下翩翩起舞。只要和文毅在一起，她就覺得安心。

＊＊＊

他們猛力拍門，聲嘶力竭地吼叫，把她從睡夢中驚醒。

惠容常夢到日本兵拍打他們家的門，還有小時候唐人街那些可怕男人大吼大叫的情景。從小到大，拍門聲和吼叫聲一直糾纏著她，陰魂不散。通常她醒來時，身邊空無一人。但這次不是做夢。這裡是臺北，拍門的人是國民黨的特務。

「讓我們進去！」他們以中文咆哮。「我們來抓叛亂犯廖文毅！」

睡在她房裡的小亞歷被吵醒，嗚咽了一聲。惠容跳下床，在黑暗中摸索著找燈，一邊輕聲哄亞歷睡覺。「沒事，沒事，只是做夢，繼續睡吧，」她輕聲對孩子說，也像是在對自己說。用力拍門的聲音沒有停止。「再不開門，我們就要破門了，」對方吼道。「我們知道廖文毅和廖文奎在裡面！」

惠容慌張地打量自己的房間。這個房間離前門最遠，也最隱蔽。她不想嚇到小亞歷。她穿上睡袍和拖鞋，一邊將頭髮從臉上撥開，一邊趕到孩子們的房間，輕輕叫醒珍妮和泰德。他們睡眼惺忪地仰望著她。她強迫自己保持冷靜。「有人來了，我得去跟他們說幾句話，」她低聲說道。「你們去我房間，照顧好亞歷，別讓他哭。窩在床上，我很快就回來。」孩子們點點頭，一溜煙跑進後方的臥室。

珍妮和泰德平時也頑皮，但他們知道，大人談正事的時候，他們最好避開。

外面的人還在拍門。「讓我們進去！」他們大吼。「你們躲不了的。我們知道你們在裡面。你們躲不掉法律制裁的。」

惠容突然開門，生氣地站著不動，眼中閃著怒火，牢牢擋在門口。「廖文毅不在！」她壓著嗓音怒斥。「你們把我孩子吵醒了。他不在這，要找去別的地方找。」

這名國民黨特務，跟兩年前那些似乎還願意相信她的日本兵不一樣，他舉起步槍，近距離對準惠容的臉。「廖夫人，退後，」他說。「廖文毅在不在，由我們來判斷。」

她緊繃得像快要爆裂的弦，稍一動彷彿就會斷。她往後退了兩步，讓情治人員進屋。如果妳死了，對誰都沒有好處，她暗暗提醒自己。

特務搜遍在裝潢華美的房間橫行踐踏，沉重的靴子咚咚踏地，頭上的深色鋼盔也隨著他們的動作鬆鬆晃動、叩叩作響。他們全副武裝，裝束上斑斑血跡乾涸成紅棕色的汙漬。他們毀壞那些美麗的日式家具，掀翻桌子，用刺刀劃破宣紙糊成的拉門，砸碎陶製裝飾品，胡亂翻找著文毅桌上堆積如山的文件、報紙和政論手稿，紙張如柔白花瓣般紛紛飄落，在他們四周飛舞。

惠容覺得，這一切或許只是場夢。隔天早上，她會醒來，翻個身看見文毅穿著絲質睡衣躺在身旁。她會對他說：「我做了一個好可怕的夢。警察在找你，因為你批評政府，蔣介石的人還把我們家給毀了。」

然後他會將她抱在懷裡，輕聲說：「不怕，只是做夢而已。我會保護妳跟孩子們。」接著他們會再次安然入睡，沉浸在寧靜的夢鄉裡。

但此刻，她只能眼睜睜看著他們珍愛的一切遭人毀壞。最後，她終於忍不住把特務擋在主臥室外面，並說：「我會讓你們親眼看到，我先生根本不在這裡，但如果你們敢碰我的孩子，我對天發誓，我會親手殺了你們。我會用指甲把你們的眼睛挖出來。」

那些人笑出來，但一看到她的表情就安靜了。惠容輕輕拉開那扇糊上宣紙、題有日本漢字書法的紅木拉門。三個孩子在她床上，對幾個大人眨著烏溜溜的大眼睛。她猛地又將門關上。

「你們都看到了，」她說，「廖文毅不在這裡。其實他根本不在臺灣。暴動發生前，他就已經出國。我認為他是不會回來了。」

帶頭的特務發出冷笑。「我們才不信。他為了妻小一定會回來。你們就是用來釣出他的餌。」他的同伴跟著哄笑。「我們很快會再來。叫妳先生乖乖出現，承認他是個叛徒。下次妳要是還交不出人，我們就不會這麼客氣了。」

他突然以刺刀劃過惠容的肩膀，撕裂了她的睡袍，露出赤裸的肩頭與睡衣肩帶。她倒抽一口氣。鎖骨上方冒出一條細細的血痕，刺痛立刻襲來。惠容怔住了。這些人真的什麼都做得出來。

他們彼此說著刺耳的北京話，大搖大擺地離開，留下敞開的大門。惠容等他們一離開就趕緊把大門關起來鎖好，身體不住地顫抖。幾滴血落到她的絲質睡袍上，染出紅色的汙漬。她找來一條乾淨的毛巾，按在迅速變得麻木的脖子和肩膀上。她在被翻得亂七八糟的房子裡走來走去，心裡意識到事情的嚴重性。這裡已經不再安全了。

她想文毅已在上海得知二二八事件的消息，並祈禱國民黨沒有在那裡抓到他。接著她為自己和孩子們祈禱。如果隔天警察又來，她該怎麼辦？眼下有誰能保護他們？

等她終於回到臥室，孩子們已經睡著了，手腳開開地歪躺在被子上。那天夜裡，她躺在孩子們之間，撫摸著他們的頭髮，眼睛睜著，始終無法入睡。這不是夢，這是活生生的夢魘。無論如何她都要想辦法逃出去。

***

隔天早上，惠容致電美國大使館。她不確定電話線路是否安全，但她也不知道還能找誰。她要怎樣才能保護她的孩子，不讓他們被那些追捕文毅的國民黨特務傷害？

電話中傳來一個沉著的聲音，先是以中文問候她，接著用英文重複了一遍：「您好，我是陳娟娟，負責臺灣人和美國人的領事業務。請問需要什麼協助？」

惠容大吃一驚，她認出那個聲音是他們姪子的女朋友，她們見過幾次面，而且那個女孩就在美國大使館工作。但她根本不知道要怎麼直接聯絡對方。她的心快要跳出來了。「娟娟，是妳嗎？我是廖李惠容！」

「三嬸，聽到妳的消息實在太好了！史豪、三叔、二叔都在上海，妳一個人還好嗎？」

「就是這件事。文毅不在，可是國民黨特務昨晚還來搜我們家。我們在這裡不安全。該怎麼辦才好？」

「過來大使館！我們的工作就是照顧美國人。大使館在中山北路，南京東路再往北就到了。」

「我會去，可是孩子們怎麼辦？我好怕他們會出事。」

「把他們一起帶來，」娟娟溫柔地說。她的善意如同一條舒適的毛毯，讓惠容感到一陣溫暖。「妳去和葛超智副領事談話時，我會在辦公室照看孩子。我會跟副領事說妳大約一個小時後會到。」

「太感謝妳了，〔小妹〕，」惠容深深吐出一口氣。她知道娟娟和史豪訂婚了，只是想等政治局勢緩和下來後再結婚。她很慶幸娟娟已是這個家的一分子。

「好，孩子們，」她換好衣服後說。「我們今天要去臺北市的北邊走一走。珍妮，幫弟弟換衣服，準備出門！」她聽見自己說話時聲音有些顫抖，於是走進廚房煮咖啡，替自己壯膽。

美國大使館位於臺北北區，是一棟占地寬廣的美式殖民風格宅邸。這一帶的街道寬闊，兩側種滿了椰子樹，商店的遮陽篷一路延伸到寬敞的人行道上方。看到孩子們對新奇的景色發出讚嘆聲，惠容也露出了微笑。他們平常鮮少離開大安區這麼遠。

惠容思考著要如何對葛副領事開口。文毅和文奎在談到想爭取美國支持他們批評國民黨政府時，都曾向她提過葛先生，去年也曾與他通信幾次。娟娟說他會特別同情惠容的處境。她說葛先生過去幾年一直住在臺北，對正在全城蔓延的暴力起因有深刻理解。

惠容抱著小亞歷，小心翼翼地下了黃包車，再幫孩子們一一下來。小亞歷看起來因為能出門而顯得非常興奮。惠容向入口的警衛報上姓名與來意，警衛打開大門，讓她進入環繞大使館的那片綠意盎然的庭園。大使館的建築外觀與俄亥俄州立大學的許多宏偉建築頗為相似。十年前惠容和文毅都還是學生的時候，她常去學校找他。這棟建築的一、二樓外圍都排列著白色的大柱子，讓她想起《亂世佳人》這部電影。

他們一行人走上螺旋階梯，來到辦公室所在的二樓，這裡通向一個寬大的陽臺。這裡與臺北其他地方截然不同。她在這棟建築內感到格外安全。但美國人能給他們什麼選項？

娟娟帶著溫暖的笑容，雙眼閃閃發光地在階梯頂端迎接他們。她身穿漂亮的藍色洋裝，長髮以絲帶綁起，打成一個蝴蝶結。她笑著抱起小亞歷。「你比我上次看到你的時候長大了好多喔，亞歷歷！」

珍妮擁抱娟娟。「我跟泰德在學校有在學國語喔！」

「好棒！跟我說說學國語的事吧！你們都可以進來玩我的簽證章！」孩子們進入娟娟的辦公室，娟娟輕拍惠容的手臂。「很高興妳來了。葛先生的辦公室在右手邊最後一間。」

「謝謝妳，親愛的。」惠容緊握住準姪媳婦的手。「沒有妳，我還真不知道該怎麼辦。早上我怕得要命。」

葛超智走出辦公室迎接惠容。他很高，鼻子很長，戴著黑色半框眼鏡，頭髮往後梳得很整齊。他身著合身的海軍藍色西裝，繫著和西裝相配的領帶，神情帶著憂色。「廖夫人，我很高興妳今天來見我。這段時間看到臺北被無情的血腥暴行肆虐，實在令人震驚。我們這裡由衷歡迎妳。」

惠容用力握住他伸出來的手。「謝謝你，葛先生。如你所知，這些暴行是衝著我們來的。」

葛超智帶她走進辦公室，伸手示意她坐在一張坐墊厚實的椅子上，她照做後，他自己也回到辦公桌後方坐下。

惠容繼續說道：「我認為文毅在《前鋒》雜誌上批評國民黨，是他被列入蔣介石逮捕名單的主因。他和他哥哥文奎一直在推動一場民主運動，想要反抗蔣介石對臺灣的掌控。」

「是，我聽說過。」葛超智在桌上敲著手指頭。「在臺灣，組織反蔣運動是很危險的。」

「我知道。早在二二八大屠殺發生前，他們就打算從上海或香港發起獨立運動。」惠容看向他們後方的窗外。這間辦公室是邊間，可以清楚俯瞰樓下寬闊的大道。此刻國民黨軍隊的軍用卡車正在附近巡邏。一想到自己回家途中可能會被他們攔下，她不禁打了個冷顫。

「對他們而言，那也許是最好的選擇，」葛超智溫和地說。惠容沒想到他會以支持的語氣談論丈夫的想法。

「可是我現在該怎麼辦？」惠容用手撥了撥頭髮，顯得十分焦躁。對他們而言，臺北沒有一個地方是安全的。「昨天晚上，國民黨特務來搜我們家，把家裡的東西都弄壞了，還揚言要對我們全家不利。我是美國公民——我在紐約出生。拜託，你一定要幫幫我們。」

「好，」葛超智說，起身快步走向辦公室牆角的一個櫃子。「妳照我的話做，這面美國國旗妳拿去。」他拿出一塊摺成三角形的布，交給惠容。「把這面美國國旗掛在妳家的門上方。我們已經要求所有美籍員工與合作對象這麼做。只要掛上國旗，軍警就不會再來騷擾你們。」

惠容接過國旗，緊緊抱在胸前。她帶著遲疑的眼神看著葛超智。「你確定嗎？」

葛超智點頭。「國民黨在大陸跟共產黨打仗，武器與資金都靠我們支援，現在若傷害了美國人，會讓他們很難堪。妳只要把國旗掛在家門外，就能確保你們的安全。」

「真的很謝謝你，葛先生！」惠容說，覺得如釋重負。「娟娟說你會知道該怎麼做——文毅也一直很敬重你！你願意出手相助，我們真是感激不盡。」

「廖夫人，能幫助妳是我的榮幸，」葛超智說。

「可是文毅怎麼辦？」惠容問道。「我要怎麼知道他是否平安？能不能捎個訊息給他？你有辦法查到他在上海有沒有被捕嗎？」

「我可以打聽看看，再想辦法發電報給他，」葛超智說。「如果你們都能去香港，應該是最安全的，畢竟那裡由英國管轄。」

「那我們就去香港，」惠容下定決心，嘆了一口氣。又要重新開始。又要再逃一次。

「如果需要人幫忙安排你們平安渡過臺灣海峽，請務必聯絡我，」他說。「最好有美方人員護送你們離開臺灣。我們的軍艦和公務機經常往返兩地。你們搭民用交通工具應該也沒問題，但小心一點總是好的。」

「尤其是還要帶一個一歲的幼兒，」惠容也同意。「如果你能找到文毅，而他也平安的話，我就發電報請他跟我們在香港會合。」

她到娟娟的辦公室接孩子們，他們在一張紙上用五顏六色的墨水蓋滿了各種簽證章。孩子們和娟娟玩得正開心，大家都不想走。「我們會盡快渡海去香港，」惠容小聲對她的準姪媳婦說。「我可能很久都見不到妳了，所以今天真的要好好謝謝妳。」

娟娟也放低音量說道：「這是明智的決定。等你們在香港安頓好，我就去看你們。」

離開大使館的時候，惠容仰望著迎風飄揚的美國國旗，白色星星在微風中閃動。誰能想到，這面在日治戰爭時期只會惹麻煩的旗幟，才幾年時間，就成了她唯一的平安符？

但國旗真的能保護我們嗎？她還是會懷疑。惠容太實際了，無法信任一小塊布。她在那些特務的眼中看見了惡意與狂暴。萬一國旗意外「飛走」的話會怎樣？

惠容開始安排一家人盡快離開他們漂亮的家；首先她聯繫管家林奉恩，請他帶錢和補給品來。他們要前往下一個目的地，因為臺北已經與廖家為敵。諷刺的是，孩子們好不容易能把中文說流利了。去了香港，他們又得學英文。

***

半夜逃離臺北的時候，珍妮十一歲。她回憶道：「我們走得很匆忙。所有家具和東西都沒帶走——很趕，非常趕。我完全沒有向任何人道別，我們是偷偷溜走的。

「我記得我和泰德是跟著一個親戚離開的。他叫林奉恩，是廖家的管家，幫我爸爸管事，是他帶我們去香港。亞歷當時還只是個小嬰兒，媽媽帶著他搭美國的貨機過去。我不清楚他們是怎麼安排的，但用意是把我們分開，避免一家人一起行動，以防萬一。畢竟如果媽媽帶著三個孩子一起走，很可能會被人認出來。

「我還記得，我們是搭船。那艘船不大，因為從臺灣去香港並不遠。不是那種大型輪船。我們什麼都帶不了，只拎個行李箱就走了。」

「我記得惠容去了香港，」六十年過後，雙耀在臺北對我說。「我事先並不知道他們要離開，因為事情很倉促。但當時文毅在世界各地的朋友都想方設法要把他們弄到美國。國民黨軍隊有來西螺祖厝搜查，說是為了確認廖家沒有囤積額外的穀糧，但是大家都知道他們是在找廖文毅。」

***

一九四七年九月

香港

貨機在香港的美軍簡易機場剛一著陸，惠容便急忙準備下機。飛機還在跑道滑行時，她就鬆開安全帶，開始收拾隨身物品，並向機組人員和士兵道謝。她抱起小亞歷，穩穩地將背包背在肩上。貨艙裡那口巨大的箱子會在當天稍晚送到他們位於金巴利道的新家。臨出發前，文毅才及時用電報把香港住址告訴了她。她一邊穩住身體，一邊望向窗外，然後朝出口走去。天還要一個小時才會亮。

林奉恩帶著她兩個較大的孩子搭的那艘船，很快就會在香港另一頭靠岸。從他們降落的美軍空軍基地，會有一輛軍方運輸車送她和小亞歷前往香港島北端的天星碼頭。她兩個孩子搭的船會混在一群漁船中，在九龍灣對岸的尖沙咀靠港，他們的新家離那裡不遠。

文毅跟她保證，新家從碼頭走路就能到，但此刻她開始懷疑，這段路對孩子們來說會不會太遠了。她抱著亞歷登上往返香港兩岸之間的渡輪，兩人一起看著揚起扇形風帆的舢舨從他們身旁駛過，兩側還有一艘艘小型漁船緊跟在旁。天還沒亮，港灣裡早已擠滿船隻，熱鬧得像座水上城市。他們看著太陽從深色波濤上冉冉升起。

惠容感受到背包的沉重，閉上雙眼。她回想起自己收拾行李時，把衣服、照片，還有一家人的護照與出生證明通通塞進背包裡。她對珍妮和泰德說，他們可以各帶走一樣心愛的東西，那些寶貝都收進了那只大箱子裡。然而她卻不得不捨棄她的狄更斯全集，一想到那些書靜靜地擱在臺北的書架上，她就感到胸口一緊，呼吸困難。她只帶走了一本書：《雙城記》。她心想，這一生她還會有很多書，眼下最重要的是活下去。她希望雙耀會看那些書，拿來練英文。但她不能聯絡雙耀，否則必定會引起注意。等奉恩平安回到西螺，雙耀就會知道他們走了。等到那時，國民黨也來不及追捕他們了。

惠容覺得好累，又要重新來過的那種疲憊感就像混凝土一樣，沉重地壓在她身上。但她咬緊牙關，專注於安頓他們在香港的新家。她知道來香港是正確的決定。眼下他們在臺灣是待不下去了，所以她必須設法為孩子們把這個新家弄得溫馨舒適。至少這裡有更多人講英文，而且她聽說香港是個美麗的地方。她心想：世界上還有很多更糟的逃難之地。來到這裡，其實也不算是什麼悲慘的命運。

抵達碼頭的時候，她聽見奉恩大喊：「惠容！」兩人立刻奔向彼此。珍妮與泰德衝向母親與弟弟，惠容一把將三個孩子抱入懷中，他們終於又團聚了。接著她幫孩子們整理衣服，提起奉恩帶來的兩只小行李箱，向這位廖家忠心耿耿的管家揮手道別，心裡思忖，不知道還有沒有機會再見到他。亞歷睏了，於是她要珍妮背著弟弟。

從港口往北，沿著金巴利道走到新家有好幾個街口的距離，但他們都撐下來了。隨著他們走近新家，粉色的天空漸漸亮起，變成灰色，最後轉為淺藍。終點前的那幾段階梯路最難走，得先爬上狹窄街道盡頭的平臺，再上一段階梯，才能到家門口。這一路上，惠容得抱著亞歷，還得提著所有行李。穿越這片陌生街區的路程令人暈頭轉向，珍妮和泰德都已疲憊不堪。泰德喊累，惠容忍不住不耐煩地回了一句：「很快就有乾淨的床可以睡了。」

抵達時，她又累又鬆了一口氣，整個人幾乎癱在門鈴上。經歷了那麼多等待、國民黨特務的追捕、還有揮之不去的恐懼，現在一切都結束了嗎？半夜逃出臺北的他們，現在終於安全了嗎？

門砰地打開，文毅站在門口，頭髮亂翹，顯然剛睡醒，身上穿著他一貫的深紅色絲質睡衣。儘管她早已用電報清楚告訴文毅他們什麼時候會到，他卻完全沒想到要去碼頭接他們。

他滿臉欣喜地喊道：「我的寶貝們，終於到了！」隨即張開雙臂，把惠容、亞歷、珍妮、泰德，連帶行李箱都一起緊緊抱住。他們一家人笑著走進屋裡，一股腦地坐倒在沙發上。孩子們喋喋不休地對父親說著話，惠容則在一旁看著，心中恍惚又欣慰。他們暫時是安全了，但這樣的平靜能持續多久？從小到大，惠容曾多次從性命攸關的危險中存活下來，靠的就是她從未真正放鬆戒備。

文毅親吻她的額頭。「我勇敢又能幹的太太！妳安全抵達了，我就知道妳辦得到！」她讓自己沉溺在文毅的殷勤與關愛中。因為他們此刻是安全的——暫時如此。

第七章 義子

二〇一一年一月

臺灣臺北

我離開西螺、回到臺北後，用Skype打給在美國的爸爸。他人在康乃狄克州，家裡沒有電腦（他多年來始終抗拒使用網路），所以我連上Wi-Fi後，用Skype撥打了他的市話。等他接電話時，我喉頭湧上一股熟悉的緊張感。

「嗨，金！妳中文說得怎麼樣？」這是他第一個問題。

「還在努力，有進步啦，」我回答。「我現在比較聽得懂了。」

「妳住在那邊還習慣嗎？」他問。

此時我已經在臺北住了好幾個月。來到這裡之後，我為那些跟我一樣參與傅爾布萊特計畫的朋友，還有山姆，辦了一場旅臺外國人的感恩節晚宴；我也挑戰了第一次用中文溝通剪頭髮，總算順利完成；我剛從一趟前往西螺的機車獨旅回來，正在準備中文課的期末考。我甚至還在臺南遭遇食物中毒，所幸活了下來。

「習慣，我現在算是適應了，」我說。「我交到一些朋友，也有去拜訪娟娟伯母和史豪伯父。我還去了一趟西螺，看看你們家族的故鄉。」

整段談話中，有件事我一直沒說出口，那就是我桌上擺著他一九七九年寫下的旅行日誌；這本日誌是我偷帶出來的，我一直沒跟他坦白。還是不要隔海吵架比較好，我心想。等我回到美國再告訴他。

「妳有看到廖家祖厝嗎？」他興奮地問道。「中間那棟宏偉的大房子，有塔樓和陽臺，是模仿芝加哥大學的風格建造的。文奎伯父去芝加哥大學念博士，從那裡帶回了一張照片。他爸爸，就是我爺爺，看了很喜歡，於是按照它的樣子打造自己的家。所以祖厝具有西式風格，同時融合傳統中式建築。總之，妳有看到嗎？」他又問一次。

我很訝異，他聲音裡帶著暖意與懷舊之情。他似乎真的很想聽聽我在臺灣有什麼發現；相較於他上次和我談話時絕口不提往事，這是很明顯的轉變。他會有興趣，也許是因為我們的角色對調了：他可以聆聽我講述他家族的事，而不需要面對他自己的回憶。

然而我只有壞消息。「爸，祖厝不在了。沒人跟你說過嗎？」

「什麼？」

「有個見錢眼開的親戚把房子拆了，還把地賣掉了。我去過祖厝原來的位置和鎮上，但房子已經沒了。我真不敢相信，竟然沒人告訴過你。」我坐在桌前，拿出那張廖家祖厝的彩色照片。二十世紀初期，廖文毅的父親廖承丕蓋出一棟宛如城堡的傑作；三代人過後，如今只剩下這唯一的一張照片。

娟娟伯母告訴我，泰德伯父責罵過那個貪財的堂弟。這代表泰德伯父和珍妮姑媽曾來過臺灣，將爺爺的遺骨移到臺北麟光附近的一座山上，並當面質問那位堂弟。可是，他們回到美國後，卻沒有把這些事告訴兩個弟弟。我們家人之間的感情真的那麼疏離嗎？疏離到兄弟姊妹之間連這麼重要的事都不會彼此分享？還是說，把這些事說出口，實在太痛苦了？泰德伯父和珍妮姑媽沒有告訴我爸爸和亞歷伯父，是不是因為只要不說，他們就可以不用面對徹底失去童年家園的事實？

把這件事告訴他的人是我，這種感覺非常不真實。

「噢，」他輕聲說。

我很想穿越電話連線去擁抱他。然而就算我們在同一個房間裡，我大概也不會真的抱。廖家人不擅於表達感情。我媽媽隨時隨地真情流露，而爸爸和我則完全不懂得如何表達情感。我們不會親吻擁抱，但也不會吵架。奶奶生前就是這樣。我們都繼承了她的冷淡。

過了一會，他問：「祖厝什麼時候拆的？」

「大約十年前，」我回答。「真遺憾，你先前不知道。」

「咦？」他說完，一陣停頓。

我的家人六十年來絕口不提家族歷史，我覺得那六十年的沉默彷彿一座冰山，沉潛在我們下方，核心部位早已冰凍。揭開祖厝的遭遇，讓冰山表面裂了一條縫。還有許多失落的事物凍結在我們腳下，不為人知。我能把這些事物全部挖掘出來嗎？

他接著說：「祖厝很漂亮。我自己去看我父親那次，還有我們回去幫他過七十歲生日那次，都住在那裡。」

「我記得，你有說過，」我回應他，想要促使他繼續回憶。我從來不會想打斷他，因為他說不定正要說出一個新的故事。

不過今天爸爸沒有別的故事要說。他的聲音化成一句突兀的道別。「妳自己在那邊要好好保重！好好學中文！」跟他講電話要隨時準備聽見突如其來的道別，他結束通話的速度很快，會讓人猝不及防。

「好，爸。我愛你。」

「我愛妳，寶貝。掰掰。」他的聲音散去。我獨自一人。

在臺北這座充滿幽靈的城市，我坐在床上將膝蓋抱在胸前。我突然覺得自己離以前在美國的生活好遙遠。我放下了熟悉的一切，瘋狂地來到這裡追尋那些過去的謎團，卻只找到滿懷的失落與心碎。也許說到底，我並沒有準備好面對那些令人痛苦的真相。

***

儘管一開始沒有特別積極，但我的調查卻意外地迅速推進。自從我聯繫上娟娟伯母和史豪伯父，又親自去了趟西螺之後，一切彷彿跨過了一道門檻。開始有人主動找我、突然打電話來，提供關於爺爺生平與臺灣獨立運動歷史的線索。我因此得知，反對國民黨政府戒嚴的抗爭在我祖父起頭之後，還延續了好幾十年，直到臺灣在一九八〇年代後期逐漸邁入民主化，這場抗爭才告一段落。雖然從圖書館與長期由國民黨政府管控的國家檔案中，能取得的白色恐怖時期資料相當有限，但我遇到的人提供了我大量的記憶、證言與親身經歷。我的問題開始得到解答，臺灣的歷史和我家族的歷史也得以再現。

最想不到的是，有一次娟娟伯母打電話來說，有一位日本的前田教授聯繫上她，希望能向我祖父的遺骨致敬。他跟爺爺是老朋友，問我想不想跟他見面？當然想。

七十幾歲的前田教授儀表出眾，頭髮修剪得很整齊，穿著一身俐落的灰西裝，拿著一件黑色雨衣和公事包。他是音樂史和樂理教授，在日本和德國都有教職，外表和職業非常相稱。他戴黑框眼鏡，說著一口流利的英文，還散發出一種誠懇的氣質。

大家見面的時候，他親切地與娟娟和史豪握手並說：「非常感謝你們願意跟我見面。我這次是為了工作來臺灣的，但還是想看看有沒有機會向廖文毅的遺骨致意。他是我的義父。」

我倒抽一口氣：義父？我還以為前田教授只是爺爺的友人。這太震撼了。

娟娟指著我說：「這位是金，廖文毅的孫女。」

他握緊我的手不放，我勉強掙脫。「妳祖父是我這輩子最重要的人之一。我能有今天，都是因為他。」

我們被帶進一間安置爺爺遺骨的房間，骨灰存放在一個上鎖的金屬櫃裡，那模樣看起來像是某種殯葬專用的郵局櫃位。前田教授說，他的叔叔曾在東京參與臺灣獨立運動。一九五〇年代，廖文毅遭到軟禁，當時住在前田家。他們家在距離東京不遠的海灘小鎮大磯町有一棟房子。

「我母親是寡婦，我完全不記得我父親，所以妳爺爺就像是我父親一樣。他會教我做作業，也會在後院辦烤肉聚會。你們怎麼說？ＢＢＱ？他養了兩隻大狗——他非常喜歡狗。我母親會閱讀他的講稿和文章，並鼓勵他發表。我們在一起，就像一家人。」我們站在打開的櫃位前，前田教授當場在那個裝著爺爺遺骨的黑色骨灰罈前哭了出來。我尷尬地遞給他一張面紙。

我卻感覺不到任何情緒，整個人好像麻木了一樣。我甚至覺得，自己原本該有的採訪經驗被剝奪了——那些矛盾複雜的感受，全都被這個男人傾瀉而出的悲傷吞沒。我一直渴望找到爺爺的長眠之處，卻在這一刻得知，他曾在外另組家庭，令我感到震驚。那時，安娜奶奶正獨自一人在紐約撫養四個孩子，而我爸爸也始終不明白，自己為什麼沒有父親。那些本該屬於我爸爸的家庭溫暖與父愛，彷彿被生生奪走，轉而給了前田教授。

儘管心中升起一股怒意，我還是理性地努力提醒自己：他是認識爺爺的人。妳可以透過他瞭解爺爺在日本那些年的生活，瞭解他的真實面貌。我當時也極度渴望找到一些爺爺在領導臺獨運動期間留下的文件和著作。我總覺得有一批他的文稿還存在某處，但似乎不太可能會在臺灣。我在臺北找不到他的著作。我猜，他就算有從日本帶任何東西回到西螺，也一定早就被國民黨政府沒收或銷毀了，畢竟他的餘生都活在監控之中。但也許他把那些文稿留在了日本。

「廖文毅住在大磯町的時候，有常常寫作嗎？」我問前田教授。

「有。他寫下並出版《臺灣民本主義》這本臺獨宣言的時候，就是住在我們家，」他說。

「如果妳能來大磯町找我，我很樂意讓妳多看一些資料。」

我心中一震：也許廖文毅的日記就在大磯町。我一直隱隱覺得，爺爺可能有寫日記留給後人。他似乎頗為自負，也很在意自己的身後名，所以我猜那些日記裡不僅有他對臺灣獨立運動的規畫，更重要的是，他內心深處的想法。他的性格與心理對我來說仍是個謎。不過我不想顯得太急切，也不想打擾前田教授對我爺爺的悼念與致敬。我想讓他有足夠的時間，去緬懷他的良師與義父。「我很樂意去拜訪你，也想看看我祖父住過的地方，」我說。我們約好保持聯絡，擇日討論拜訪行程。

離開納骨塔之後，我們跟娟娟伯母、史豪伯父一起去吃午餐，同行的還有一些和他們親近的家族成員。住在臺北的廖家人坐成一桌，我跟他們每個人都說到話了！我和溫香姑媽重聚，也認識了史豪的外甥艾爾，他曾在美國念工程，會說英文。在場另一位會說英文的是阿寶，是五叔公的長子。他和我爸爸一直有書信往來。

阿寶一看到我，就興奮地和我握手，接著遞給我一張問候卡。卡片裡掉出幾張照片，有我爸媽剛結婚時拍的，還有一張是一九八四年我剛出生時的嬰兒照。那張卡片上印的是我媽媽畫的鉛筆素描，是我睡著時的模樣，她把那張畫印在卡紙上，作為我的出生公告。

我的心有如放在暖爐上的冰塊，完全融化了。這張卡片和這些照片，阿寶保存了幾十年。他的貼心讓我感動不已。那幾張我爸媽的照片，我從來沒看過：照片中是一個大晴天，他們年約三十五歲，地點在布魯克林植物園。*這是我的家人，我心想。而這也是我的家人。*在臺灣這段期間，娟娟和史豪對我照顧有加。現在，前田教授也算是我的家人了，因為他讓我得以更深入地認識爺爺。我來臺灣尋找廖文毅，而此刻，我找到了——就在這個男人的回憶與眼淚裡，在他的尊敬、仰慕與愛裡。

第八章　那些想推翻蔣介石的人

一九四七年六月
香港

九龍灣開始暑熱蒸騰，廖文毅頂著炙熱的陽光，彷彿身在烤箱裡。他站在郵局外，用亞麻手帕擦著額頭的汗水，一邊等著一份國際包裹，他深信裡面裝的會是美國表示支持的憑證。溼髮黏在他的額頭上，汗水從他的脖子後方流下。來了！他有把握，絕對是好消息。

櫃檯人員交給他一個很厚的信封，寄件者是人在華盛頓特區的葛超智。文毅打開信封，裡頭正是葛先生曾在電報中提到的那份備忘錄。這正是他與文奎日夜期盼的支持——美國國務院對臺灣民主自治運動的背書。

他一邊閱讀備忘錄，一邊沿著繁忙的街道急行，完全不理會汽車、自行車、黃包車，還有那些大聲喧嚷的行人——有人挑著貨物，有人牽著活生生的牲畜，有人推著堆滿蔬菜和雜貨的推車，將它們運往附近的商店與餐館。

＊＊＊

不得公開
一九四七年六月十五日
主題：臺灣能否作為解決美國對華政策困境的突破口？
〈備忘錄〉（葛超智撰）

中國的危機日益嚴重。我們仍在摸索解方。我們該如何在不再支持國民黨對抗共產黨的情況下，繼續維持美國在中國的利益與積極影響力？又該如何在放棄支持蔣介石獨裁政權的同時，仍不至於完全退出中國？……

蔣介石政權的崩潰似乎已成定局，本備忘錄的分析即建立在此假設之上……美國必須必須及早因應，設法在中國保留一個戰略據點，以等待這段過渡時期結束，迎接一個負責任、能回應人民的新政府出現。

本備忘錄建議，美國應設法將臺灣作為支撐美國在中國內戰期間政策與利益的根據地。臺灣富裕、發展良好、政治中立，且渴望受到美國影響。臺灣的主權至今尚未返還中國……

美國必須做好準備，或單方面行動，或代表同盟國，在臺灣建立臨時管轄權，否則就只能眼睜睜看著臺灣捲入中國內戰，最終落入共產黨手中。

基於美國在西太平洋的戰略利益，以及作為前日本帝國島嶼主要託管國的角色，政府應即刻做好準備，對臺灣建立臨時性管轄……

臺灣人會以極大的熱情歡迎美國的臨時接管。早在此之前，他們已向美國領事館遞交多份請願書，並公開表達強烈意願，希望美國或聯合國能介入，保護他們免受國民黨的暴行荼毒……

三月間，臺灣人自發、無組織地抗議政府暴力，展現出顯著效果。這也顯示，自那以來持續發展的地下組織，將使臺灣人有能力瓦解國民黨在島上的軍隊部署，特別是在他們與援軍斷絕聯繫、陷入癱瘓之際。

如果中央政府〔國民黨〕的控制崩潰，臺灣人勢必會再次轉向我們，尋求援助與干涉……我們不能坐視臺灣落入共產黨手中，必須迅速介入予以阻止。臺灣特殊的法律地位，或許能為這道難題提供解方。

***

葛超智口中的「持續發展的地下組織」，指的正是廖文毅和廖文奎兩人，以及他們所領導的革命性政治運動！看見自己推動的獨立運動被明確提及，文毅忍不住感到一陣激動。

葛超智寄來的備忘錄附有一張便條，以審慎樂觀的語氣指出，臺灣人應向聯合國充分陳述他們對國民黨統治的不滿。文奎與文毅受過高等教育，又通曉英文，因而獲得這個難得機會，能為他們的組織「臺灣再解放聯盟」發聲。他們過去對國民黨政府的批評，很快升級為面對國際社會的正式訴求，主張臺灣應實現民主自治。接下來，他們的任務就是說服美國與其他西方政府，停止支持專制無能的蔣介石。

二二八大屠殺無異於在臺灣人對國民黨的怒火上澆了一桶汽油，使反抗情緒節節高漲。文毅無法回到他摯愛的家鄉，因為政府公開高舉寫有他名字的通緝名單，揚言要他的命。然而，這場因國民黨暴行而引爆的群情激憤，也帶來了一個前所未有的政治契機：他們得以凝聚各方支持，進一步向國際社會訴求徹底改變現狀。如果世界能親眼目睹國民黨政府與軍隊如何殘酷無情地在臺灣屠殺手無寸鐵的人民、讓他們求助無門，那麼臺灣的獨立訴求在道德上將無可爭辯。

這陣子，文毅與文奎每週都會有幾天晚上在家裡的客廳舉行會議，那裡儼然成了個類似沙龍的場所，因政治迫害而流亡海外的臺灣知識菁英在此聚集，他們逐漸成為這場新興運動的領導核心。廖文奎正著手整理一份文件，將他過去發表在《密勒氏評論報》(*China Weekly*

Review）和《遠東評論》（*Far Eastern Review*）上的文章彙編成冊，作為組織擬呈交聯合國的請願書。該文件暫定名為《福爾摩沙開講》（*Formosa Speaks*），他們希望能將這份請願書提交至聯合國大會上，訴求臺灣脫離中國殖民統治，如同愛爾蘭與印度當年對獨立的追求。他們面臨的第一個大難關就是說服美國，而葛超智的備忘錄幫助他們邁出了充滿希望的一大步。

文毅雀躍地走上家門前的臺階，喜悅之情溢於言表。葛先生告誡過他，要說服國務院相信蔣氏政權已無可救藥，將是一場漫長的抗爭。但至少此刻，文毅感到無比欣喜。他們有望爭取到聯合國的支持，這將足以動搖那些原本態度猶豫的美國人。他得到了他渴望已久的訊息——美國終於願意傾聽臺灣人民的聲音，並開始認真考慮由其他勢力取代國民黨這個腐敗而令人憤怒的政權。他人在香港，而廖氏兄弟的聲望正在攀升。臺灣開明政治的黃金時代即將展開。

「惠容，妳快看！我們的老朋友葛先生在寫給國務卿馬歇爾的備忘錄裡，幫我們的運動說話了！」文毅一走進門就興奮地說。

「老公，他寫了什麼？」惠容走進客廳。她身穿一件西式洋裝，下擺是百褶裙，頭髮往後梳，露出整張臉。他們親吻打招呼。她總算逐漸對香港的新家產生一點歸屬感，儘管家裡幾乎沒什麼家具——只有幾張床、開會用的椅子，和一張文奎堅稱非常好睡的沙發床。文奎原本只是短期來訪，後來卻成為餐桌上的常客，而且他總能抽出時間陪孩子們玩耍。泰德對文奎的政治著作格外感興趣，而文毅則打算添購一架鋼琴，好讓珍妮重新開始上課。床、椅子，再加上一架鋼琴——這個室內設計方案還真特別。

「妳看看，」文毅把備忘錄遞到她面前。「有沒有涼的可以喝？」

「廚房裡有冰茶，自己拿，」惠容說著，同時開始努力理解葛先生備忘錄中那堆艱澀難懂的術語。她仍記得他有力的握手，以及他送的那面摺成厚厚一疊、布料粗糙的美國國旗。那場危機彷彿是很久以前的事了，與他們如今在香港九龍港邊的安穩生活相去甚遠。

她看得出葛超智話語間的潛臺詞——他確實認為美國應該放棄蔣家，改為支持廖氏兄弟，但她並不覺得這就等同於文毅所說的那種正式背書。「所以他的意思是，如果蔣介石敗給共產黨，就應該讓他垮臺？然後由美國來接管臺灣？」

「沒錯！」文毅興沖沖走回客廳，坐進家中唯一的沙發，把惠容拉進懷裡。「一旦美國或聯合國在臺灣建立託管政權，我們就可以協助他們推動自由民主的選舉。我相信只要讓臺灣人民能自由表達意願，無論是我或文奎，都能贏得多數選票！只要幾個月，我們就能扭轉陳儀和蔣介石造成的所有傷害。」

惠容笑了出來。「親愛的，你好像全都安排好了嘛！可是葛先生為什麼沒有直接提到你的名字？」

文毅重新看了一遍備忘錄。「我想他是刻意保持中立的語氣，好讓國務卿相信，不再扶持這個無能的獨裁者，才是符合美國利益的選擇。蔣介石眼看就要把整個中國大陸輸給毛澤東和共產黨了，美國何必繼續在臺灣支持他？乾脆斷絕關係，讓人民自己做決定吧！美國的外交理想就是把民主推廣到全世界。」

「說得有理。」惠容對她那富有魅力的丈夫笑了笑。她可以想像文毅在滿屋子的美國政要面前侃侃而談，也能想像他對著滿堂觀眾發表演說。這是否代表他們終於可以回去臺北和西螺的家了？

文毅摟住妻子的肩膀。惠容集美麗、智慧與罕見的敏銳直覺於一身，十分難得。她總能看穿那些美得不像真的事，所以文毅很慶幸她也認為這份備忘錄是個好兆頭。他之所以喜歡先跟惠容分享自己的想法，正是因為她從不害怕提出質疑。他只要有哪裡沒想周全，她總能一針見血地指出來。如果連惠容都點頭贊成，那這個想法就一定站得住腳。

「既然如此，我們晚上就吃頓好的，慶祝這美好的一天吧！我們也該讓自己在香港住得舒服些。接下來可能還得在這裡待上一段時間，為臺灣再解放聯盟和獨立運動爭取更多支持，再設法爭取與美國政府和聯合國正式會談。我們去多買幾件家具吧！」

惠容又笑了。文毅能盡情花錢的時候，心情最好了。他是被寵壞的公子哥嗎？或許吧，但他也是個大方的丈夫與父親。他剛收到一筆林奉恩寄來的錢。只要獨立運動保持聲勢，他們家就能和樂安穩。只要葛超智還在華府為他們的訴求奮力奔走，惠容就願意相信他的夢想會成真。

＊＊＊

一九四七年六月

華盛頓特區

飛機在華府上空緩緩下降之際，葛超智向窗外望去，看到了屹立在波多馬克河畔的華盛頓紀念碑和傑佛遜紀念堂。櫻花早已盛開、飄落、消逝無蹤，但他鍾愛的那些公園依舊綠意盎然，寧靜祥和。

今年春天的臺北充滿血腥暴力，大使館附近幾乎每天都有騷動，所以在即將踏上美國土地的這一刻，葛超智覺得緊繃的雙肩放鬆了。只可惜這趟並非私人行程。今天下午，他將向遠東事務司司長詳細說明臺灣的危機狀況。

葛超智揉了揉太陽穴，腦中開始盤算下午要說的事。他的公事包內放著數份卷宗，記錄三月事件期間，臺灣民眾向美國大使館求援的陳述。那其實是場三月大屠殺，但在政府與外交體系中，所有事情都被稱作「事變」或「事件」。這些委婉說法巧妙地掩蓋了死傷數字，也削弱了採取行動的道德急迫性。

離開臺北前，他的主管布雷克（Ralph Blake）曾隨口提到，國務院大概不會理會他們關於蔣介石的國民黨政府在臺灣施暴與失職的報告。「超智，你知道現在大家的注意力都集中在中國大陸吧，」他說。「司徒雷登（John Leighton Stuart）大使和我看法一致。我們都認為，如果國民黨把真的中國大陸輸給了共產黨，那美國就不該繼續支持蔣介石在臺灣的政權，戰略上應該另想對策才對。但華府那些人沒這種遠見。在他們眼中，臺灣只是個小島，根本不用在意。你還是別抱太大希望了。」

整個春季，除了履行副領事的正式職務外，葛超智也成了許多人的非正式申訴窗口；自從蔣介石三月公開那份冗長的逮捕名單後，許多害怕被清算的人紛紛找上他。廖李惠容夫人的臉孔在他腦中一閃而過。他希望廖夫人已安全抵達香港，也希望那些曾掛上美國國旗的人都安然無恙。葛超智知道布雷克領事容許他做這些額外的事，但這嚴格來說並不屬於他的職責。與駐地的平民過從甚密，在外交工作中並不被鼓勵。

但是，非常時期要用非常手段。

那天下午的會議中，葛超智與范宣德（John Carter Vincent）司長握手寒暄，接著遞上他撰寫的臺灣危機備忘錄。他先說明二二八事件的前因後果，以及蔣介石手下的國民黨軍隊在三月對臺灣平民進行的屠殺。隨後，他委婉地提出一種可能性：如果臺灣多數民眾希望蔣介石下臺，美國是否應考慮撤回對其政權的支持。

「問題在於長遠的局勢，」葛超智委婉地說道，兩人同時端起瓷杯啜飲咖啡。「我們都懷疑，蔣委員長終究會把中國大陸輸給共產黨，只是時間早晚的問題。如果我們支持他退守臺灣，那我們要提供多少年的軍援和物資，去支撐一個根本沒希望收復大陸的領導人呢？」

范宣德點點頭，若有所思地啜了一口咖啡。「那麼，你認為我們該如何處理臺灣問題？」

葛超智清了清喉嚨。這可能是他唯一能向司長說明，人在香港、主張民主的廖氏兄弟為何值得關注的機會。「許多臺灣人懇求我們出面干預。美國政府或聯合國仍有時間為臺灣設立一個臨時託管政權。」

范宣德也清了清喉嚨。「嗯。」

「你想想看，如果蔣介石先輸掉中國大陸，又把臺灣也輸給共產黨，那對我們來說將是最糟的情況。」

「我們向來是蔣委員長的盟友。他和蔣夫人在美國很受歡迎，因為在外界眼中，他們是促使日本戰敗的功臣。」

「你我都知道，這個功勞是給錯人了。」兩人苦笑了一下。

「超智，我跟你說，你是我們最瞭解臺灣的專家。我同意情況很糟，但我不可能就這樣跑去跟馬歇爾說：我們得擬定一套新的對臺政策。」

「馬歇爾對亞洲一無所知，所以才需要請教你。」

「但從美國政府的角度來看，臺灣和中國是一體的，中國發生什麼事，臺灣也得跟著承受。」

葛超智站起來。「你覺得聯合國會不會比較願意傾聽？有一位優秀的臺灣政治理論家叫廖文奎，他用英文撰文訴說臺灣人的困境，打算把這些訴求帶到聯合國去。」

范宣德拍拍葛超智的手臂。「朋友啊，這不是我們該插手的事。聯合國那邊沒人會在乎，根本理都不會理。臺灣島上有多少人？六百萬？微不足道，不值一提。」

「我明白了，司長。」葛超智望向窗邊厚重的紅色窗簾與華麗的家具。他當初從事外交工作，是為了助人。有時候，國務院的種種操作，反而讓人懷疑它的存在就是為了跟「助人」背道而馳。

「謝謝你為臺灣提出的懇切請求，我也很欣賞你對這個地區的深入瞭解。馬歇爾也許會要求親自聽取簡報，但老實說，我不太樂觀。」范宣德將他領到門邊。「超智，好好享受你在華府的這段時間吧！你這陣子似乎……壓力很大。」

「謝謝司長。我會留在這裡，等候進一步的指示。」葛超智關上門，站在走廊，心情十分沉重。不過他隨即想到：*一定有一些政府官員很關心臺灣，也關心臺灣在戰爭中的戰略地位；我先不要放棄，先找找看有哪些人可能願意伸出援手。*他的好友遍布軍中、國務院、五角大廈和國會。他決定去遊說一些朋友，請他們支持將臺灣從無能又暴戾的蔣介石手中解救出來。為了臺灣，這值得一試。

***

一九四九年八月

香港

橘黃色的燈光映照在客廳裡，廖文毅與廖文奎正在主持臺灣再解放聯盟的每週會議。這對兄弟從日治時期的臺灣自治運動中汲取靈感，將自己定位為對抗蔣介石國民黨這一新殖民政權的民主替代力量，反對其對家園的進一步剝削。

會議由文奎主持。「各位，我們收到了美國駐香港領事館的消息，」他說。「我們獲准在九月拜會總領事藍欽（Karl Rankin），向他陳述我們的臺灣獨立主張。如果這次會談順利，根據葛超智先生的轉述，我們今年秋天將有機會在臺北的大使館與艾德格（Donald Edgar）領事本人會面。若我們受邀前往臺北，美方將以美軍軍艦祕密載送我們橫越臺灣海峽！」

眾人齊聲歡呼，隨後聯盟成員陸續提問並提出建議。文奎發言時，文毅分發列有主張要點的紙卡，方便眾人在他朗讀最新獨立論述時同步參考。他總結自己文章裡的訴求：第一，就族群而言，臺灣並非單一漢族社會，而是融合客家與原住民族群的多元社會，已有數百年歷史。第二，就歷史而言，臺灣從未真正屬於中國，因此《開羅宣言》中所謂「歸還中華民國」的說法實屬無據。第三，就地理而言，僅以「鄰近中國」作為理由，無法正當化中國的帝國主義行徑。第四，就經濟而言，所謂「臺灣依賴中國」的說法並不成立。事實上，臺灣擁有自給自足的經濟體系，近年來反而是中國依賴臺灣的資源，來支撐其與共產黨之間節節敗退的內戰。

「因此，」文奎說：「臺灣人民現在希望實施自治，掌握自己的命運。愛國的臺灣人主張，在聯合國的中立監督下，依據並實踐自決與民主的原則，透過公民投票實現完全獨立。大家同意嗎？同意的人請說：『贊成！』」

「贊成！」客廳裡眾人齊聲附和。

他們的姪子廖史豪提出動議。「我們是否一致同意，由廖文奎與廖文毅擔任臺灣再解放聯盟的領導人，代表我們的立場與利益？」

「贊成！」

「那就這麼決定了！」文奎以渾厚的嗓音宣告。「太好了！我們接下來的計畫是——」

就在這時，陳娟娟從落地玻璃門衝了進來。由於惠容臨盆在即，預產期只剩一週，因此只要史豪來開會，娟娟也會一同前來，方便就近照應。

文毅的臉沉了下來。「請勿打擾，這場會議很重要——」

「三叔，三嬸的羊水破了！必須立刻送她去醫院！」

文毅愣住，陷入兩難。「我們快結束了，但可能還要一個小時——」

「你同意的話，我現在就帶她去。外面就有黃包車。最近的聖德肋撒醫院就在旺角，離這裡不遠。三嬸說，如果你覺得可以，我就先陪她去醫院。」

「太好了。謝謝妳，娟娟。我待會就過去。」文毅點點頭，她微笑著離開，輕輕將門關上。屋子另一頭傳來一陣嘈雜聲，但文毅回過頭繼續開會。「剛才說到哪了？」他問。

「恭喜啊，弟弟——又添了一個孩子，真有福氣！」文奎舉起威士忌酒杯，其他人也一起舉杯慶祝。

文毅滿懷著驕傲與喜悅，沉浸在眾人的溫暖祝福中。他心想：其實是多了兩個孩子——一個小寶寶和一場民主獨立運動。願這兩個生命都能長久、茁壯、開花結果；願我能以智慧引領他們，助他們發揮最大的潛能。

***

駐香港總領事藍欽致美國國務卿之電文
香港，一九四九年九月二十二日下午二時
〔收到時間：九月二十二日上午十時五十九分〕

九月十九日，領事館官員應臺灣再解放聯盟代表團的要求與其會面，成員包括廖氏兄弟、黃南平（譯音，Huang N Ping）將軍與蕭慎恩（譯音，Hsiao Shen Onu），後兩人皆為司徒雷登大使熟識之人。代表團指出，臺灣當前政府治理極度失當，已使人民別無選擇，只能寄望中國共產黨出手援救，全島正迅速淪為中共地下活動的溫床。他們估計，全島約有二〇%的軍人對現行政權極度不滿。臺灣再解放聯盟與其他類似團體的年輕成員認為，若民主國家無法協助他們擺脫國民黨的壓迫，他們將被迫轉向共產黨尋求支持。

代表團詢問，在美國與日本簽訂和平條約、確定臺灣最終地位之前，美方是否會先行採取任何措施，以改善臺灣當前局勢。他們強調情勢日益緊迫，亟需採取行動。領事館官員則表示，對此並無接獲任何訊息。

***

一九四九年九月在香港與藍欽總領事會面、同年十二月又在臺北與艾德格領事會面後，廖文毅和廖文奎認為，美國政界總算聽見並意識到臺灣人民在國民黨專制統治下的困境。因此，他們相信國際社會很快就會支持他們的運動，美軍把蔣介石趕出他們美麗家鄉，也只是遲早的事。他們萬萬沒料到，韓戰的爆發竟會徹底改變美國國務院對蔣介石的態度。

***

一九五〇年六月二十八日
加州帕羅奧圖（Palo Alto）

葛超智還穿著睡衣，正在吃早餐。他讀到當天早上《紐約時報》的頭版頭條標題：〈杜魯門下令美國海、空軍部隊協助韓國作戰；聯合國安理會表示支持；我方飛行員已出動；艦隊保衛臺灣〉。他盯著標題看了好一會，接著猛灌一口咖啡，開始詳讀那篇報導。看來這已成定局：美國正式在亞洲與共產主義開戰。

他從餐桌旁起身，走向客廳角落的小書桌，上面放著一盒外交界舊識的名片。他在三年前辭去了國務院的職務，當初會辭職是因為有同事提醒他，他已經成了蔣委員長的眼中釘。

顯然，他為了支持臺灣人爭取獨立所採取的行動，並未逃過國民黨特務的眼線。他的主管布雷克領事告訴他，若想繼續擔任副領事，就得準備好隨時面對人身安全的威脅，連美國大使館也無法保護他。他不想承受這樣的風險。

一九四七年六月，葛超智向馬歇爾國務卿遞交了一份懇切的備忘錄，卻未收到任何回應。他開始懷疑，自己是否真的幫得上任何人。所有的努力似乎都徒勞無功。那年稍晚，一位老朋友提出邀請，說如果他想「暫別亞洲」、回美國休息一陣，可以到華盛頓大學任教。葛超智接受了這個職位，也辭去了政府工作。他決定改以學者、歷史學家與研究者的身分，繼續關注亞洲局勢。如此一來，他仍能持續向美國社會揭露臺灣的惡劣處境，而不再使自己身陷險境。一九五〇年，他在史丹佛大學擔任講師，住在寧靜的帕羅奧圖市、校園附近的一間教職員宿舍裡，生活簡樸而舒適。那裡天氣晴朗，陽光總讓人彷彿置身於遲遲未退的春日。

那天早上讀完報紙後，葛超智找出一個老朋友的電話號碼，這人在國務院工作。和對方通上電話後，他說：「我剛剛看了《紐約時報》那篇報導，談到韓戰將如何影響美國對臺政策。你能不能把杜魯門公告的全文寄給我？」

「沒問題，」他的朋友說。「你那幾位朋友，廖氏兄弟，恐怕是沒希望了。現在美國絕對不會撤回對蔣介石的支持。韓國遭到入侵後，蔣介石就成了我們防止東亞全盤落入共產黨手中的最後希望。」

「這樣的看法未免太短視了吧，」葛超智反駁，但也沒有心力爭辯下去。

對方接著說：「或許你說得對，不過美國和臺灣國民黨政府之間原本搖搖欲墜的關係，如今已重修舊好。如果我們想守住韓國、抵禦共產黨的入侵，就必須讓蔣介石的『自由中國』在臺灣維持下去。杜魯門總統的立場不會改變。」

「真令人失望。」葛超智心情沉重，但他也能理解其中的考量，儘管這些結論是建立在對區域情勢理解不全的基礎上。

「也許你當初離開是對的，」他朋友說。「你喜歡教書嗎？」

「好過講半天卻沒人聽，」葛超智苦笑承認。「再次感謝！保重。」

葛超智收到公告全文後，閱讀了杜魯門對臺政策的部分：

我已下令美國空軍與海軍支援韓國政府軍，提供掩護與協助。

韓國遭到攻擊清楚顯示，共產主義已不再僅依靠顛覆活動征服獨立國家，而是開始訴諸武裝入侵與戰爭。此舉已公然違抗聯合國安全理事會為維護國際和平與安全所下達的指令。在此情勢下，若共產勢力占領臺灣，將直接威脅太平洋地區的安全，以及美軍在該地區履行合法且必要職責的行動。

因此，我已命令第七艦隊防止任何對臺灣的攻擊行動。作為此項行動的相應措施，我要求駐臺的中國政府停止一切針對中國大陸的空中與海上軍事行動。第七艦隊將確保這一命令得到執行。

臺灣未來的地位，必須等到太平洋地區恢復安全、與日本達成和平協議，或由聯合國審議後，方能加以決定。

葛超智深深嘆了口氣。毛澤東攻打韓國，竟拯救了蔣介石與美國之間的合作關係，他深覺這太諷刺了。二二八事件過後，加上蔣介石將中國大陸拱手讓給毛澤東與共產黨，美國軍方與國務院似乎一度已對蔣的國民黨政府失去耐性。那時的確出現過一絲希望，香港的廖氏兄弟真的有可能爭取到與聯合國正式會談的機會。但現在，廖氏兄弟想要獲得美國軍事與外交支持的那扇窄門，已經徹底關上了。葛超智搖了搖頭——一切都結束了。

不幸的是，廖文毅與廖文奎始終沒有意識到，杜魯門的決策與韓戰是如何無可逆轉地促成了美國與蔣介石之間牢不可破的合作關係。在接下來的數十年間，除了葛超智之外，鮮少有其他美國人真正認知到，國民黨政府在臺灣施行的暴力與專制統治，其規模之大、影響之深。

第九章 ‖ 粉飾的紀念館

二〇一一年三月
臺灣臺北

冬去春來，我深入查閱了臺北市關於二二八事件的紀錄，並終於造訪那座歷史博物館，館內所紀念的，正是這場可怕的動亂，它可說是臺灣邁向長達近四十年戒嚴的某種開端。在決定和山姆一同前往之前，我先讀過有關二二八紀念館的報導，想看看這段暴力血腥的歷史究竟是如何被紀念的。

我讀到的一篇《臺北時報》（*Taipei Times*）專文指出，二二八紀念館原本旨在揭示蔣介石及其他領導人對大規模屠殺所應負的責任，但在國民黨於二〇〇八年重新執政後，展覽內容遭到弱化與洗白。作者是國立成功大學的教授，他指出國民黨以「整修」二二八紀念館為名，更動了多項展覽內容：

> 館內展覽被動了兩種手腳：一是模糊歷史事件的時間順序，二是刻意美化事發時掌權者

> 的形象。最明顯的例子是，一九四七年三月十三日，蔣介石發出一封電報給當時的臺灣省主席陳儀——就在政府軍開始大規模屠殺民眾三天之後。這封電報的放大影像，如今被擺在展覽廳最醒目的位置。
>
> 電文內容寫道：「請兄負責應嚴禁軍政人員施行報復。」將這份電報置於如此醒目的位置，顯然是企圖淡化、甚至掩飾蔣介石直接下令派兵赴臺鎮壓騷亂的事實……
>
> 一九四七年二月二十日，蔣介石親筆下達命令，直接送交陳儀手中，那是二二八事件爆發的一週前……這份命令揭示，蔣介石曾頒布兩道密令，授權駐臺軍政人員清算並壓制任何反對勢力……
>
> 這些部隊未等待進一步指令，即著手鎮壓。他們抱持的態度是：「寧可錯殺一百，不可錯放一人。」

這種弔詭的現象背後，有其複雜的歷史脈絡：今日的臺灣雖已是民主國家，主要政黨有兩個，但其中之一，卻正是蔣介石極權殖民政權的延續。民主進步黨可說是臺灣早期本土反抗運動的直系後裔，而中國國民黨，無論其政黨名稱或政治根源，都可追溯至蔣介石時代的戒嚴體制。當然，在蔣介石去世、領導權交棒給兒子蔣經國之後，國民黨確實經歷了劇烈的轉變，蔣經國最終也在一九八七年宣布解除戒嚴。因此，今日的國民黨與過去已有不少差異，但兩者之間的歷史延續性，卻經常被有意無意地忽略。

根據這篇文章，以及其他關於馬英九政府在歷史博物館策展策略的研究，這屆國民黨政府的態度，似乎是試圖淡化自身與那個曾經大舉屠殺臺灣人民的國民黨政權之間的關連。那要怎麼做到呢？看來，就是盡可能弱化蔣介石在整起事件中的責任。

因此，我非常期待親眼看看，這種淡化手法在二二八紀念館裡會被如何展現——當時我並未料到，這趟參訪會讓我在情感上受到如此強烈的衝擊。

***

山姆和我抬頭看著逮捕名單：一道道金黃色的柔光，將中文人名投射在黑色牆面上，如瀑布般流瀉而下。牆上有我祖父的名字——那是一道由蔣介石親自下達的死刑判決。

我在牆面右上角找到爺爺的名字：廖文毅。旁邊是他的二哥：廖文奎。那一道道光芒如利刃般穿透筆畫，彷彿斬斷了我們家族與臺灣、與彼此之間的連結。

我從那份從地面延伸到天花板的名單中，對山姆指出他們兩人的名字。我感覺到自己的胸口緊縮、呼吸加快，頭也開始發暈。我仍戴著那個刻有「廖」字的吊飾，用一條細細的金鍊掛在脖子上。它是我的護身符，是我屬於這塊土地的象徵。但今天，它卻沉甸甸地壓在我胸口。「那就是他們的名字。蔣介石要他們死。」

「我的天啊！」山姆驚呼。他在陪我做田野調查時，總是顯得既驚訝又興奮。

「幸好蔣介石沒有抓到他們。二二八事件爆發前幾天，他們和史豪一起去了上海。真是奇蹟般的巧合。」

「對啊，他們真幸運，」山姆附和，然後走向二樓的其他展區慢慢參觀。

這份逮捕名單迫使祖父文毅流亡海外，成了國民黨拘捕與噤聲異議者的依據。這份名單也逼得祖母安娜連夜帶著孩子逃亡，躲避追捕廖文毅的國民黨軍隊。抵達相對安全的香港後，廖文毅開始建立他的臺灣獨立運動。在這份名單出現之前，他僅止於批評國民黨政府，但這份逮捕名單促使廖文毅下定決心，公開反對蔣介石，並向聯合國呼籲，將原本對國民黨政府的支持還給臺灣人民。這份逮捕名單，永遠改變了我們家族的命運。

然而，當我直視這份逮捕名單，盯著我祖父的名字與那道明確的暗殺命令時，我整個人都呆住了。一切太過沉重。那道金黃色的光刺穿我的雙眼、燒灼我的腹部，像刀子一樣將我剖開。我一直渴望能找到這些歷史的見證物，卻從未料到，真相竟會令我如此痛苦。我無法直視這份逮捕名單所代表的現實，也無法直面它帶給我家族的灼痛。

我得離開這裡。

「我要坐一下，」我對山姆說。「這一切對我來說太沉重了。」

「好——妳想走的話，我們就走，」他回答。於是我們走下樓，穿過剛整修完不久的紀念館展區，看了幾個文字表述極為斟酌的展覽介紹。

整個一樓的展覽在解釋二二八事件的起因時，會讓人覺得這個事件彷彿是通往臺灣當前民主狀態的一個悲傷但必要的里程碑。然而，我自己研究後發現情況正好相反：假如國民黨政府當時沒有剝削臺灣人民，二二八事件原本是可以避免的。此外，蔣介石的處置方式更導致軍隊在全臺各地展開無差別屠殺。

我們下樓，山姆問我：「妳要不要問一下導覽員那封蔣介石的信？就是妳之前提過的那封。」

「好啊，」我說。我曾經跟他提過《臺北時報》那篇文章。據說，這場洗白行動最顯眼的標誌，就是在大廳入口處展示了一封蔣介石的電報。他在電報中強調要和平解決二二八事件，但當時他早已簽署密令，派遣軍隊來臺。軍隊從基隆港登陸，一路南下，屠殺成千上萬人。理論上，把這封具有誤導性的電報作為展覽焦點，似乎就能為蔣介石開脫責任。他在電文中交代行政長官陳儀「嚴禁軍政人員施行報復」，說得好像他本人從未擬定過那份逮捕名單，或派遣軍隊來臺大開殺戒。

我們參觀的是國民黨整修後的二二八紀念館，看起來政府確實可能刻意「修訂」過紀念館的展覽內容，讓蔣介石領導的國民黨政府不至於顯得太殘酷嗜血。例如，有一整個展區在介紹臺北的廣播電臺，但這個主題實在稱不上值得占據一整間展廳，還把大部分的責任推給日本殖民政府，指稱是日本激發了臺灣人支持獨立的思想。至於從一九四五年臺灣「光復」到一九四七年三月血腥鎮壓之間的連串事件，展覽上的說明，說好聽點是草率帶過，說難聽點，則是對真相的持續壓制。

這令我倍感衝擊，我從未想過，歷史事實竟會隨著政治風向而變得如此易於操弄。我也從未想過，一座國家級的歷史博物館竟會隨著哪個政黨掌權而改變其展覽內容。那時，美國的民主尚未因為二〇一六年大選而嚴重兩極化。當年的我有夠天真。

「不好意思，」山姆用中文問服務臺的一位中年女士，「我們聽說大廳有展示過一封蔣介石的信，但我們沒看到。請問現在還有展示嗎？」

那位導覽員興奮地看著我們。「你們說英文嗎？」她問。「我帶你們去看那封信——」她把我們帶到第一間展覽廳牆上的一張小圖片前。「這封信很小，他們不願意太過強調。這就是蔣介石指示軍隊屠殺成千上萬臺灣人的那道命令。那些人只是想表達自己的想法、為自己的國家盡一份心力而已。」

山姆和我面面相覷，瞪大了眼睛。我小心翼翼地試探：「我讀到一些報導，說二二八紀念館最近有更動，是為了淡化國民黨在白色恐怖時期的角色。這算是洗白嗎？」

「我覺得根本是淡化處理！」她語氣堅定地說。「這座紀念館是在二〇〇〇到二〇〇八年民進黨執政期間建立的，目的是為了說出臺灣歷史的真相。但現在最重要的展品都被撤下來了，一樓的展覽重點變成了廣播電臺和日治時期出現的民主運動——這就是在幫國民黨卸責。假使今天妳也像蔣介石那樣，下令軍隊殺害成千上萬人民，那這場屠殺該由誰負責，難道還不清楚嗎？」

山姆對我咧嘴而笑，我卻覺得喘不過氣來。這位叛逆的導覽員此刻說的話，正好解釋了為什麼我在各大公立圖書館和政大，總是難以查到臺灣獨立運動的第一手資料。在這個已經實行民主制度的國家，當時政府居然還試圖繼續噤聲過去的歷史。經歷了五十年對歷史的壓制，如今歷史博物館的展覽內容竟還能隨著執政黨的喜好而更動？如果繼續這樣下去，臺灣人民又要如何瞭解自己國家的歷史真相？

「來，跟我來，」導覽員說。她回到服務臺，拿出兩本英文小冊子遞給我們。「這是舊版導覽手冊，裡面寫的才是關於二二八事件的全部真相。那場大屠殺很悲慘、很殘酷，也很恐怖。館內曾展出一件襯衫，上面有個彈孔。穿著那件襯衫的男子當時手無寸鐵，卻被國民黨軍隊冷血殺害。而現在——」她指著我們拿在手中的新版導覽手冊，「那些內容全都沒有了。那些展品全被撤掉了。你們要拿就拿原版手冊，因為裡面說的才是真相。」

「非常感謝妳告訴我們這些，」我說。「我正在盡可能地瞭解二二八事件和臺灣獨立運動的歷史，因為我在研究我祖父的生平，他叫廖文毅。」

「什麼！」她倒抽一口氣。「妳祖父是廖文毅？那位在日本成立臺灣共和國臨時政府的大統領？」

「對！她現在正在尋找失散的家人，」山姆加入話題。

「非常歡迎妳隨時再來，我會告訴妳真正的歷史。他們以為這些手冊全都銷毀了，」她指著我們手中的小冊子，「但我留了一些英文版的。中文的全部都銷毀了。我覺得，讓外國訪客知道臺灣歷史上真正發生過什麼事，非常重要。」

我們再次向她道謝，接著我腳步踉蹌地走出紀念館，迎向耀眼的陽光。

***

「哇！」山姆興高采烈地和我一起穿過二二八和平紀念公園。這是一座綠意盎然的公共空間，圍繞著紀念館，提供難得的蔭涼。「他們換了展覽內容，卻忘了換員工！那位導覽員超酷的，而且如果其他小冊子真的都被銷毀的話，那我們手上有的這些就太珍貴了！」

「天啊，還好你主動跟她搭話。她超想要告訴我們更多。」

「沒錯！我們剛才真的運氣太好了，」他說。

我覺得我又開始頭暈，很不舒服。「我們坐一下好嗎？」我指著公園裡的幾張水泥長椅，雙膝已經發軟。

「當然好。金，妳沒事吧？」

我用手肘撐在桌上，把臉埋進臂彎。幾秒鐘後，我開始顫抖，急促喘氣。

「哇，怎麼啦？沒事的、沒事的，」山姆令人安心的聲音傳來。他拍拍我顫動的肩膀。

「那份逮捕名單就是我祖父、也是我們整個家族的死刑令。政府機關竟然能為了配合當前執政者，去更改歷史博物館的內容！」我哽噎著說。「我這麼努力想找出家族的真相、真正的真相——結果卻發現，真相會隨著每次選舉而改變。這就是民主嗎？」

這些發現讓我一方面感到振奮，一方面卻也覺得被深深背叛。正因如此，我更加確信我一定要說出我爺爺廖文毅的故事。我突然意識到，也許這就是他的靈魂如此堅持要引導我，把這些線索拼湊起來的原因：因為真相正面臨被沖刷殆盡的危機。我擦了擦眼淚準備振作，卻也覺得這項任務比以往任何時候都還艱鉅。「如果臺灣政府仍不斷打壓自身過去的歷史，那我又該如何去查清，關於我的家族、關於臺灣獨立運動，究竟發生過什麼事？」

第十章 陷阱

一九五〇年九月

香港

黎明時分，九龍的天星碼頭透出微光。惠容站在碼頭上，眺望港灣對岸的香港島。她喜歡趁著清晨時分在水邊散步，這時候香港的熱氣與溼氣尚未讓街頭的空氣變得濃稠壓迫，不至於讓她感覺像是被困在蒸籠裡。家裡面其他人都還在睡。孩子們一向睡得很熟，連最小的理查也不例外。他的名字是文毅取的，來自「獅心王」理查一世，不過此刻，他只是一個快樂的小男孩，有著一頭濃密得驚人的頭髮。

惠容望著眼前的漁船，有的正要出海，有的已滿載著清晨的漁獲歸來。她一如往常忍不住驚嘆，香港彷彿存在著一座平行城市，完全沿著水路運作。有時她真想拋下妻子與母親的身分，跳上一艘船展開全新的人生。逃離現在的一切。局勢愈來愈緊張了；她感覺到情況很快會有變化——而且不是變好。她希望全家人能在這個珍貴的家園多待一陣子，但也隱約擔憂，他們能停留在此的時間恐怕不多了。

文毅和文奎正準備將他們主張臺灣獨立的政論集《福爾摩沙開講》呈交給聯合國。然後呢?如果他們真的得到所需的國際支持,會在美軍威力撐腰下返回臺灣,準備推翻蔣介石、舉行民主選舉嗎?會不會引發內戰?她知道蔣介石絕不會束手就擒。文毅會為了實現民主理想而不顧性命嗎?

但也許國際社會根本不會理會他們的訴求。二戰才剛結束,世界各國仍深陷疲憊之中。共產黨奪下了中國大陸,不久前還對韓國發動攻擊。文毅和文奎都對她說過,杜魯門矢言要將共產主義趕出韓國,並堅持美國必須等韓國的問題解決後,再對臺灣事務做出決定。文奎說這只是一時的挫折,但惠容心中卻升起一股沉甸甸的不安。這一拖會拖多久?是幾年?還是永遠?

她一邊苦笑地想著:沒有哪個國家會為另一個國家挺身而出,除非這樣做有好處;一邊看著金黃的朝陽從太平山升起,那是香港島的最高峰。或許,臺灣的價值對杜魯門來說,還不夠大,不值得他冒著政治風險出頭,去挑戰蔣介石這位盟友吧。更何況,蔣夫人在美國顯然也深得人心。要是文毅無法為他那場理想化的運動爭取到國際支持,要怎麼辦?留在這裡繼續寫些義正辭嚴的演講稿?還是回臺灣,面對逮捕與幾乎必死無疑的命運?

惠容也深知自由可貴、珍惜民主理念,但她想問:代價是什麼?她丈夫那些偉大的理想,要讓這個家承擔多少犧牲?

惠容感覺到自己脖頸後方愈來愈熱，便開始往家裡走去，準備煮壺咖啡，開始這一天。香港雖然是英國在海外的國際貿易中心，卻和中國大陸有個共同的缺點：咖啡很難喝。去年夏天，娟娟帶給她一些臺灣上好的咖啡豆；從此，只要娟娟或史豪要從臺灣來香港，惠容總會拜託他們再帶一些來。她一週只准自己煮一壺咖啡，平時靠即溶粉將就著，但那根本不能算咖啡，只是糊糊的棕色液體而已。在香港，還是喝茶最實在。

走在回家的路上，她努力把文毅的政治活動拋諸腦後，但內心仍無法不為自己英俊天真的丈夫感到擔憂。搞政治就像捅馬蜂窩，她很清楚：只要蔣介石感受到威脅，就絕不會手下留情。蔣介石或許已經失去了中國大陸，但即使權勢不如從前，他也絕不會輕易放過得罪他的人。

***

葛超智先生您好：

文毅現在人在日本……關於臺灣問題，我始終認為應以理念而非武力來解決。這件事完全可以妥善處理，讓各方都感到滿意——不僅是臺灣與中國，還包括周邊的民主國家，如菲律賓、韓國、美國、英國，以及那些有意成為「民主」國家一分子的日本人。

為了同胞的精神自由與國家的物質繁榮，我們決心奮戰到底，即使要比愛爾蘭人花費更長的時間也在所不惜……但我真心希望不必等那麼久。

我始終相信，時間會站在我們這邊。韓國的愛國者等了三十五年。我們不會等那麼久。

廖文奎敬上

***

一九五〇年十一月

海邊

輪船駛進橫濱港時，文毅站在甲板上，風吹亂了他的頭髮。他心中激動不已，能再次踏上日本土地，與一群年齡相仿的老友，以及幾位他長年景仰的前輩會合，共同強化臺灣獨立運動的領導力量。其中就包括在日治時期推動臺灣自治運動、極具代表性的人物：林獻堂。對文毅而言，說日文、寫日文仍是最自然的，甚至比說寫英文還要自然，畢竟這是他孩童時期在學校學會的第一種語言。

文毅在馬尼拉與菲律賓總統的會面十分順利，而後文奎決定讓他先行前往日本，爭取更多支持，並將臺灣獨立的訴求傳達到世界各地。日本是這場運動的理想據點——離臺灣足夠遠，能確保安全；又足夠近，一旦爭取到群眾支持，便能立即行動。那些和他年紀相仿的運動支持者也多半偏好日本而非香港，因為他們在這裡的人脈更多，語言也更熟悉。要是他能說服惠容和孩子們來日本與他團聚，該有多好。

他的姪女彩子（Ayako）去接他，兩人一同前往京都。他在那裡發表了一場言詞犀利的演說，猛烈批判蔣介石。演講廳中，他那洪亮激昂的聲音迴盪不止，雙臂大幅揮舞，彷彿在指揮一場由理念譜成的交響曲。隨著演說的推進，他的氣勢愈發昂揚，讓人幾乎以為他比現實中更為高大。他也逐漸領會到，成為萬眾矚目的焦點、沉浸在掌聲與喝采之中，是如此令人振奮。

演說結束後，他與從小在日本定居的姪女一家共進晚餐，隔天，他獨自漫步於京都各處優美的寺廟。在綠意環繞、莊嚴素淨的寺院之中，文毅感受到自己多年來的理想正逐漸開花結果。豐收的時刻，很快就會到來。

那天晚上，電話響了。是運動夥伴的一位朋友打來的，他沒有聽過對方的名字。「廖博士，您什麼時候回東京？東京記者協會邀請您在日比谷公會堂發表一場關於臺灣獨立運動的演講。」

「這樣啊，那我盡快過去。下週好嗎？」

他再次整理行李準備動身，公事包裡裝滿演講筆記，行李箱也收拾妥當。

在北上的火車上，他寫了一封信給葛超智、一封電報給在香港的家人，還寫了一封信給在臺灣領導地下運動的姪子史豪。他在信末寫道：團結所有力量！這場運動不僅關乎你我。它關乎臺灣未來的自由，而正義的天秤終將傾向我們這一方。火車抵達東京，月臺上擠滿人群，正魚貫走向街道。廖文毅心想，接他的人怎麼還沒來？

就在此時，一隊美軍憲兵從某個轉角後方現身，舉槍對準文毅。他們當場將手銬扣在他手腕上，並一把奪走他的行李和公事包。

「廖文毅博士，你被逮捕了，」其中一人說道。「這是麥克阿瑟下的命令。」

「搞什麼鬼！我跟你們是同一陣線的，混帳東西！我只是揭露了蔣介石正在糟蹋我美麗的家鄉福爾摩沙。」

「我們正是奉蔣委員長的命令將你逮捕，明天你就會被遣返回臺灣，」那名軍官冷笑道。「帶他去巢鴨監獄。」

被押走時，文毅腦中不停盤算：該怎麼讓記者知道自己被捕了？也許媒體可以報導此事，間接向美國政壇發出政治呼籲。這場運動必須被看見，他得想辦法留在日本。

因為一旦回到臺灣，必死無疑。就在這時，惠容的聲音在他腦海中響起：不要連命都丟了。不，他不會。他會用盡全身的力氣守住這條命，也守住這場運動。

***

惠容正在聽珍妮和泰德朗讀《三國演義》。這是他們最喜歡的睡前故事，通常由父親讀給他們聽；當父親不在家時，他們就輪流讀給彼此和弟弟亞歷聽。這時電話響起，刺耳的鈴聲持續不斷。

「你們繼續讀，我一下就回來，」她走出房間，把門關上。

「喂？」

「廖夫人嗎？」電話那頭傳來陌生的聲音，是一名美國男性。「我是葛超智。我們在臺北的美國大使館見過一次。」

「我當然記得，葛先生。您對我們的恩情，我們永遠銘記在心。」

「我很遺憾，文毅今天在日本東京被捕了，是蔣介石下的命令。」

「噢不！我以為在日本推展運動應該很安全才對。」

「看來蔣介石跟麥克阿瑟將軍之間有某種私下協議。我在東京大使館的朋友正盡一切努力，希望能讓當局撤銷對文毅的指控。」

「什麼指控？」惠容只覺得雙手冰冷刺骨。她看著電話線纏繞在自己的手指上，就像一條正緊緊勒住文毅脖子的絞索。我不能再失去親人了。絕不能是這樣。

「他們指控他非法入境，打算把他引渡回臺灣。」

「可是那份逮捕名單——！」

「我知道。我們正盡一切努力幫他脫困。不過，廖夫人，妳本身也是美國公民。請立即聯絡東京的美國大使館。如果還有任何人情可以動用，現在就是時候了。我一有進一步消息就會聯絡妳。」

「謝謝你，葛先生。」她感覺到自己的心一沉，呼吸凍結在胸口。她把聽筒掛回去時，感覺那東西就像一塊冰。

***

一週後娟娟來訪，帶了給孩子們和小理查的禮物，還有惠容最需要的咖啡。孩子們都圍到娟娟身邊，跟她有說有笑。惠容給了她一個大大的擁抱，娟娟則悄悄將一個塞得鼓鼓的布包遞到這位伯母手中。「妳婆婆從西螺託我帶來的，」她低聲說道。惠容摸得出來，布料下是好幾捆緊緊綁好的紙鈔。

「臺北大使館的人正在盡全力營救三叔，」娟娟說，孩子們在一旁玩耍。「我們已經讓駐臺總領事艾德格親自致電麥克阿瑟將軍。大家都站在你們這邊——國民黨根本沒有法律依據可以要求引渡。問題在於，那些人得先想出一套說法來挽回顏面，才能放人。」

惠容猛地一拳捶在桌上。「該死的中國人，總是在意面子。在美國我們會說：『你們不能關他，你們無權這樣做。』」

「我懂，」娟娟柔聲安慰。惠容知道，娟娟從沒去過美國，其實並不懂。但她仍很感激娟娟特地來陪伴她、幫她出主意。

「行賄有用嗎？我們可以請奉恩寄錢去日本。」

「不行，」娟娟搖頭。「這樣只會惹惱處理這件事的美國人。他們雖然已經決定不讓三叔被引渡回臺灣，但還是得做出某種替代性的處分。畢竟如果他被釋放後，還繼續發表那些高調演說、公開痛批國民黨，蔣介石肯定會大發雷霆。」

文毅這個人完全沒辦法低調，惠容心想。

「我相信他們會想出辦法的，」娟娟說。

珍妮一直在旁陪弟弟們玩耍，也留心聽著大人們說話。這時，她輕輕走到母親身邊，低聲問道：「爸爸什麼時候回來？」

「就快了，寶貝，」惠容撫摸著女兒濃密的頭髮說道。珍妮剛滿十四歲，很快就會長大。「很快。」

突如其來的敲門聲打斷了因娟娟來訪而帶來的歡樂氣氛。惠容開門，一位電報信差站在外頭，只說了聲：「廖夫人？」便遞上薄薄的信封。他微微舉帽致意，轉身下了樓梯。

惠容雙手顫抖地打開電報。是好消息還是壞消息？她根本無從猜起。一切變化得太快了，她只覺得自己無力阻擋這場殘酷的亂流。

摯愛的惠容，我終於自由了！他們決定軟禁我，我朋友安排我住在東京近郊的大磯町。這裡很舒服，離海灘很近。妳把孩子們帶過來，我們一家在這裡團圓吧。獨立運動的聲勢正旺！大計畫即將展開。愛妳，文毅。

她的心猛地沉了下去。他不會回來了。文毅離開前，她明明已經跟他說過，她不想定居日本。哪裡都可以，就是不要日本。他哪來的錢維持這一切？他還想這樣拖著我們多久？難道要等到他當上臺灣總統，或是被蔣介石殺死為止嗎？孩子們好不容易才學會英文——她怎麼可以又逼他們從頭開始學日文？她想像珍妮和一個日本軍人結婚的畫面，一股強烈的厭惡感油然而生。

她想起多年前去紐約時，班塔女士告訴她：只要珍妮在十六歲之前去美國，就能順利取得美國國籍，不會遇到任何問題。還有兩年。她真的要再撐兩年，只為了親眼見證文毅那些關於臺灣未來的宏大計畫是否會成真嗎？值得嗎？

「剛才是誰？」娟娟暫時放下孩子們，走來問道。

「文毅發來電報。他獲釋了，但改為軟禁。」

「那太好了！」娟娟擁抱惠容，接著仔細端詳她的神情。「怎麼了？」

「他要我們去日本。」

「噢，但那只是暫時的吧？」娟娟的語氣聽起來一派輕鬆，畢竟她從小在優渥的環境中長大，既有良好的家世背景，也有語言天分。她學語言的速度極快，在臺灣說臺語和日語，後來到中國念寄宿學校和大學，之後在臺北的美國大使館工作又能說得一口流利的英語。惠容心想，她這位姪媳婦有時候恐怕忘了，學一門新語言，對大多數人來說並不是件容易的事。

「不知道。我現在什麼都不知道了，」惠容整個人重重坐下，雙手掩面。「他為什麼不能當個普通的丈夫？為什麼非得相信自己就是那個能改變世界的人？」

「我懂，」娟娟坐到她身旁。「我愛史豪在爭取獨立這條路上的熱情和堅持，但我總是為他提心吊膽。我們辦完婚禮才剛過一個星期，他就被抓了。我現在還是很怕他隨時會再被關進去。」

「有時候——」惠容剛開口，看到珍妮望著她們，就沒有再說下去。娟娟才二十三歲，整整小她將近二十歲。她充滿理想，也正沉浸在愛情裡，就像從前的惠容一樣。她把沒說出口的話硬生生吞下去，像吞下一顆苦澀的藥丸。有時候，我真希望自己沒有嫁給廖文毅。

接著，她轉頭對娟娟露出微笑，拉起珍妮的手說：「我們帶你嫂嫂去吃九龍最棒的餃子吧！」孩子們準備出門時，惠容把文毅的電報摺好，輕輕吐了一口氣，收起情緒，下定決心。我們不搬去日本。看看葛超智先生和美國國務院的人能不能幫文毅弄到美國簽證吧。在美國，我們可以一家團聚，重新開始。

***

一九五一年四月
日本大磯町

大磯町那棟房子離海灘很近。房子本身小而樸素，但後院很大。文毅早上醒來最先聞到的，和晚上入睡前最後感覺到的，都是海洋那股鹹鹹的氣味。

他的夥伴兼好友，是前田夫人亡夫的弟弟，前田先生多年前死於中風。前田由奈（Yuna Mayeda）有一個八歲的兒子昭雄（Akio），只比泰德小幾歲。

他們同意讓文毅在大磯町接受軟禁，他在那裡可以低調度日、遠離公眾視線、躲避蔣介石的間諜，也能避免再發表那些慷慨激昂的演說。他改而專注於寫作。他在撰寫關於臺灣獨立的論文，準備寄給外國領袖和在臺灣的姪子史豪，希望藉此號召更多年輕一代的追隨者。

文毅也決定著手寫一本書，為臺灣獨立運動辯護，內容延續文奎在《福爾摩沙開講》中的理念。他的夥伴安排，先由臺灣獨立運動的成員先出資，付給前田夫人一筆收留文毅的酬金，直到西螺廖家能定期匯來房租為止。廖家的錢暫時無法動用，因為財產都被國民黨凍結了。惠容發過電報通知他。現在怎麼辦？她問。

再多撐一下，他如此回覆。情況會好轉的。妳安排一下，來日本吧。

你才應該安排申請美國簽證，她回答。我在美國可以工作。在亞洲，你真的覺得可以靠陌生人的善心養活一家六口嗎？時間不多了。

老實說，他不想去美國。他在日本有一群忠實追隨者，他們推舉他擔任臺灣獨立運動領袖。他們正設法召集臺灣各縣市的代表，組成一個民選的「臺灣共和國流亡臨時政府」，作為擁有民意支持的象徵，向聯合國展現這場運動的正當性與信任基礎。

其實，他們現在最需要的是一支軍隊。已有跡象顯示，只要聯合國在臺灣舉行公民投票或設立保護國，把國民黨趕走並推動臺灣人自治，美軍會準備好配合介入。他的運動聲勢愈來愈浩大，他們就快要成功了！

此外，文毅也很喜歡前田夫人精湛的廚藝、風趣的談吐，以及對自己理念的支持。前田夫人為人熱情洋溢，與惠容一貫的冷淡懷疑截然不同，讓他感到耳目一新。他一方面寫信給葛超智詢問申請美國簽證的事，另一方面仍努力勸誘妻子到日本跟他一起生活。

但惠容不為所動。文毅不禁思忖，二戰期間他不在西螺的時候，日本兵到底對她做了什麼？當時的經驗似乎對她造成了創傷。有一次他在電話裡暗示她情緒反應過度，結果惠容直接掛他電話。

也許惠容才應該當政治家，他在大磯町的寧靜街道上遛著前田家的狗，內心苦笑著想。撇開別的不說，她確實是一位立場堅定的談判者。

＊＊＊

沒有人知道廖文奎究竟是怎麼死的。

他死前已經搬出廖家，與美籍妻子住在附近，既沒有疾病徵兆、呼吸困難，也沒有他們大哥早逝時的那種心臟病症狀。雖然廖文奎早已成了蔣介石的眼中釘，但國民黨在香港並無實權。難道是某種無聲無息的暗殺？

大家都認為死因大概是心肌梗塞或中風，但沒有人拿得出證據。前一天文奎還在構思新的政治論據，為臺灣獨立辯護；隔天，他就驟然離世。他的美籍妻子葛芮塔斷然帶著他們的兩個孩子搬到夏威夷，從此離開亞洲。惠容和葛芮塔並不親近，而她收到的電報也和廖家其他成員一樣，只有寥寥數語：文奎上週突然過世。我們要去夏威夷了。願妳平安。

惠容震驚到忘了呼吸。文奎是個富有遠見的知識分子、是兄弟倆推動獨立運動的理念泉源，也是一個極度善良的好人。當然他也不是毫無缺點，比如說他對各種生活瑣事總是顯得心不在焉，但這是廖家兄弟的通病——他們從小在富裕奢華的環境下長大。惠容對他的辭世深感遺憾，也後悔自己沒有多去瞭解他的家人。她祈禱文奎的亡靈能安息主懷。

接著她想起自己的丈夫。文毅知道了會非常傷心，她心想。

***

文毅在床上躺了一個星期。那段時間由奈會為他端來茶、湯，還有茶碗蒸。他讀著報紙與二哥留下的書，淚水靜靜流下。

起初，文奎就是他全心投入獨立運動的原因。文奎是他的兄長、是他的良師益友，也是激勵他的那股力量。沒了文奎，他該怎麼辦？他要怎麼堅持下去？

他把自己的困惑告訴由奈，她回答：「那麼，你就得接下你二哥的火炬，替他繼續走下去。」

她說得很對。文奎是懷抱遠見的人、是構想出那些關於民主與臺灣獨立理念的人；而文毅則是這場運動的發言人、宣傳者與實際推動者。他要代替二哥，全權領導這場運動，為成功負起全部責任。文奎曾經的夢想，如今將由文毅來實現——還他們的同胞自由。

「二哥，我會讓你驕傲的，」文毅對著天空說道。他真想再見哥哥一面，就一次也好。他起身下床，換上體面的西裝與領帶。接著他在書桌前坐下，開始寫作。臺灣的未來，正寄託在他身上。

第十一章 餅乾鐵盒

一九五一年九月
香港

珍妮和泰德把自己的物品裝進一個大行李箱。十二歲的泰德幾乎跟姊姊一樣高，頭髮又短又直地豎著。十五歲的珍妮穿著一件裙擺寬大的洋裝，就像電影裡那種。她覺得搬去美國唯一的好處，就是可以看更多電影。

「有時間慢慢打包真好，」泰德一邊說，一邊把一套三冊本的《三國演義》放在衣服上。他的課本則被隨意丟在床上。

「是沒錯，」珍妮說。「但以前都只是去幾個月。這次是要永遠搬去美國了。」

「我們要去美國哪裡？」

「紐約，媽媽是在那裡長大的。班塔婆婆就住在那。我們去過一次，那時候我還小，你才剛出生喔！」珍妮笑道。她幾乎記不得那次的事，因為她當時才三歲。但她記得紐約街上的喇叭聲，也記得和班塔婆婆一起去麻州過暑假時的涼爽微風與盛開花朵。那裡和西螺一樣是鄉下，但沒那麼熱。

「爸爸也會跟我們去嗎？」泰德的眉宇閃過一絲憂心。「他離開我們去領導他的運動，已經好久了。」

「我不知道，」珍妮說。其實她並沒有說實話；她幾乎可以確定父親不會去。她經常在無意間聽到母親講電話，也常為母親對那些電報和來信的反應感到不安。看樣子爸爸還在設法申請美國簽證，但一直辦不下來，媽媽責怪他根本沒用心。珍妮腦中響起母親的聲音：你要領導一場注定失敗的運動，還要找個人供你吃住？這沒問題。可是申請簽證就有問題？真光教會的班塔女士隨時都可以當你的保證人，你只是不想去美國罷了——美國離你的支持者大本營太遠了。

「我們要把舊的中文書帶去嗎？」泰德拿起幾本幾年前從臺北倉促帶來、至今仍留著的漫畫書。

珍妮搖搖頭。「我現在幾乎看不懂中文了，」她說。「學了英文之後，中文就忘了。」她把自己的衣服整整齊齊地疊好，接著替亞歷整理衣物。五歲的亞歷幫不上忙，不過他的東西也不多。

「妳不覺得媽媽應該考慮帶我們搬去日本，跟爸爸住在一起嗎？」泰德坐在床上看著姊姊有條不紊的動作問道。「爸爸的政治運動對臺灣的未來很重要呢。」

「有重要到讓他忙得連當我們爸爸的時間都沒有嗎?」珍妮口氣尖銳地說。「我們去日本要住哪裡?要靠什麼過活?媽媽說錢早就用完了。」

「那我們要怎麼去美國?」泰德反問。

珍妮放低音量:「媽媽在黑市賣處方藥籌錢。」

「不會吧!」泰德跳起來大喊。「太誇張了,這根本是電影情節。」

「真的啦!噓——小聲點。媽媽不希望我們擔心。一切都會沒事的,我有在幫她,」珍妮說,語氣中滿是自豪。

「妳真的有幫忙?」泰德用全新的眼光看著姊姊。「聽起來好像很危險耶。」

「千萬別說出去,隔牆有耳。」珍妮笑了笑。「到下禮拜,錢就差不多湊齊了。等媽媽買到船票,我們就出發。」

「哇,」泰德搖著頭說。「真不敢相信她為了我們去冒這種險。」

「你真的不懂嗎?」珍妮雙手抱胸,看著弟弟。「這不是遊戲,是關係到生死的大事。我們根本沒有其他選擇。」她沒有告訴泰德,自己聽見了媽媽對娟娟嫂嫂說的話:「珍妮快要十六歲了。我們必須在她滿十六歲之前到美國,這樣她才能順利歸化為美國公民。」珍妮不明白為什麼成為美國公民那麼重要,她只知道,這是決定他們一家未來的關鍵。

可是,只要一想到也許是自己拆散了這個家,她就忍不住想哭。萬一媽媽是被迫在「留在香港或日本過平靜生活」和「讓珍妮取得公民身分」之間做出選擇呢？是她的年齡害得大家必須盡快離開嗎？一陣愧疚湧上她心頭，隨之而來的，是對父親強烈的憤怒。爸爸一直最疼愛她。為什麼他就不能回來香港，好好當他們的爸爸？為什麼他總是要離開？難道他不再愛他們了嗎？

＊＊＊

惠容是怎麼知道是時候該啟程前往美國的？一個人要怎麼做出這種無法回頭的決定？曾經有聽說過爺爺那場獨立運動的人問我：「妳奶奶為什麼不能支持她的丈夫？她為什麼不能追隨他，像歷史上無數妻子那樣，為了丈夫改變世界的理想犧牲奉獻？」

我對他們說：她有得選嗎？她有四個小孩，沒有錢，也無法保障孩子們的安全；而紐約有安穩的未來在等著他們，只要她去了就能得到。

我還對他們說：廖文毅的獨立運動最後是成功或失敗真的很重要嗎？如果他開啟了一個民主的新時代，而且成為臺灣第一個透過民主選舉產生的總統，歷史會更苛刻地評價李惠容嗎？那單純只是自由的代價嗎？政治領袖的家人一定要為了那個理想而犧牲一切嗎？

而現在，我也想問惠容奶奶，真希望她能回答我：奶奶，妳為什麼要來美國？妳是在哪個時刻知道該離開了?妳從什麼時候開始不再相信文毅,或者說領悟到他沒有能力保護家人?當時妳是否已經準備好隨時回家鄉,回到紐約,回到那個妳能安心撫養孩子、毋須擔心特務上門的地方?回去是為了讓珍妮能在滿十六歲之前成為美國公民嗎?還是因為妳以為文毅能拿到美國簽證?或者,是因為妳恨那些在戰爭期間一直騷擾妳的日本人?他們有做過更惡劣的事嗎?他們動手傷害過妳嗎?

我還想問奶奶:妳當初是怎麼決定要在黑市賣藥的?妳有想過這件事會成為廖家的傳說嗎?

***

在美國的廖家,代代相傳的家族傳說只有一個:奶奶靠著在黑市販售處方藥,獨力把四個年幼的孩子帶到美國。我的堂表兄弟姊妹們告訴我他們聽過的各種誇張版本,我們都笑了,因為那實在太不可思議了。奶奶是個瘦小又安靜的女人,她怎麼可能做得出那種事?

奶奶向來對家族過往守口如瓶,這件事大概是唯一的例外,因為那是她人生中最輝煌的事蹟。這件事比我們所有人後來做過的任何事都更加大膽、非法、危險,也更有膽識。再說,她這麼做是出於利他,是因為愛,因為她惦記著孩子們的未來。

珍妮姑媽記得最多細節，因為她和在日本的堂親當年曾幫母親販售這些處方藥。她回憶道：「我父親不打算回香港。他靠別人的接濟和捐款過活。」

「妳覺得你們本來還會想繼續留在香港嗎？聽起來，要在那裡撐下去很困難。還是說你們有想過搬回祖厝？」我問她。

「不可能，我媽媽絕對不會回去那裡。說實話，我爸爸當時就是個逃犯。她是不可能回臺灣的。最可行的退路，就是回美國來。」

「對啊，而且美國有班塔女士可以依靠，」我說。

「沒錯，她對紐約非常熟悉。我的堂親很多都被抓去關了，我們在臺灣的家族資產也都被凍結了，所以我媽媽決定把治療肺結核的紅黴素藏在英國餅乾鐵盒裡，走私到日本。」

「那是某種抗生素嗎？」

「對，是抗生素，用來治療肺結核，還有戰後日本流行的一些其他疾病。我大姑媽的大女兒在日本長大，當時和我們一起住在香港。她在東京有個男朋友，這些裝著紅黴素的鐵盒餅乾就是寄給他的，由他在黑市上販售。就是靠那樣，我們才籌到錢來到美國。」她笑了出來，彷彿自己也難以置信，接著整個人又窩回沙發裡。

我還想再問清楚一點。「你們是用郵寄的嗎？」

「是用郵寄的沒錯。我把鐵盒餅乾包裝成禮物，我記得我有幫忙打包。」

「妳有幫忙裝那些鐵盒？」

「對啊！」我們笑出來。

「是藥瓶還是藥丸？」

「是瓶裝的藥水，小小的塑膠瓶。我們會拿一整盒餅乾，先把裡面的一些餅乾拿出來，把藥瓶藏進中間，然後再蓋回去。最後把整盒餅乾包裝成禮物的樣子。」

「太聰明了吧！」

「不這樣做不行啊。」她咧嘴衝我笑了笑。

「一盒可以賣多少錢？」

「我不太確定，但我們確實有賺到錢。我們寄了幾個月的鐵盒餅乾，才好不容易湊足旅費。我們是搭船來美國的，一共五個人，坐的是三等艙，不是頭等艙。費用大概是幾千美元吧。」

「哇。」

「其實那時我們有先去日本看我父親，他當時正在流亡。我們來美國途中去找過他，跟他道別。」

「那時是什麼感覺？」

「就很難受啊。」說到這裡，珍妮姑媽的聲音顫了一下，隨即哽咽，說不出話來。這是我唯一一次見到她談起過去時情緒激動。其他時候，無論是在她的回憶裡還是現實生活中，她總是堅毅、寡言、冷靜、疏離地活著。然而在這一刻，珍妮姑媽彷彿來到情緒的懸崖邊，搖搖欲墜，眼看就要跌落。我擔心自己把她逼得太緊了。

她清了清喉嚨。「因為那時候我比較大了。」

「而且妳跟妳爸爸感情很好。」

「他最疼我，一直很寵我。可是那個時候我們已經分開過太多次，所以就覺得分離是必然的。我就接受了。」

我們停頓了一會。她喝了一口水。

「到了紐約以後，我又得交新朋友了！」她笑道。「在美國，我變得很安靜、很內向。我剛認識我先生亨利的時候，他說的第一句話是：『妳都不說話欸！』」她又笑出來。「我不太會表達情緒，總是把一切都壓在心裡。我想那是因為我經歷過太多事情了。我想，這就是為什麼我一直渴望往外跑。因為我從小就沒有真正的歸屬感。我沒有根。」

***

離開前的那個夜裡，惠容輾轉難眠，在已經打包好的家裡來回踱步。他們每次搬家，總免不了有些東西帶不走。

她把家具和鋼琴全都賣了，多少換了一點錢。那晚，孩子們鋪著毯子睡在大房間裡，也就是她和文毅以前的臥房。她在空蕩蕩的客廳裡來回踱步，雙臂緊抱胸前，赤腳踩在冰冷的木地板上。這是她唯一能走的路。文毅一直表現得好像他們有選擇。他總是說：妳為什麼選擇拆散這個家？妳為什麼選擇離開我？妳為什麼在我最需要妳的時候拋棄我？

但她很清楚，事情根本不是這樣。他們還有什麼選擇？從臺灣一毛錢也拿不到，廖家的所有帳戶都被國民黨凍結了。管家林奉恩和姪子史豪都在獄中。要不是她靠賣處方藥和家具籌到錢，他們早就付不出房租，也沒錢吃飯了。就算付得出錢又如何？她在香港沒有熟人，根本不想繼續待下去。他們在這裡已經生活了四年，一直在等——不是等文毅獲得美國的支持，就是等他被引渡回臺灣，遭到處決。不管是哪一種結果，她都等夠了。

她已經受夠了他、他的計畫、那些不切實際的夢想、他的偉大理念。是時候回家了，回到她人生最早的家：紐約，回到班塔女士身邊。班塔會再一次幫他們度過難關，帶著他們踏上嶄新的未來。她對自己的養母有說不盡的感激，無論發生什麼事，養母總會對她和孩子們伸出援手。

最後一次通電話的時候，文毅求惠容去日本住，就算只有幾個月也好；他還承諾會幫家人找到住處。惠容問他平日的起居如何安排。「前田夫人負責家務，我在大磯町生活和工作，平常就是寫講稿和準備成立流亡臨時政府。有了流亡臨時政府，聯合國就能選擇支持我們，給我們資金和軍事支援，美國也會站在我們這邊。」

「這位前田夫人還會幫你做其他事嗎？」惠容語帶諷刺地問。「你睡在哪裡？睡她床上？」

「惠容，別胡鬧！」文毅顯得有些慌張。

「文毅，她是你的情婦嗎？」

「別這樣，不要把她扯進來。我們會在日本另外找個地方住，到時候妳、我還有孩子們就能一起生活了。」

「你真讓我噁心，」她厲聲說。「我們下禮拜就走，船從橫濱開。你要是能從你那寶貴的行程中騰出一點時間，就來見孩子們最後一面吧。」

「我一定會去，但我希望妳能再考慮一下，再給我一次機——」

「沒什麼好考慮的。我想讓孩子有未來，而你不想。我從來沒有父母照顧，所以我懂得珍惜——你不懂。我真不敢相信你會為了那個小小的『獨立社團』犧牲掉孩子的未來。」

「惠容，妳怎麼可以——」

文毅望著電話。只有撥號音。她掛電話了。

***

日本橫濱

輪船放慢速度，駛進橫濱港。這是橫渡太平洋前的最後一站——接下來會停靠夏威夷，最後抵達舊金山。惠容叫醒小理查，他打了個呵欠，在她懷中鑽了鑽，又睡著了。接著她叫醒其他孩子，一起上甲板。

泰德眺望愈來愈近的日本海岸線，旅行能帶給他活力，所以他很興奮。「哇，這就是橫濱？爸爸會來找我們嗎？他會跟我們去美國嗎？」

惠容勉強露出笑容。「會，他會來碼頭找我們。你看看能不能在人群中找到他。」

珍妮牽著五歲的亞歷。他濃密的頭髮到處亂翹，表情卻十分沉著冷靜。什麼事都嚇不倒這個孩子。珍妮面向她母親。「爸爸不會跟我們去，對吧？」

「對。」惠容噘起雙唇。低沉的汽笛聲響起，船離岸邊愈來愈近。都結束了。六年來，文毅一直說：我們就快要過上夢想中的生活了。她心想，其實他們早就擁有過那樣的生活，他卻為了一個虛無的夢，親手把它扔了。

他睡在借來的床上，住在借來的房子裡，穿著借來的衣服。全靠別人的接濟過活。惠容打了個冷顫。還在育幼院時，她就暗暗發誓，絕不再接受施捨。她要靠自己的雙手爭取一切，不讓任何人再奪走她的尊嚴。那種人情債，她再也不想欠。到美國的旅費，文毅一毛錢都沒出。但沒關係，從現在起，她只會靠她自己。

船靠岸了。船員繫好繩索、下錨，將船固定在碼頭。

泰德蹦蹦跳跳地跑下斜坡板，對那個穿著皺西裝、戴著眼鏡、站在碼頭上的男人大喊：「爸爸！爸爸！」文毅來了。儘管身上穿的不是在臺北時的時髦衣裝，更不是在香港時那些精心剪裁的訂製服，但他仍挺著胸膛，端著一身王子架勢——只是這位王子略顯邋遢，看來還是得有女人幫他打理。

「哈囉，我的大兒子！」他對著跑過來的泰德喊道。「哇，你長高了！」他抬頭望向站在碼頭上稍遠處的其他家人。「珍妮！亞歷！」他伸出雙臂呼喚，想把他們全都摟進懷裡，來一次最後的擁抱。

文毅對臺獨運動最近的發展相當興奮，但對惠容卻倍感挫折。他希望家人跟他在一起。他已透過密信與與林奉恩聯繫過了。史豪還在牢裡，但奉恩剛剛獲釋，想要冒險到日本一趟，把錢和臺灣地下運動的信件送來。到時候，文毅就能在這裡建立根據地，就像當年在香港一樣。這些轉變需要時間，為什麼惠容就是無法體諒？

惠容決定離開他、離開亞洲，這讓他心碎不已，但運動已來到關鍵時刻，現在他不能停下來。臺灣的未來正處於命運交關之際，而他是唯一能成功領導這場運動的人。為什麼她就是不明白，這場賭注，不只是他的，也是我們所有人的？

珍妮和泰德立刻跑過來擁抱父親，小亞歷則遲疑地一步步走近。他對父親不像哥哥姊姊那樣熟悉，文毅揉了揉他的頭髮，把他拉進懷裡。惠容抱著小理查，始終站在一旁，沒有靠近。

「爸爸，你在日本做什麼？」泰德問道。

「兒子，我在做很重要的政治工作。我們要建立新政府，讓我們的家鄉臺灣有朝一日能重獲自由。」

「那樣我們就可以回西螺去看奶奶，還有堂兄堂姊他們囉？」珍妮問道。

「沒錯，寶貝，」文毅說。「然後我們就回家，大家住在一起。」

惠容望著自己的家人，看到了孩子們臉上那股盲目的希望。她不願碰她丈夫，不願再次感受那份曾讓她安心的懷抱；更不願承認，儘管他讓她受盡折磨，自己卻仍深愛著他。

理查發出微微的鼾聲。

「惠容，讓我抱抱他，」文毅走到她面前，手伸向么子。「讓他好好看看他的父親，最後一次了。」

惠容抱緊孩子。「你會吵醒他，」她說。「他剛剛還在哭，我好不容易才把他哄睡。再說，他根本不認得你，」她眼中閃過一絲怒火。「你一直不在家，他就跟沒有父親一樣。」

「惠容，拜託——」文毅說道。他們為這件事已經爭執過無數次。他伸手搭她的肩，她卻移開目光，抬頭看向船上。

惠容退開，避開他的碰觸，接著咬緊牙根搖搖頭。「孩子們，我們該走囉！登船時間到了。下一站是夏威夷，然後就到美國了。」

「哈娃伊是什麼？」亞歷問道。

「到時候就知道了！那是一座熱帶島嶼，」惠容的語氣愉快，喉頭卻緊緊的。「好了，跟爸爸說再見吧。」她很想說「暫別」或是「下次見」，但她深知那是不可能的。她拒絕奢望。

「爸爸再見！」泰德說。「要來紐約看我們喔。我很快就會跟你一樣高了！」

「我相信你一定會的，」文毅說。他擁抱了泰德和亞歷，然後珍妮也走上前來。「珍妮，我的寶貝女兒，妳要好好保重！」他擁珍妮入懷，珍妮忍不住哭了起來。

「再見了，爸爸，」她說。她心裡清楚，這很可能是最後一次見到他。

惠容最後看了文毅一眼，什麼都沒說。她一咬牙，別開臉，領著孩子們走上斜坡板，回到船上，準備展開以船為家的三個禮拜。她帶亞歷和理查回到艙房，理查正好哭著醒來，亞歷幫母親哄他。泰德已經跑去探索船上各個房間和樓層，腦子裡開始計劃他的下一場海上冒險。

船駛離港口、朝著美國航行時，珍妮仍獨自站在頂層甲板上。她看著父親在碼頭上的身影愈來愈小，最後只剩下地平線上的一個小點。接著，大海將他吞沒，他就這樣從她眼前消失了。

第三部

第十二章 綠島

一九五〇年五月
臺灣西螺及臺北

陳娟娟與廖史豪於一九五〇年五月在西螺廖家祖厝完婚。有一張他們在婚禮當天拍攝的照片：兩個人都年輕俊美。史豪的濃密黑髮旁分整齊地往後梳起，露出他的大耳朵和寬額頭；豐厚的嘴唇抿成一抹喜悅的笑容。他身穿用最高級絲綢製成的西裝禮服，在陽光下閃閃發亮。娟娟有著漂亮的圓臉和靈動的雙眼，一大片頭紗如柔軟的雲朵般圍繞著她及肩的秀髮。他們並沒有凝視彼此，而是望向遠方。他們之間有一種堅實的默契，對共同未來充滿篤定。他們年輕、幸福，但並不欣喜若狂，彷彿已為將來的艱難歲月做好準備。「至死不渝，」他們如此誓言。

史豪深知，自己曾在香港從事臺灣獨立運動，如今返回家鄉其實相當冒險，但叔父文毅和文奎要仰賴他在臺灣推行這場運動、爭取更多支持者。有別於兩位叔父，史豪和他的友人都主張採取更直接的行動。第一步，就是著手策劃暗殺蔣介石。

拍攝者：不詳。來源：廖史豪、陳娟娟提供。

娟娟還記得，婚後一個月，也就是六月中旬，國民黨士兵上門找人，但史豪成功逃脫。士兵轉而逮捕了史豪的母親廖蔡綉鸞，並將她關進專門收押政治犯的監獄。裡面的環境極其惡劣，不僅骯髒吵雜，獄警還非常粗暴。「所以隔天史豪就去投案，換他母親自由，」娟娟回憶。「那時我們才結婚一個月。」

史豪第一次入獄期間，娟娟得知自己懷孕。她孕吐嚴重，幾乎時時感到反胃，加上擔心史豪，情況雪上加霜。獄中伙食很差，所以史豪總會請娟娟去探監時帶些食物過去，但去監獄的那趟路十分辛苦，監獄位在臺北西南邊的景美，只能搭黃包車前往。一路上的顛簸讓娟娟更加難受。

同時，親友也在爭取讓史豪獲釋。「這些人不是罪犯。他們不是小偷、不是殺人犯，也不是流氓，只是努力爭取民主與參政權罷了，」娟娟說。

後來娟娟生了一個女兒。一個月後，她帶寶寶去探望父親。她聽說政府打算把史豪送去綠島，那個地方惡名昭彰，無數囚犯命喪於此。這或許是史豪第一次、也是唯一一次能見到女兒的機會。

「我希望他被送去綠島之前能見到自己的孩子，」娟娟說。「會客室裡擺著幾張桌子，我坐在這頭，他坐在對面，中間隔著一大片金屬隔板。隔板上開了個小口，讓我們可以說話，」她說。「但我們的女兒更小，才剛滿月！我把她塞進那個洞口，史豪從對面接住她。他把女兒抱在懷中輕搖，臉上滿是喜悅。」

「獄警回頭看我們時，史豪趕緊把女兒從洞口塞回來，我立刻接住她。之後我再去景美時，那個開口加裝了柵欄。我一直想知道他們是不是因為看到我們的舉動，才決定裝欄杆。」那是史豪最後一次看到還是嬰兒的女兒。直到十幾年後，他才終於與家人真正團聚。

***

二〇一一年五月

臺灣東部外海，綠島

白色恐怖綠島紀念園區坐落在綠島北岸，面向遼闊的太平洋，這裡是過去關押政治犯的監獄。站在崎嶇懸崖的邊緣，那種粗獷之美所帶來的孤寂感彷彿要將人吞沒，尤其當你意識到自己正孤身一人，身處在離臺灣二十英里的太平洋上。綠島是我這輩子去過最偏遠的地方。

我抵達時，天色灰濛濛的，風雨欲來。海浪染上深綠色，猛烈衝擊嶙峋的岩石。朋友們忙著拍攝崎嶇的海岸線，我悄悄走開，綠島人權紀念碑像磁鐵般吸引我靠近。鹽霧撲上臉頰，我拾階而下，走向那條自海平面螺旋下降至地底的步道。我凝視著那座紀念碑，試著將自己沉入那段歷史之中。

花崗石牆上刻著七百五十個姓名與服刑日期，這些人都是白色恐怖時期的政治犯。而這只不過是戒嚴三十八年間、數以萬計囚犯中的一小部分，其中許多人死在這座島上。外界一直有質疑，國民黨可能銷毀了不少監獄紀錄與行刑檔案，因此我們或許永遠無法確知當年有哪些人曾被囚禁於此。這裡的每一位囚犯都是政治犯。究竟要對政治異議者懼怕到什麼地步，才會把他們流放到太平洋上的一塊孤岩？

我在牆上尋找史豪伯父的名字。灰色的花崗岩牆沒有映出我的臉，反而像是將我整個人吞沒了。姓名依筆劃排列，我找到了一群姓廖的人。我不禁想，他們是否與我有血緣關係；他們的故事是什麼？他們的家人又是誰？這些一筆一劃刻入石牆的名字，大多屬於一九五〇至一九七〇年間在此服刑的囚犯，是一整個失落的世代。他們的聲音早已隨風飄散，倖存者的青春，也在苦難中結成堅硬的傷疤。

我找到史豪伯父了——廖史豪，服刑時間為一九五〇至一九五八年。後來娟娟伯母告訴我，他因罹患肺結核而提前返臺。這場病導致他長期耳鳴，餘生一直為此所苦，對於他的聽力、語言與溝通能力都造成了永久影響。由於史豪伯父聽力受損，再加上語言隔閡，我無法直接詢問他過去的經歷；只能由娟娟伯母代他說話，把他的故事講給我聽。四周風聲呼嘯，如低低哀鳴。我凝視著他的名字，心想：要是能聽他親口講述對綠島的回憶，該有多好。

沿著紀念碑所在的那條路往上走，就是監獄本身——新生訓導處的遺跡。這裡從未被修復或維護，所有建築早已被清空，任其暴露於風吹雨打中，彷彿在提醒人們：這個荒涼之地從未真正被認真紀念過。低矮的水泥建築嵌在翠綠的山坡與峭壁之中，幾條小徑穿越開闊的監獄操場，將建築彼此連接。牆面上的白色油漆剝落飛舞，沒有玻璃的窗戶敞開著，像是一張缺了牙的嘴巴。

營房裡空無一物，迴盪著寂靜，那是成千上萬被歷史遺忘的無名囚犯所留下的痕跡。當年住在這裡的人，被迫從事日復一日、年復一年的苦役，始終受到獄警監視。他們一起在這裡度日，鹽霧將一切染上灰綠的色調。這座園區只是昔日監獄的空殼，一座因長期被忽視而意外形成的紀念地。我很想知道，那些獄囚當時是如何熬過來的，又是如何說服自己堅信，總有一天能回到家？

我在一座廢棄營房的臺階坐下，內心被一股揮之不去的陰影籠罩。所有綠島獄囚的無名幽靈從我身上掠過，用一種我無法解讀的語言傾吐著他們的苦痛。史豪伯父還在世，但我無法與他直接談論他的經歷，所以他在我心中也仿若幽靈。光是來到這裡、坐在這裡，感受那份集體的失落，就足夠了嗎？還是我必須記住每一個在這裡失去青春的囚犯的名字，才能真正理解這個地方在臺灣歷史上的意義？

接著，我看到一座蔣介石雕像，俯視著整個主庭院，彷彿還在掌控一切。這只是全臺無數蔣委員長雕像中的其中一座──郵局前、銀行前、公園裡，甚至政大校門口，都有他的身影。對他個人的崇拜，使他的形象宛如一位嚴父，日日監視著臺灣人的生活。因此這些雕像通常都維護得非常完善、擦得光亮，材質多為青銅或大理石。這些雕像也總是被安置在象徵尊榮的位置。

然而，這座雕像正走向破敗。他那座只有頭部與肩膀的半身像，仍矗立在這座為壓制異議者而設立的政治監獄庭院中，但已殘破不堪。紅色油漆從他的臉上斑駁剝落，石製基座也因長年受鹽霧侵蝕而磨損。雕像的輪廓變得模糊，年久失修使它一點一滴失去原本的形象。

我突然意識到，這是我在臺灣見過描繪蔣介石最貼切的一座雕像。他是我心中的元凶：那個曾試圖置我家人於死地、迫使我們流亡並逃離故土的人。但白色恐怖早已遠去，他實施的戒嚴也被民主的浪潮沖刷殆盡。儘管國民黨想要掩蓋這段歷史，那些故事與幽靈仍在此縈繞，等待著足夠堅持的人將它們挖掘出來。

我抬頭望著蔣介石那張斑駁的臉，發誓要牢牢記住我今天所看到的一切。我要為史豪伯父所承受的一切做見證，也要為那些不如他幸運、無法從綠島回家的人所經歷的苦難留下紀錄。

＊＊＊

一九五二年十一月

綠島

史豪如常於拂曉時分醒來，在營房裡單薄的行軍床上翻來覆去。他從上鋪望向高處的小窗戶，只能看見一小片灰濛濛的天空；那些窗戶既看不見風景，也毫無通風效果。他總會享受這短暫的寧靜片刻，然後和其他囚犯集合吃稀飯當早餐，接著參加早上的「再教育課程」，內容是一系列國民黨強制他們觀看的政治宣傳影片。下午，囚犯要在監獄裡或整座島上從事苦役：挖溝、修路、修繕建物，還有捕魚。他們幾乎天天吃清蒸魚。

他喜歡在室外度過下午，儘管冬天即將來臨，而且這裡比臺北冷得多，風也大得多。他們的外套很薄，風可以直接穿透，直逼骨髓。有時工作結束後，或在週末獄警大多休假時，囚犯們就會打棒球。史豪是他那一隊的隊長兼投手。他熱愛打棒球。

然而即使過慣了綠島上寒冷的日子，那天早上史豪就是感覺不太對勁。他覺得天氣比平常更冷、身體比平常更痛，前一天夜裡還咳醒了好幾次。去吃早餐途中他咳得很厲害，咳到腰都彎了，喘不過氣。他走得搖搖晃晃，引起了同房獄友的注意。

「史豪，怎麼了？」他的朋友抓住他削瘦的肩膀問道。

「老兄，我也不知道，就是一直咳不停。」

友人攙扶他走到餐廳。「來，我的蛋給你吃。你得補補體力，下午還要打棒球呢。你撐得住嗎？」

「我不打不行！」史豪笑著站直了些，把烏黑的長髮塞到兩個大耳朵後面。「要贏西營區隊，最強的打者當然得上場啊。」

那天下午，風吹亂了棒球賽中那些囚犯的頭髮；比賽一直打到黃昏，緋紅色的太陽落入波浪起伏的海中。史豪站在臨時劃出來的打擊區，手中拿著一根充當球棒的水管，蹲低身子擺出打擊姿勢。他覺得胸口像著火一樣，整顆頭也重得像有百斤。第一球飛過來時，他感到頭暈目眩，不得不往後退。他開始咳嗽，用一塊髒兮兮的破布摀住嘴巴，那是他平常當手帕用的。

另一隊的捕手說：「好球！」

「你沒看到小廖不舒服嗎？等他一下吧。」

史豪直起身子。「我沒事！下一球。」

下一球投過來，下一球飛來時，他揮棒的瞬間又劇烈咳嗽起來，鮮紅的血點灑落在泥土地上。當時營區內有一波肺結核正在蔓延。

「好球！」捕手喊道。

「我讓你看看什麼才叫好球，」史豪冷笑著嘀咕道。無論情況多艱難，他總能完成任務。正因如此，兩位叔父才將臺灣本土的獨立運動託付給他，由他負責凝聚支持、吸引新血。他不計代價，只要有助於達成目標，不管是發動武裝行動對抗特務，還是暗中散發文宣，他都會毫不猶豫地去做。他在綠島服刑，對他們的計畫而言，只是一次短暫的延遲；事實上，整個臺獨運動正穩步推進。

他對投手點點頭，投手投出下一球。他全力揮棒，聽見水管打中球時那清脆悅耳的聲響，看著球飛越內野與外野球員的頭頂。該把事情做好的時候，我就會做好，他自豪地想著。然而，就在他起跑奔向一壘時，腳卻絆到一截樹根，整個人向前撲倒，頭栽進一旁的樹叢。

「他沒事吧？」隊友趕緊跑到他身邊。「他昏過去了！」

史豪打出致勝的一球，結果自己進了監獄醫務室，證實罹患嚴重的肺結核。

＊＊＊

在臺北的娟娟顫抖著雙手讀著丈夫的來信。這封信是史豪口述，由他的同房獄友代筆：

請寄鏈黴素、食物和日用品給我。我得了肺結核，急需住院。

史豪在先前的信裡提到，綠島的政治犯有很多是醫師，曾協助抑制痢疾在營區內傳播。然而這次面對肺結核，因為藥品極度短缺，他們也無能為力。快滿兩歲的女兒爬到娟娟的大腿上，伸手要抓信紙。娟娟望著信中陌生的字跡，心想史豪是不是還有其他事情沒告訴她。

她終於開始理解，三嬸為什麼會對三叔的政治活動感到厭倦。娟娟盼望丈夫能回家照顧她和家人，但與惠容不同的是，她認為如果能讓所有臺灣人擺脫蔣介石與國民黨的威權統治，實現獨立，一切風險都值得承擔。她和史豪都還年輕，而且既堅強又熱血。他們有錢、有人脈。她明白，若為了臺灣的民主，廖家必須付出代價，那也在所不惜。但她仍忍不住擔心，對史豪來說，綠島可能就是一紙死刑。無論如何，只要能保住丈夫的命，她就會奮戰到底。

一週後，娟娟踏上從臺東出發的渡船，心裡浮現一種奇異的孤寂。她把女兒託給了娘家的父母親幫忙照顧。此刻的她，彷彿在兩個世界之間漂浮：今天，她的身分不是母親、妻子，也不是自由鬥士的支持者。在渡船抵達綠島之前的這兩個小時裡，她只是陳娟娟；她是美國大使館的職員、是一名女性，也是個無比獨立自主的靈魂。沒有人能擺布她。

她坐在渡船的中間，因為大使館的同事說中間顛簸搖晃的程度比較輕。幸好陽光普照、風平浪靜，波浪和緩起伏，有如輕輕晃動的搖籃。娟娟閉上雙眼，想像自己躺在河上的小舟裡順流而下。她暫時還不想思考監獄的事。

＊＊＊

史豪病得很重，但一聽說娟娟要來，精神立刻振作起來。*她沒有碰運氣用寄的，而是親自把藥帶來，為了確保我能活下去。*

「史豪！」娟娟呼喊道。他瘦了很多，身形看起來憔悴且虛弱。他的雙眼顯得很大，頭髮也變得稀疏。兩年牢獄生涯，讓他的外表老了二十歲。

娟娟將史豪擁入懷中。*她看起來真健康啊*，史豪心想。她的臉頰紅潤，頭髮整齊地往後梳，衣裙筆挺得像剛燙過一樣，像是準備去劇院看場演出。

「來，這個給你，」娟娟把她帶來的鏈黴素藥瓶交給主管醫師。

「謝謝妳，我的好太太，」史豪虛弱地說。

「他情況怎麼樣？」她湊到站在史豪背後的醫師耳邊低聲問，不讓史豪聽見。

「不太好。」醫師搖搖頭。「他得送到臺北的醫院治療。」

「他有可能被轉送到臺北治療嗎？」她問。

「或許喔。」醫師聳聳肩。「從來沒發生過，不過以前也從來沒有哪個人的妻子親自跑來這裡，今天是第一次。妳可以試試。」

「我在美國大使館工作，」娟娟說。「臺北市政府一定會接我的電話。」

他們在陽光下坐了一會，望著洶湧的海浪。太陽漸漸西沉時，獄警上前催她離開。「我明天再來，」娟娟和史豪吻別。

「謝謝妳來這一趟，」史豪回答。「我已經覺得好多了。」

「我們會帶你回家，」娟娟壓低聲音，以免被別人聽見。「再撐一下，要堅強。」

***

那天晚上，旅館的櫃檯人員把電話借給娟娟，她打給了美國駐臺北領事范宣德。他們討論要如何以醫療名義把史豪送回臺北，談了很久。電話講完時，櫃檯的小男生已經下班了。她才剛把話筒掛回去，一名綠島獄警氣沖沖地闖進旅館。

「廖夫人，妳以為妳是誰啊？」他走到櫃檯前大吼，帶著手套的手惡狠狠地朝她臉前揮來。

「我——搞什麼？警衛！」娟娟高聲呼喊警衛，卻忘了自己不在辦公室。她在大使館待久了，以為自己理所當然可以要求保護。她真是太傻了。

「這裡沒半個人，」獄警輕蔑地說道。「我要是把妳丟下懸崖，只有鬼才聽得到妳尖叫。」

娟娟愣住了。她環顧四周，只見空蕩蕩的大廳。會有人在一切為時已晚前找到她嗎？

「妳今天搞出的動靜可不小，」獄警吼道。「人家會以為我們收了妳的錢，給妳特殊待遇。要是妳還想保住妳先生的命，明天就別再來了。」

她點點頭。

「我聽說妳想把他轉送到臺北。只要妳給我一點好處，我就能讓妳如願。」獄警舔了舔嘴唇。

她把手提包用力塞向獄警。「錢你拿去，要什麼都行——拜託你讓他平安回家。」她繞過櫃檯一角，心想自己應該能跑得比他快。

獄警一把抓住她的手腕，肥厚的手緊緊扣住那串婚禮那天父親送她的珍珠手鏈。「小姐，等一下，別急嘛——」

她猛地扯下手鏈，直接朝獄警臉上丟去。她瞥見他眼中的錯愕，立刻拔腿狂奔。她頭也不回，衝上樓梯直奔二樓，穿過走廊，鑽進自己的房間，反鎖房門，再把椅子頂在門後，接著關掉所有燈。片刻之後，她聽見走廊傳來腳步聲，然後歸於寂靜。

她整夜沒睡，天一亮便退房，搭上第一班渡船回到臺東。儘管答應過史豪會再回去看他，她最後並沒有回去。不過那個週末，史豪就被送回臺北，入院治療肺結核，撿回了一命。下一次他被判死刑，則是十五年後的事了。

第十三章 自由鬥士

二〇一一年三月
臺灣林口

我搭了將近一個小時的公車，來到臺北外圍一處名叫林口的郊區，鄰近桃園機場。下車後，我又走了好幾個街口才找到地址。警衛讓我上樓，我來到前臺獨自由鬥士謝聰敏家中寬敞的客廳。他在一九六〇年代和幾名廖家成員一起坐過牢，也是史豪伯父的獄友。初次見面時，謝聰敏邀請我去林口拜訪他；我欣然前往，希望能採訪他，聽他談談自己的人生與對我家人的記憶。

我和謝聰敏是怎麼認識的？說起來，是上天把他送到了我面前，就如同祂過去也曾為我送來許多重要的引路人與研究天使。我有經營一個部落格，名叫「女孩與臺灣的邂逅」（Girl Meets Formosa），內容都是我在臺灣的旅行經歷和針對爺爺的獨立運動所做的調查。網誌本身沒有爆紅，卻意外成為我與一些傑出人士之間的重要橋梁；他們提供自己的記憶、資料或人脈，這些都成為我的研究資源。最先與我聯繫的是魏延年（René Vienet），人稱「漢學界的壞孩子」。

收到延年的電子郵件之後，我同意和他在臺北共進晚餐，接著就迅速在網路上查詢這個人，想弄清楚自己到底答應了什麼。當時他正在把文奎伯公的一些文章翻譯成法文，網路上說他的綽號叫「漢學界的壞孩子」，因為他譴責中華人民共和國在文化大革命期間與其後種種侵犯人權的作為，這種立場在漢學研究圈裡相當叛逆。延年是在搜尋廖文奎的詳細資訊時偶然看到我的網誌，但他也很樂意談廖文毅和他們兄弟倆的獨立運動。找到我的人只要願意對我伸出援手，我都感激不盡，因為我實在很需要幫助。

我走進餐廳時，延年站起來跟我打招呼。他是個身材魁梧、頭髮斑白的白種男性，留著長長的大鬍子，戴著大大的眼鏡。他先自我介紹，接著轉身向同行用餐的謝聰敏介紹我。「聰敏非常期待見到妳！他是在政治監獄裡認識妳家人的，」延年說。謝聰敏是個上了年紀的臺灣人，將近八十歲，說話時臉上的表情生動活潑，濃密的眉毛還會像毛毛蟲一樣舞動。他穿著休閒褲和毛衣，裝扮得很俐落。和我握手的時候，力道十足，帶著熱情。

「我當時被關在離廖史豪他們母子相隔幾間牢房的位置，」謝聰敏笑著說，然後又補了一句：「而且是兩次喔！」

和謝聰敏說話，一定會被他充滿活力、開朗幽默的態度感染。若非他親口講出那些恐怖的細節，你根本想像不到他年輕時曾受過那樣的創傷。他很愛笑，就連談起自己入獄和被國民黨特務折磨的經歷時，也是笑笑的。他對新認識的人總是抱有強烈的好奇心，這種樂觀開朗的氣質，也讓人難以想像他曾度過多年單獨監禁的生活。

解嚴以後的二十年間，謝聰敏四處分享他作為自由鬥士的經歷，也撰寫了多本關於臺獨運動的著作。我不禁想，是否正是因為他長年從事政治運動，而能培養出這樣的樂觀態度，也幫助他不再受過去的陰影糾纏。

一九六四年，謝聰敏與他的指導教授彭明敏和一位同學，試圖向同胞散發一份支持臺灣獨立的宣言。他們成功了嗎？沒有。他們僅僅因為撰寫並印製了這份宣言，就遭國民黨逮捕。謝聰敏因此被折磨了數天數夜，之後又在野蠻的監獄中葬送十一年光陰，其中四年更是被單獨監禁。

不過，他在一九七二年成功將一封信偷運到外面，信中揭露臺灣政治監獄侵犯人權，後來刊登在《紐約時報》。這封信使謝聰敏聲名大噪，也成了國民黨政府眼中的麻煩人物，最終促成他於一九七四年獲釋，而後遠走美國。他和家人在美國生活了十幾年，一九八〇年代後期才因為解嚴而回到臺灣。

簡單地說，謝聰敏是臺灣獨立運動史上的重要人物。他竟然對我追尋臺灣民主奮鬥歷史的過程感興趣，這讓我既受寵若驚，也深感榮幸。我待在臺北那年的後半段時間，謝聰敏給予我極大的幫助，不僅協助我找到瞭解臺灣獨立運動所需的關鍵人物與資料，也讓我逐步釐清廖家曾經歷的事件。

***

補充一點背景：彭明敏是國立臺灣大學的法學教授，在一九六〇年代參與了新一代的臺灣獨立運動。謝聰敏和魏廷朝是他的學生，也是並肩倡議臺獨的積極行動者。他們努力推廣理念、號召新一代支持者，為這場運動爭取更多聲援。他們因此入獄，與幾位廖家成員一同被關押在景美看守所的單獨監禁區中。

彭明敏在他的回憶錄《自由的滋味》中，詳述了他們在一九六四年起草一份宣言的過程，名稱為〈臺灣人民自救運動宣言〉，旨在表達臺灣人民對國民黨戒嚴統治的強烈不滿與抗議。他與謝聰敏、魏廷朝合作，將這份宣言寫成一頁篇幅，打算大量印製，分發給全臺各地的民眾。要找到願意印製數千份文件的印刷廠已很困難，更何況還必須保密，避免被線民發現或遭國民黨查緝，整個行動極為艱鉅。更不幸的是，印刷廠老闆和他們藏放文件的旅館業者竟然都是線民，於是三人遭密告。彭明敏、謝聰敏與魏廷朝同時被捕，在單獨監禁下各自遭受數週的刑求與審訊。最後，他們被判叛國罪，無限期監禁。

彭明敏是國立臺灣大學的教授，也是知名的國際法學者，因此他的案件引發廣泛關注。

在國內外多位重要人士的請命下，國民黨最終釋放了彭教授，卻試圖逼他與政府合作，誘捕其他主張臺灣獨立的人士。彭教授憂心再次遭到逮捕、監禁與刑求，於是在國際特赦組織的協助下，開始策劃一場大膽的西方逃亡計畫。

經過數個月的準備，他聯繫了一些朋友，設計了一套偽裝，並取得一位日本友人提供的護照，最後成功逃離臺灣，前往瑞典。他在瑞典獲得政治庇護，隨後開始著手準備前往美國長期定居。擺脫臺灣高壓的戒嚴統治與隨時可能再被逮捕的風險後，彭教授在接下來的十五年間，於美國與歐洲持續為臺灣獨立奔走，推動臺灣人民的政治理想。一九八七年解嚴後，他終於回到臺灣，並於一九九六年成為民主進步黨史上第一位總統候選人。

我在臺灣見過彭教授兩次：第一次是在慶祝《自由的滋味》法文版發行的宴會上，當時他和我握手，還說他很欣賞、也很尊敬我爺爺。這讓我激動不已，畢竟彭教授長久以來一直被視為臺灣獨立運動的代表人物。第二次是在一場私人午宴上，我們深入聊了他的生命經歷，以及他們那一代人如何接過文毅爺爺與文奎伯公點燃的火炬，持續推動臺灣獨立運動。令人敬佩的是，我家人追求臺灣民主的未竟理想，最終由彭教授那一代人實現了。而在臺灣獨立運動的參與者之間，那份精神傳承始終未曾斷裂。與彭教授談話過後，我心中燃起了希望，覺得美國人應該會想瞭解，臺灣究竟是如何一步步走向自由的。

***

今天謝聰敏搬出許多要給我閱讀的書籍和文件，堆在他家客廳。「來，這本《人權之路》（*The Road to Freedom*）送給妳。我另外還有一本。」

令人驚喜的是，書竟然是用英文寫的，這是一本收錄白色恐怖時期人權侵害紀錄的文集，內容還包括藝術創作、訪談和評論，詳盡描繪臺灣長達三十八年戒嚴期間所發生的種種暴行。

「這本妳應該要看看，不過看完要還我，因為已經絕版了，」他一邊說，一邊把一本中文書遞給我，封面上印著廖文毅的照片和臺灣共和國臨時政府的國旗。謝聰敏說，這本書是一名國民黨特務寫的，內容是他們在一九六五年用計謀逼迫我爺爺回臺灣並放棄臺獨運動的過程。「這算是……怎麼說呢……一種『內幕揭露』吧？這個特務叫李世傑。他在國民黨內失勢後，寫下這段經歷，講述他們當年如何設局陷害妳祖父，利用間諜讓他的追隨者背叛他。」

我的眼睛一定瞪得很大。「哇，謝謝，」我把這本書放到書堆最上面。「我會記得還給你的。」

謝聰敏又遞給我幾本資料夾，裡面是他與其他人撰寫的文章，內容全都在記述臺灣獨立運動的歷史。這是一套極其豐富的白色恐怖文獻收藏，記錄了那段被壓抑的歷史中實際發生過的事情。我在政大圖書館或臺北國家圖書館連想找到一兩本有關戒嚴時期的書都不太容易，而謝聰敏卻擁有一套精心整理、內容詳盡的資料，正是我理解歷史真相所需要的。我不禁想，究竟有多少臺灣人知道這些故事——知道這些被政府長期壓抑的歷史。

接著我開始懷疑，自己是否承受得了這麼龐大的痛苦、創傷與折磨。我真的想知道嗎？當然想，但我該如何真正理解這一切？

「這些資料太驚人了，」我翻閱著其中一本資料夾說道。

「妳隨時都可以再來查資料。有需要什麼，就告訴我，我會盡力幫妳找到。」謝聰敏露出開朗笑容。

「我可以再來採訪你，談談你在獄中的經歷嗎？」我問他。

「當然可以，」他說。「我在回憶錄裡已經寫過那些經歷，」他邊說邊從書堆中舉起那本厚達八百頁的中文著作，「但我也可以跟妳說說。我會說英文，但我的人生故事是用中文寫的，現在臺灣人都可以讀得到。妳用英文寫作，妳是美國人，妳要把臺灣的故事告訴美國人知道。」

他指了指那堆書，眼神變得嚴肅起來。「這個故事不只是妳家族的故事，不只是妳祖父的故事，也不只是我的。這是臺灣的故事。妳必須用英文把臺灣的故事寫出來，讓全世界知道我們到底經歷了什麼。他們一無所知。請幫我作證，把我的故事傳達給英語世界。我會盡我所能幫助妳。」

我點點頭，一股電流般的衝擊竄過全身，像被什麼瞬間擊中。桌上的那疊書彷彿活了過來，用它自己的心跳催促著我、推動我往前走。「再把這份重擔扛遠一點吧，」那些書低聲對我說。把我們的內容傳遞給那些願意傾聽、願意在乎的人。這段歷史真實發生過；那些侵害人權的恐怖暴行真實存在過。請用英文把我們的故事說給美國人聽，說給全世界的英文讀者聽。拜託妳了。

***

一九七二年一月

臺北景美看守所

謝聰敏是這樣偷偷把信送出監獄的：「我有個朋友是日本人，叫小林正成。當時他即將獲釋，答應幫我把這封信帶出去。」

他和這位朋友透過一連串獄中單獨囚室之間的祕密溝通方式——例如在牢門和欄杆上敲擊暗號，或寫小紙條讓擔任「工友」的獄友掃進畚箕中，轉交給其他人——共同規劃了這場信件的傳遞行動。

小林出獄的那天終於來了。謝聰敏走進公共浴室，把浴巾蓋在垃圾桶上，伸手拿起肥皂。這將是他在十一年牢獄生活中，最重要的一次洗澡。

「我故意製造很大的聲響，讓他知道我在裡面，好接著進來。」

儘管謝聰敏的牢房和所有走廊都設有閉路監視器，他仍冒險將自己寫好的兩個版本的信藏在浴巾裡，這兩封信分別用英文與日文撰寫，準備送交美國與日本的重要報紙刊登。信中詳細描述他與其他囚犯在國民黨監獄中所遭受的酷刑，也揭露了當局為壓制異議聲音而進行的人權侵害行為，指出那些尚未受到國際關注的恐怖暴行正在臺灣發生。

謝聰敏過去幾週都在寫這封信，趁獄警不注意或自己沒有被監視攝影機拍到的時候，就偷寫個一兩句。現在，信終於完成，準備送出。

他洗頭時故意弄出很大聲響，畢竟一切都取決於他朋友能否聽出這個信號，在其他人發現前來把信取走。他展開浴巾遮住身體，擋住攝影機的視線，接著把那份摺好的信件塞進金屬垃圾桶開口內側。這樣信就卡在裡層，不會被無心的人注意到，但有心尋找的人卻能輕易取得。

謝聰敏將浴巾圍在腰上，走回自己的牢房。他走得很慢、很謹慎，每一步都像是經過深思熟慮——不和獄警有眼神接觸，也不跟任何人說話。幸好，就在他回到牢房時，聽見小林正向獄警詢問能否去洗澡，接著也聽到獄警打開了他朋友的牢門。好極了！一切都照著計畫走。他幾乎沒有停下來想過，如果那封信被政府的人發現並攔截，自己會有什麼下場。他腿上的傷還沒痊癒，是上次獄警那場所謂「週末娛樂」的折磨留下的。傷口雖已結痂，但仍十分脆弱，一碰就痛。如果再被打，必定會痛得難以忍受。

那天接下來的時間，謝聰敏都在牢房裡緊張地來回踱步。他知道有什麼事應該正在進行中，但無論如何已不由他掌控。如果一切如計畫進行，他的朋友會在洗完澡後把信帶回牢房，藏在馬桶後方。

「我朋友曾在他牢房的馬桶後面發現一隻蜘蛛。他想，既然蜘蛛能在那裡活得好好的，代表沒有人去打掃或檢查那個角落。他知道他們本來就不太打掃。如果蜘蛛能在那裡安心結網，他把信藏在那裡應該也不會被發現。」

就這樣，那封信從一個藏匿處轉移到了另一個。

所有囚犯在獲釋前都會接受一次詳細的全身體腔檢查。謝聰敏和他的朋友之所以知道，是因為以前曾有囚犯企圖偷運違禁品出獄，結果被抓。為了讓計畫成功，小林必須等檢查結束之後，再回牢房取出那封信。

時間一分一秒流逝，轉眼幾個小時過去。夕陽緩緩沉落，走廊裡的陰影搖曳流動。從窗外透進來的光線逐漸收斂成一道道細長的光束，最後完全消失在黑暗中。

現在，一切都取決於搜身完畢後的那一刻。謝聰敏在腦海中預演那一幕：獄警看著即將出獄的囚犯說：「好了，搜身結束，去穿衣服吧。」

小林扣上襯衫最後一顆鈕扣，雙手微微顫抖，開口說：「不好意思，我可以先上個廁所再走嗎？」

獄警輕蔑地點點頭，示意他回牢房去上廁所。

小林伸手在馬桶後方摸索，推開蜘蛛網細絲，終於摸到那張摺疊的紙。他立刻把雙手插進褲子口袋，把信塞到最深處。儘管謝聰敏是在一張紙的兩面寫滿密密麻麻的小字，那封信還是顯得相當厚實。信的最上方是一段說明文字：「請你把這封信交給你在東京和紐約能找到的每一家大報社，拜託他們幫忙把這個重要的訴求公諸於世。」

夾帶信件的小林因為即將重獲自由而難掩興奮，他站直身子、挺起胸膛，大步走出那間曾囚禁他的牢房。他在獄警陪同下走出景美看守所大門，踏入臺北溫柔的暮色中。他自由了。黃昏將街道染上一層深紫色，小林終於長長吐出一口氣。重獲自由後，他第一件要做的事是什麼呢？

謝聰敏從想像中回神，睜開眼睛。他注視著走廊，屏息聆聽是否有事跡敗露的聲音——憤怒的吼叫、痛苦的哀嚎，或是小林被毆打的慘叫。什麼聲音都沒有，他才稍微放心，坐回床鋪上，把那顆薄薄的枕頭緊緊抱在胸前。或許，他的朋友真的成功了。

隔天清晨，一名新囚犯被帶進那間清理過的空牢房，直到這時，謝聰敏才真正鬆了一口氣。他去查看浴室裡的垃圾桶，信已經被拿走了。

他神情堅定，目光銳利，心中只有一個念頭。全世界很快就會知道臺灣的白色恐怖，也會知道國民黨如何對付那些只是想要一個民主政府的正直之人。世人終將明白，這是一場系統性的人權迫害。謝聰敏在接下來的大半人生中，致力於對抗這些不義，向世人揭露他自己與其他受難者的遭遇，努力確保這樣的事情不再重演。而這次成功偷運信件的經驗，也讓他重新燃起希望，提醒他：那些看似微不足道的行動，其實都有其意義。即使他仍身陷囹圄，這些行動已經在外面的世界產生影響。

信被帶走數週後，《紐約時報》在一九七二年四月二十四日刊登了以下報導：

〈來自臺灣監獄的信〉

（這封信由T. M.謝寫給臺灣獨立運動的朋友們。寫信人目前關押於臺灣監獄中。）

魏先生與我在一九七一年二月二十三日被捕。特務強行闖入我的房間，將一些反蔣文宣塞進我的行李裡，當成構陷我們的證據。

從那天起，調查局與警備總部那群嗜血的怪物，便展開了血腥的例行折磨。他們從二月二十三日到三月二日，再從三月八日到十三日，日夜毆打我，不讓我睡覺。他們歇斯底里地怒吼咆哮，指控我參與多項反蔣活動，包括臺北美國商業銀行爆炸案，並強迫我交代細節。我完全不知所措，因為我根本沒聽說過那些活動。他們把我雙手反銬在背後，猛擊我的耳朵、猛踢我的肚子、狠打我的肋骨。棕色的嘔吐物從我口中噴出。胸口痛得像被刺穿，一週無法行走。

我被捕數天後，政府啟動新一波的恐怖掃蕩，又有更多人被抓。那些惡魔以其他犯人的供詞為藉口，再度對我施以酷刑。他們將我的雙臂扭到幾乎折斷。我先是咳血，隨後絕食長達兩週。他們找醫生來幫我打點滴，然後繼續輪番審訊。他們甚至故意讓我聽見朋友因遭殘酷拷打而發出的痛苦呻吟……

我們被捕之後，就一直關押在警備總部。他們把我身上所有的錢都沒收了。這幾個月，他們讓我稍作休養，但仍禁止外界探視。我們被分別囚禁在隔音良好、裝有閉路監視系統的單人牢房內。房裡沒有窗戶，也沒有任何裝飾。獄方不准我們白天出外放風。我們無論做什麼事都有獄警在監視。我認為把這件事告訴世人，是我道德上的責任，不能讓它像其他案件一樣，永遠埋沒在黑暗的囚室中。說出來，至少能讓我良心稍安。

***

謝聰敏說完了他的故事。能成功把信偷運出去，簡直有如奇蹟般不可思議，畢竟囚犯一直受到嚴密監視。

我們也有聊到他對廖家成員的印象。

「你是什麼時候跟我家人當獄友的？」我問他。

「我第一次被捕的時候，」他說：「一九六四年。廖史豪的牢房在走廊另一頭。他腳踝上戴著腳鐐，因為他是死刑犯。他隔壁是他母親廖蔡綉鸞，再隔壁就是彭教授。我的牢房是一號，廖史豪是四號，他母親是六號。」

「我還記得他們從我牢房前經過的樣子，史豪走過去的時候，腳上的鐐銬都會發出金屬撞擊的鏗鏘聲。有一年的聖誕夜，大概是他的幾個妹妹獲准探視他們母子。我聽見她們唱歌——史豪的母親和妹妹在唱聖誕歌，那歌聲美極了。」坐在長沙發上的謝聰敏對我微笑，挑動著他那兩條毛毛蟲般的眉毛。「那可是在監獄裡唱歌呢！我到現在都還記得那一年的聖誕夜。很美好。」

第十四章 美國人家

一九五五年二月
紐約市上西城

惠容匆匆奔上九十六街地鐵站的階梯，穿越馬路，閃過一陣對她猛按喇叭的車潮。她還沒有遲到，但時間已經快要九點了。再走兩個街口，她就會抵達她工作的第二長老教會，她在那裡當簿記員。惠容對數字向來敏銳。雖然班塔女士更希望惠容能到自己所屬的唐人街真光路德教會工作，但那間剛成立的教會還付不起一份體面的薪水。

於是班塔女士動用了一些關係，幫惠容安排去這間位於上城的教會面試，結果她被當場錄用。她笑了笑，將一綹頭髮撥到耳後，也順手整理了一下頭上那頂淡紫色小帽。沒錯，她回到故鄉紐約市了，幾乎身無分文，還得獨自撫養四個孩子。但她照樣能讓人留下深刻的第一印象。惠容這一生早已學會一件事：即使處境艱難，也一定要保持清醒的頭腦，讓自己重新振作、恢復鎮定。

過去四年還真像一陣旋風，她邊想邊在百老匯大道上疾行，從一群西裝筆挺、正往地鐵站走去的男人身旁穿過。起初，母子幾人和班塔女士一起住在地獄廚房區四十四街的教會宣教所，那裡位於第九大道高架鐵道的外側，和中城的擾攘比起來，彷彿是另一個世界。從宣教所一路到第十大道，那一帶街區宛如一座寧靜的小鎮，完全感受不到紐約其他地方的喧囂氣息。

但那裡的車流量仍足以對孩子造成危險。有一天，惠容下班回家，才知道四歲的小理查在街上玩耍時，差點被車撞到。亞歷上小學，泰德念中學，珍妮即將高中畢業，她根本找不到人能整天幫忙照顧最小的兒子。於是她砸下一筆可觀的費用，依照班塔女士和真光教會布洛克海默牧師（Pastor Bruckheimer）的建議，把理查送到長島巴比倫的一對農家夫婦家中寄養一年，並在那裡開始上幼稚園。

現在理查已經在巴比倫。她思念得心都揪了起來，老是想起他的笑聲、胖嘟嘟的小手和大嗓門。理查是個聰明又貼心的孩子，人見人愛。但她又能怎麼辦呢？她得讓一家人吃飽穿暖。珍妮高中畢業就會開始工作，惠容堅持每個孩子都要完成學業才行。至少，她會盡力讓他們擁有那樣的機會。

她在教會大門前摸索著鑰匙，掛念著小兒子現在過得怎麼樣。一開始她每週打一通電話過去問候，但理查每次都會哭著求她帶他回家。後來她決定減少通話次數，希望他能暫時忘了家人，適應那裡的生活。農場的戶外空間那麼大，對他有益，惠容這樣想。

她匆忙進入辦公室的時候，主管已經到了。她眼角瞄了一下牆上的大鐘：九點零五分。

「真抱歉，」她氣喘吁吁地說。

「沒關係，」他笑著回答。「耶穌不是常說嘛，遲到總比不到好。」

＊＊＊

一九五五年四月

長島巴比倫

理查討厭巴比倫。那個男人會對他大吼大叫，他尿床的時候還會打他，而他經常尿床。他很想媽媽，很想亞歷哥哥，也想念不常見到面的泰德哥哥。他更想念珍妮姊姊，她總是像第二個媽媽一樣抱著他、哄他入睡。他想念城市裡熟悉的聲音——火車轟隆作響、汽車喇叭齊鳴，還有夏天烘烤花生的香氣。

在這裡，他孤單一人，只想回家。班上同學沒人跟他說話。周遭的孩子大多是英裔、愛爾蘭裔或德裔，頭髮和眼睛都是各種淺色，而他是他們這輩子見過的第一個亞裔孩子。他們在背後說他長得怪，「像猴子」，講話也很奇怪。他沒有朋友，也沒有玩伴。

他唯一擁有的，只有自己的想法。他花很多時間觀察農場和小鎮上的動物：天上的飛鳥、在樹上爬上爬下的松鼠、躲在草叢中的昆蟲。他試著對鳥兒吹口哨，但鳥兒從不回應他。

有一天，理查在學校後方偶然發現了一些蚱蜢。下課時間他總是一個人在那片草地裡玩耍。那天他注意到，學校這邊有不少蚱蜢，可他住的農場卻一隻都沒有。於是他決定抓幾隻回去當寵物，陪伴自己。

隔天他帶了一個空罐到學校，下課時就去抓蚱蜢。那些蚱蜢細長的綠腿塞滿整個玻璃罐，不斷撞上困住牠們的透明罐壁，牠們在罐中擠作一團，跳來跳去，發出細碎的喀噠聲。他十分同情牠們的遭遇——被外力帶離家園、困在陌生之地。

下一節的數學課上，他都在仔細觀察蚱蜢，看得正入迷的時候，老師走到他的椅子後方。「理查！」她嚴厲地說。「你拿那個罐子在做什麼？」

理查問：「你們要不要看蚱蜢？」說著就把罐蓋打開。蚱蜢立刻跳出罐子，在教室裡四處亂竄，把其他小孩嚇得尖叫連連。整間教室亂成一團。

「理查！去校長室！」老師吼道，一邊把蚱蜢趕向窗外。

他把還剩半罐蚱蜢的罐子蓋好，然後大大嘆了口氣，沿著走廊走向校長室。他經常到校長室報到，每週至少一次。學校真是無聊透頂。他的老師一點幽默感都沒有。

校長的祕書抬起頭一看，露出了笑容。她挺喜歡這個孩子。理查拿出裝著蚱蜢的罐子給她看。「好厲害，」她說。

「進來吧，理查，」校長喊道。「你今天又幹了什麼好事？」

「下課時我抓了一些蚱蜢，」他走進辦公室。「可是我的老師不喜歡牠們！」說到這裡，他搖了搖手裡的罐子。「我給她看的時候，她好生氣。」

「理查，不可以把蚱蜢帶進教室。要留在教室外面才行。有同學被你嚇到了。」

「我又不是要放牠們出來！我是要把牠們帶回家養。」

「牠們還是得回到外面去。你不如從我這裡的窗戶把牠們放走吧。牠們待在外面會比較開心，只剩你乖乖待在教室裡，老師也會比較開心。」

理查看著蚱蜢在草地間四散開來，暗自希望也能像牠們一樣，從玻璃牢籠中獲得自由，回到自己的家人身邊。

***

一九五五年九月

布魯克林馬爾波羅路（Marlborough Road）

理查從巴比倫回來，才發現惠容已經帶著全家搬進馬爾波羅路的新公寓，離紐科克廣場(Newkirk Plaza)不遠。那裡後來成為廖家的長久住所。理查說：「我媽一直沒有原諒自己把我送走。」

派特伯母後來則說：「理查一直沒有原諒他母親把他送走。」

根據理查自己的說法，從六、七歲開始，他在布魯克林的生活幾乎都得靠自己。「我媽老是不在家，所以我們都在學校操場玩，」他說。「我什麼都試過，因為沒有人會阻止我。」他會的所有東西，都是在操場上學來的：打籃球、打棒球，還有怎麼爬上二十呎高的鐵絲網。他骨折過無數次，手、腳、手指、鎖骨都斷過，但每次都能復原，也總是比之前更聰明、更懂事一點。

馬爾波羅路的住處非常狹小，毫無隱私可言。珍妮和亨利．巴特(Henry Butte)結婚後就搬出去了，他們是在唐人街真光教會的青年團契認識的。惠容和泰德各有一間小房間。亞歷和理查則一起睡在客廳的沙發床上。倒也不失溫馨。母親不在家時，理查和亞歷放學後整個下午都自由自在，沒人管。「我們會在客廳和臥室門口玩曲棍球。一個人射門，一個人守門。我們有一根曲棍球桿，把襪子捲起來當球用。守門員會戴上棒球手套，拿掃帚當球棍。可惜門上方有一盞玻璃燈——我們打破過一次……不對，是兩次，」我爸回憶道。「第二次打破時，我們已經大到知道該自己去五金行買個新的來換。」

「你媽看到新的燈之後怎麼說?」

「她什麼也沒說。搞不好她根本沒發現。」

惠容每天晚上下班後都會為孩子們煮晚餐。孩子們會輪流煮飯,她則準備幾道簡單的美式料理配著吃。

「有一天晚上,她做了雞翅,」某次我又纏著爸爸,要他講我最愛的那個童年故事,於是他開始說了。「我們五個人有一大盤雞翅可以吃。晚餐做好的時候,我正好去上廁所。等我回到餐桌前,竟然一隻雞翅都不剩!」

「他們把雞翅吃光了?」年幼的我睜大眼睛,驚訝又覺得好笑。「都沒有留給你?」

「沒有!從那次之後,我就知道該怎麼搶到自己那一份。」他笑著說,接著換了個話題。

我小時候聽到這個故事,總覺得他的哥哥們把吃晚餐當成一場搶食比賽,既好笑又有點可怕。長大以後我才明白,當時每個孩子一定都非常餓,才會連最小的弟弟都顧不上。也才明白,惠容大概只能聳聳肩說:「下次快點坐好吃飯吧。」

***

一九五八年九月

布魯克林弗拉特布希（Flatbush）

有一天，理查和朋友約翰走在布魯克林的人行道上，約翰牽著一輛單車。他們要去學校操場跟朋友打籃球。突然，兩個年紀較大、身材壯碩的男孩從籃球場走出來。他們至少比理查和約翰高出一個頭。

「喂，單車給我！」大個子惡霸對約翰說。

理查一時手足無措。就連那個體型較小的惡霸，也比他高出許多且壯上一圈，幾乎是他的兩倍大。與同齡孩子相較，理查本來就偏瘦小。

然而約翰一直沒有放開那輛單車，還從容地說：「欸，理查，讓他們瞧瞧你的空手道！」

理查其實從來沒上過空手道課。他只在武士電影裡看過打鬥場面，而且還是逃票溜進電影院看的。說到底，他是華裔，不是日裔。不過在這個布魯克林方圓一英里的範圍內，他是唯一的亞裔小孩。那是他人生中第一次，把自己的種族背景拿來當作優勢。

他猛地向前踢出一腳，然後比出手刀在空氣中亂揮，大喊一聲：「嘿呀！」

兩個小惡霸嚇得叫出聲，轉頭拔腿就跑。理查和朋友笑了出來，繼續牽著單車前行，身影也挺直了些。

***

「我們都有去上主日學，」爸爸笑著說。「我十三歲的時候，應該要去唐人街上堅信班。但我常常翹課，跑去學校操場打球。最後他們打電話給我媽，」他壓低聲音，模仿那時聽到的嚴厲語氣：「妳兒子不能和班上同學一起領堅信禮。」

接著他提高音調，模仿他母親：「你跑哪去了？」

我笑了出來，彷彿看見十三歲的父親站在廚房，一臉倔強，頭髮因為偷跑去打球而亂成一團。

惠容站在爐臺邊，雙手叉腰，雖然身高只有五呎一吋，氣場卻不容小覷。

她提高嗓音，與其說是因為憤怒，倒不如說是因為難以置信。她問我：「你跑哪去了？」

理查在她的注視下彆扭地動了幾下。「哎喲，媽，」他說，努力想找藉口，卻什麼也說不出口。

「你做什麼去了？」惠容冷靜地問。震驚的情緒消失後，她也沒興趣說教了。她是真的想知道自己的小兒子那段時間去了哪裡。

「我去學校操場了，」理查聳肩說道。他並沒有欺騙母親的意思，只是不想去上無聊的課程。

「你得回去。他們說你可以補課，」惠容邊說邊查看烤爐裡的雞。「這很重要，你一定得領堅信禮，至少把這個儀式完成。」談話結束，她回到爐臺前。

「我去補課，最後也領了堅信禮；那是我最後一次參與教會的活動，」他回想道。「她無法再要求我做更多了，」他說著說著，聲音中升起一股對權威的藐視。我爸對權威的藐視可說是毫無底線。「她只希望我至少不要當個異教徒。」

「奶奶很虔誠嗎？」我問他。「你覺得她真的——」

「不覺得，」爸爸說道，他知道我想問的是：她是否真的相信那些教義。「多少還是信的，但我不覺得她很虔誠。」

我可以想像惠容默默進行她所有的基督徒活動：做禮拜；出席她所屬的婦女團體聚會；帶孩子上主日學；出席聖餐禮、堅信禮、婚禮，卻從不談論自己的信仰，也從不和孩子們探討靈性或教義。教會救了她一命，給了她一個養母、一個家、一個在美國能落腳的地方，還有一份工作。欠教會的那份恩情，她永遠無法還清。對她來說，教會就是她的家，她也深信自己屬於那裡。廖家其他兄弟姊妹從小參與宗教社群的熱情遠高於我爸爸。理查從未真正把信仰放在心上。

「我媽只是希望我們做到某個程度，」他說。「信不信是其次，重點是你得懂《聖經》，那基本上就是宗教的教材嘛。但那不是我的宗教，也不是我的信仰。」他哼了一聲。「拜託

——在水上行走？分開紅海？少來了。」

我看著爸爸的眼睛問：「那你相信什麼呢？」

他毫不遲疑地回答：「我相信的是棒球可以被球棒打中。把一個東西往上丟，最後它一定會掉下來。」

***

我父親那輩人有一些共通的廖家特質——我們這一代的廖家人也有。我們都討厭甜椒，也討厭被人碎碎念，而且對科學始終懷有濃厚興趣（我父親那一輩有三個人當過科學老師，包括亞歷的妻子凱莉，幾位堂表兄弟姊妹後來也成為工程師）。我父親那一輩對日常瑣事都抱持一種隨遇而安的態度。但有一點大家都一樣：無一例外地擅長賭博。我們天生就擅長分析自己的勝算，遇到可能大輸或大贏時會特別興奮，但又不至於因此喪失邏輯與理性。亞歷伯父和安迪堂哥都靠打撲克牌賺過不少錢。

廖家四個孩子長大後都獨立自主、事業有成，家庭聚會與歡慶節日成了彌補他們童年缺乏安定感的一種方式。現在回頭想想這個家族，我也能理解為什麼沒有人願意談起那些過去的難熬時光。

孩子們在布魯克林成長時，惠容對他們只有幾個要求：完成學業、畢業前都住在家中、不能碰毒品。理查沒有一項做到：他十八歲搬出去、染上終生未戒的大麻癮、在布魯克林學院念了三年後就輟學——惠容對此相當失望。

理查狂熱投入一九六〇年代的民權運動與反戰抗議活動。他參加反對種族隔離的自由乘車運動（Freedom Rides），搭乘長途巴士南下抗議「吉姆．克勞法」（Jim Crow laws），也參與了支持《民權法》的遊行。有一次我問他參加華盛頓大遊行是什麼感覺，他還反問我：「妳是說哪一次？」他後來也參與反越戰運動，戰後則在布魯克林創立了「公園坡食物合作社」（Park Slope Food Coop），推廣永續食物。

泰德的妻子派特伯母說：「理查輟學的時候，奶奶非常傷心。不過那也不能怪理查——那是時代的產物。」

理查很早就認定，他人生中學到的一些最重要的事，都是靠自己摸索得來的，無關學校，也無關老師。他十七歲時，靠著泰德借給他的一本書，學會了彈吉他。此後五十年間，他持續彈奏，不斷自學新技巧、學新歌，也不斷鞭策自己，希望成長為一位真正的音樂人。最後，他成了一位吉他名家。

「我覺得妳爸爸是他們兄弟姊妹當中最聰明的一個，」派特伯母對我說。「我是真的這樣覺得。」

***

一九六二年二月
布魯克林馬爾波羅路

理查一直不知道父親到底怎麼了，只知道母親從來絕口不提。在紐科克廣場附近這個勞工階級的社區裡，馬爾波羅路上並非只有一個像她這樣的單親家長。所以只要有人問起，理查總是說自己的父親已經去世了。

「我說我父親去世了，因為這樣比較省事，而且我有很多朋友的爸媽也都不在了。不過在內心深處，我知道他其實還活著。當然，我很想知道他到底發生了什麼事，所以我會偷翻我媽的東西。」

有一天下午，理查終於找到了一個比母親或兄姊們提供的說法更清楚的解釋。那天他一個人在家，走進母親的房間，沒理會那些衣服、首飾和梳妝檯上的信件。他坐到床上，發現一本《展望》（*Look*）雜誌翻開在某頁，上頭還做了記號。那是一篇名為〈那個我們不讓他入境的人〉（The Man We Won't Let In）的報導。

他突然發現，自己正凝望著父親的雙眼。

This man is a U. S.-trained Formosan chemist who believes Formosa should belong to Formosans. He has been trying to return to the U. S. for 11 years.

THE MAN WE WON'T LET IN

Did we refuse him a U.S. visa in a United Nations deal with Nationalist China?

BY JACK STAR LOOK SENIOR EDITOR

THOMAS W. I. LIAO, the mild-mannered Formosan chemist pictured above, has been caught up in one of the strangest international bargains in history. Liao, who received his graduate training in chemistry at Ohio State University, has been trying for eleven years to get a visa to return to his alma mater to lecture. A few months ago, he received word that his visa would be coming through shortly — but it didn't. Slowly, the story has emerged. To start with, Liao is president of the provisional government of the Republic of Formosa, a tiny band of dissidents in Tokyo. This anti-Chiang Kai-shek movement has as its slogan "Formosa for Formosans."

Liao's effort to come to the U. S., where he has an American-born wife and four children, began during the Truman Administration. Once during his long campaign, he touched American soil at New York's Idlewild Airport, but after only a few minutes on U. S.

continued

來源：*Look* Magazine Photograph Collection, Library of Congress, Prints and Photographs Division, LC-L9-60-8812, frame 8.

原來我父親真的存在，理查心想。這就是他。他感受到一股電流般的震撼襲遍全身。

那就像是一面未來的鏡子，讓理查看到自己有朝一日可能會長成的模樣。他父親是個亞洲人，五官和他哥哥泰德十分神似。照片是從上方拍的，父親的表情很平靜，彷彿若有所思。爸，你在想什麼？他在心裡問。

那篇文章詳述了廖文毅的身分：他是臺灣獨立運動的領袖，也是設於東京、尚未被國際承認的臺灣共和國流亡政府的總統。根據那篇報導，廖文毅被禁止入境美國，因為他是蔣介石的私人政敵。

理查如饑似渴地讀著那篇文章，迫切想知道父親的下落。文中說他父親廖文毅是「臺灣共和國臨時政府總統，這個政府由一小群在東京的異議人士組成。」總統？哪裡的總統？東京在日本，但他父親當然不是日本的總統。這又是什麼時候的事？

他環顧四周，突然意識到，他們全家原來都是從臺灣來的。臺灣在哪裡？好像在亞洲的某處。他不禁想知道，自己在那裡有沒有親人：姑媽、叔伯、堂表兄弟姊妹。在美國，廖家無親無故，他們位於馬爾波羅路的簡陋公寓，裝著一家人的所有身家與全部生活。他們有班塔女士，但沒有真正的親人。

理查讀著報導中的一字一句，心裡想：哇——我父親還活著。原來他沒有死，他只是選擇去做別的事，不再陪在家人身邊。媽媽一直不肯談過去，是因為這個原因嗎？是不是因為父親出了什麼事，才會變成這個運動的總統？他為什麼寧可去做那些事，而不願意在美國當我們的爸爸？

接著，理查就像電燈被關掉一樣，突然停止思考。他把父親從腦海中除去，就像把某個人塞進早已塞滿的衣櫥深處，然後重重把門關上。他把報導放回母親床上，走到客廳，俯瞰下方街道。他看見幾個朋友，由約翰帶頭，正往籃球場走去。

「喂，理查，你在嗎？」他們喊道。「要不要去打二對二？」

他把頭伸出窗外。「要，我馬上下來，」他喊回去，穿上球鞋，奔下樓梯。

和朋友一起去球場時，他心想：我們每天都在做選擇。我選擇去打籃球，而我父親選擇發展政治生涯，而不是這個家庭。於是理查也做出選擇，他決定不再追問家族的事，繼續往前走。

第十五章 流亡的共和國總統

一九五六年二月二十八日

日本東京

廖文毅就任臺灣共和國臨時政府總統的模樣被拍攝下來。他身穿高級西裝，披著正式飾帶，端坐在一張華麗的椅子上，露出莊嚴的微笑，宛如一位帝王。真有趣，即使是民主政治領袖，也常偏愛隆重的排場，坐在如同王座的椅子上，像選美佳麗一樣披著飾帶。

在那一天，廖文毅創建了臺灣共和國流亡政府，並象徵性地接受加冕，成為這個新生共和國的總統。他在會場對眾多支持者與記者發表了一段慷慨激昂的演說，結尾說道：「各位弟兄，感謝大家與我們同在。不等到臺灣自由，我們絕不停歇。臺灣就要由臺灣人來作主！讓我們的臨時政府成為典範，讓國際領袖看到：當美國終止對蔣介石的錯誤支持後，臺灣可以變成什麼模樣。我們要提出這個道德上的替代方案，並將力量送給那些在福爾摩沙島上為自由奮戰的兄弟！」

掌聲響遍全場，文毅朝支持者投以微笑。他想起深受他疼愛的姪子史豪，不久前才在臺

拍攝者：不詳。來源：張炎憲提供。

北再度遭到逮捕入獄。他想起密友黃紀男，當年在香港時與他和文奎共商獨立運動的構想，也曾與史豪一同入獄。他想起文奎，二哥曾說過臺灣會像愛爾蘭一樣：我們終將得到自由。我認為我們不會像愛爾蘭人等那麼久。他想起惠容，想起她的笑聲，也想起那天在橫濱碼頭最後一次見面時，她別過頭、不看他的樣子。他想起幾乎已長大成人的女兒，還有三個兒子，不知道他們會成為什麼樣的人。他想起廖家祖厝，那裡有兄弟姊妹在照顧年邁的母親。他所做的這一切，都是為了他們。這一天對臺灣而言是多麼美好的一天。然而他仍渴望能聽見母親的聲音——聽見母親對他說以他為榮，讓他確信這個新成立的流亡政府將會永遠改變臺灣，開啟民主時代。

此時在臺北，史豪獨自蜷縮在景美看守所的牢房裡。他才和娟娟及孩子們團聚幾個月，又再度被捕入獄，如今遭到單獨監禁。有人向國民黨告密，揭露他們策劃暗殺蔣介石之子蔣經國的行動。臺北的夥伴之中，很可能藏有內奸。經過這一遭，史豪再也無法相信任何人了。

當文毅在東京的就職宴會上接受讚譽與掌聲，與臨時政府的夥伴們共襄盛舉之際，紐約正值清晨。惠容在破曉時起床，燒開水、叫孩子們起床上學。她至今仍難以相信珍妮已經和亨利結婚，不再住在家裡了。她的小女兒真的長大了呢。她從不去想文毅，為了能撐下去，她把那些記憶藏在祕密衣櫥裡鎖了起來。然而那天早上她醒來之前，文毅彷彿到夢裡來找過她：夢想要成真了，我們的運動要成功了，祝我好運吧。那聲音在夢中響起，讓她有種回到橫濱港最後道別那一刻的錯覺。

她短暫思索了一下文毅是否還活著——她確信他還活著；他的獨立運動是否獲得任何國際支持——她確信沒有。然後，她思索文毅是否在另一個女人懷中尋得了慰藉——她確信他有。

理查在他和亞歷共用的沙發床上翻了個身。「媽，拜託再五分鐘就好，」他呻吟著說完後又睡著了。七歲的他不習慣早起。

「帕吉（Puggy），快起床，」亞歷說完就跳下床。理查的這個小名是從pugnacious（爭強好勝）簡化而來，哥哥們都喊得不亦樂乎。

亞歷跑到窗邊，惠容心想他長得真快，再過不久就會跟她一樣高了。亞歷長大以後會是家裡最高的人，也是性情和母親最相似的一個孩子。「你們看！下雪了。」閃閃白雪覆蓋大地，為整個社區鍍上一層晶亮的光澤。

「真的嗎？」理查抓抓頭，伸手拿眼鏡。「下雪了？」

「真想不到！」惠容走到窗邊，看著窗外這難得的景象。紐約市平常不太會下大雪，看來今天真是個不尋常的日子。她突然有股衝動，想把兩個小兒子緊緊摟入懷中一下子。但她不是那種會輕易流露感情的人。她很實際。「你們快吃早餐吧。」

這個家有我們就夠了，她想。我們不需要他，我再也不需要任何人了，再也沒有男人可以主宰我的人生。

***

廖文毅對我而言，是個謎。他是臺灣在二戰結束後首場民主運動的領袖，是我父親生命中缺席的父親，也是我踏上臺灣之旅的原因。儘管他的運動最終失敗，他仍是許多臺灣人民心中，那段持續數十年、對民主懷抱希望與樂觀的象徵。然而他究竟是個怎樣的人？他是一個謎、一個海市蜃樓、一個本應有人存在的空洞。我沒有查出任何資料能讓我窺見他的靈魂深處。

我從對他家人、朋友與歷史學者的訪談中，知道了他曾經做過的事。我只能讀到他的正式聲明和出版作品，從那些公開的文字中看得出來，他是一個充滿熱情的人。他聰明、博學、雄心勃勃，並且極度重視自己所寫與所言。

然而，私底下的廖文毅、脫離眾人關注的廖文毅，是個怎樣的人？他似乎深愛身邊的女人，包括他的情婦之一前田夫人，也與義子前田昭雄建立了深厚的情感連結。他寂寞嗎？他會想念惠容和孩子們嗎？他有沒有想過要放棄？是什麼力量驅策他不斷前進？

他是我寫這本書的原因。但他究竟是誰？我體內流著他的血，而這本書即是我對他的故事、他曾生活過的土地，以及我在臺灣的身世根源的追尋。如果我能真正瞭解他這個人，也許就能瞭解他的所作所為如何影響到他周遭的每一個人：家人、朋友、國家，還有我。而書寫廖文毅，也是在與那個無從知曉的空白正面交鋒。我與他真實的樣貌之間，隔著一道牆。在美國，這道沉默的牆由奶奶親手築起，而國民黨對白色恐怖歷史的壓制，則使它變得更加堅不可摧。

關於爺爺，我不知道的事情還有很多。他在害怕什麼？又是什麼讓他堅持推動一場幾乎得不到國際承認、也幾乎看不到成功希望的運動，一推就是十五年？是因為那場運動太重要，不容放棄？還是他捨不得放下那些已付出的努力？又或者，他本就是個拙劣的賭徒，早早孤注一擲、賭上了一切？他是從什麼時候開始動念想要回家的呢？

***

一九五六年五月
日本大磯町

廖文毅的著作《臺灣民本主義》正式出版那天，他捧著書本，心中湧現出如同迎接孩子出生時的驕傲與喜悅。每個孩子出生時，他都曾將他們抱在懷中輕輕搖晃，望著那稚嫩的小臉，思索他們將來會成為什麼樣的人、擁有什麼樣的人生。他輕撫書本封面，上頭印著用日文漢字與片假名拼出的「臺灣民本主義」（Formosanism）——這是他自創的詞語。說自己是「福爾摩沙人」（Formosan），是一種明確的臺灣身分認同：不是中國人，不是日本人，而是福爾摩沙這座島嶼的子民。相信臺灣民本主義，則代表你接受他的如下主張：從哲學、族群與文化角度來看，臺灣理應擁有自己的國家，獨立於中華民國體制之外，並與國民黨劃清界線。

惠容和孩子們離開、前往美國後的這五年裡，文毅一直在撰寫這本書。某種程度上，這是他對惠容的回應：為何他選擇留在日本，以及為何即使臺獨運動日漸低迷、國際支援看來遙遙無期，他仍堅持不放棄。臺灣獨立的理想太重要，不能輕言放棄。他相信，唯有他有能力向那些可能提供軍事援助的國家，清楚闡述臺灣人民的國族身分。

他常常一寫就是一整天，有時甚至寫到深夜，點著一支細長的蠟燭，用鋼筆在一頁頁的紙張上書寫，寫好的章節就一疊疊地堆在床上。他每完成一章，既是房東也是情人的前田由奈會先睹為快，並提出她的看法。等內容積累到一個段落後，他再把更多章節交給摯友兼政治顧問吳振南與黃紀男審閱，為出版做準備。現在書總算完成了，他像是迎來生命中又一個孩子。

他將書捧在手中輕輕撫摸，心想這本書來到這個世界後，將會擁有怎樣的生命，會如何被他在日本與臺灣的支持者，以及所有懂日文的讀者閱讀、理解與回應。這本書是他給惠容的答案。為什麼？如果你得不到美國的支持，為什麼還要堅持這場運動？何必呢？

《臺灣民本主義》書封影像。來源：廖薫瑾（珍妮）、廖公瑾（泰德）、廖公瓚（亞歷）、廖美文（金）提供。

難道民主這個理念，還不足以成為堅持的理由嗎？到了這個地步，他早已陷得太深，無法回頭。他早就下了賭注，把一切都押上去。現在，他不是成功爭取到美國的支持、成為臺灣的總統，就是會在臺灣坐牢，甚至遭國民黨特務處決。又或者，只能繼續和前田母子一起，在日本默默無聞地苦撐下去。無論如何，他已無路可退，他把所有的一切都壓在這場賭局上了。

這樣堅定的信念有時讓他熱血沸騰：他會一早醒來、跳下床，大喊，「今天是為臺灣獨立而戰的日子！」但有時這份信念也令人疲憊不堪：他只想翻個身，什麼都不做，甚至動念向國民黨求饒。有時他只想回到西螺的廖家祖厝，鑽進主臥室，換上絲綢睡衣，從此不再踏出房門。

當個領導者遠比表面上看起來困難得多，他心想。

他打開那箱書，抽出一本準備送給最近因保外就醫再次出獄的姪子史豪。他仔細題寫：給我的姪子，最英勇的臺灣鬥士。有朝一日，待祖國自由，你我將一同名留青史，被奉為英雄。

文毅換好衣服，拿著一本書走進客廳。小昭雄正在彈鋼琴，看到文毅便停下來跟他打招呼。「叔叔，你拿的是什麼？」他問道。

「這是我寫的書，最近剛出版，」文毅笑著說。「想不想跟我一起看一下？」

「當然想！」昭雄跳上沙發，坐到他身邊。

「書裡有一段在講述鄭成功的故事。一六六一年的時候，這位英勇的臺灣戰士，帶領軍隊擊退荷蘭殖民者，將他們永遠趕出臺灣，並在島的南部建立了獨立政權。我之所以奮力爭取祖國的自由，很大一部分就是受到鄭成功的啟發。」

「感覺很厲害呢，叔叔，」昭雄抬頭看著自己的義父，眼中盡是崇拜與敬愛之情。

文毅望著昭雄的雙眼，彷彿看見自己的兒子正透過他凝視著自己，似乎在問他將如何為他們創造一個更美好的未來。等他像鄭成功那樣為臺灣打贏這場仗、凱旋而歸時，他就會接惠容和孩子們回來，一家人在西螺團圓。他翻到那段歷史軼事，開始用日文朗讀。這是他使用起來最自在的語言，也是讓他感覺自己最有生命力的語言。

***

一九六一年七月

華盛頓特區

甘迺迪總統在橢圓形辦公室的辦公桌前坐下。他剛從奧地利維也納與赫魯雪夫會面歸國。好幾個月來，他對東亞局勢及臺北的蔣介石國民黨政府毫無關注。他打開一份國務院的檔案，標題寫著：「廖文毅事務」(The Thomas Liao Affair)。

廖文毅是誰？他有些不耐煩地想。這根本不是他現在該花心思的事。他低頭讀起來——

一九六一年六月二十一日莊萊德（Everett Drumright）大使自臺北致國務院之電文：

> 蔣總統一開始便提起廖文毅的案件。他語氣強硬，語中時而帶著憤慨，表示他無法理解美國竟會在明知廖文毅過去行為與政治動機的情況下，仍允許他入境。他只能推斷，國務院並未察覺此舉將造成的深遠影響……。
>
> 蔣總統認為此事對他個人至關重要……鑑於讓廖文毅入境必將付出高昂代價，我方應審慎決定不予放行。

他繼續讀幾週後助理遞交的備忘錄。

一九六一年七月七日總統國家安全事務特別助理彭岱（McGeorge Bundy）致甘迺迪總統之備忘錄：

> 克萊恩（Ray S. Cline，按：時任中央情報局臺北站長）回報說，中國國民黨對與美國的關係感到極度不安，程度為近五年之最。他們的處境非常困窘，只有美國能為他們擋下災難，所以美國的態度只要出現一絲改變跡象，都可能被他們看作攸關生死的大事……。

他們也對廖文毅事件感到不安，而最令他們憂心的，無疑是美國可能在聯合國支持「兩個中國」的立場。但克萊恩指出，這三件事中最讓國民黨坐立難安的，其實是他們覺得自己在整個決策過程中從未被諮詢任何意見。

這件事必須馬上處理，甘迺迪總統心想。他拿出鋼筆，草擬了一封寫給蔣介石委員長的信，打算稍後交由特別助理彭岱修改，並在當天寄出。他搖搖頭，對於與這些動輒得咎、極度敏感的亞洲領袖打交道，竟得顧慮如此多奇怪的面子問題，感到大惑不解。但蔣介石不是能輕易得罪的小角色，這件事不能放著不管。美國必須盡快安撫他，才能轉而處理其他更迫切的國際威脅。

以下節錄自一九六一年七月十四日甘迺迪總統致蔣介石總統的信：

我的幕僚指出，臺北方面對我們原則上同意核發廖文毅簽證一事表達了若干疑慮。我們的看法是，與其繼續拒絕他的入境申請，不如讓他在未受到任何官方關注的情況下訪美，如此反而能削弱他對中華民國的不利宣傳。

在我們的政治與法律體系下，若無充分理由，實難拒絕任何人的入境申請。不過，鑑於您的疑慮，我們已指示駐東京大使館暫不核發其簽證，將在與您進一步協商妥善處理方式後，再行決定是否核發。

我向您保證，廖文毅不會獲得美國政府的任何官方支持或關注，他的訪問也絕不會獲得任何形式的政府贊助。

可惜了這個叫廖文毅的人，但白宮不會給他絲毫同情。甘迺迪總統收起鋼筆，闔上卷宗。又解決了一件小小的外交麻煩。

***

一九六二年二月
日本大磯町

廖文毅急切地撕開信封，翻看美國記者史塔（Jack Star）寄給他的那篇《展望》雜誌報導。自己的面孔映入眼簾，他注意到整張臉上最顯眼的就是額頭。他當初特別請攝影師從上方拍攝，據說這樣比較上相，也能緩和他略微突出的下巴線條。但這張照片中的他，看起來有些疏離、高傲，少了他原本希望展現出的親和氣質。

他看到第一行就笑了：「上圖這位溫文儒雅的臺灣化學家廖文毅，捲入了一樁史上最離奇的國際交易。」首先，他不是化學家。他拿的是化工博士學位，現在是流亡共和國的總統。或許他當初該像文奎那樣去念政治哲學才對。一想到文奎，他心中泛起一陣淡淡的哀傷。他真心希望，哥哥會為他這十年來的努力與成就感到驕傲。

他也忍不住笑了一下「溫文儒雅」這個形容詞。

文毅一向以自己和「溫文儒雅」四個字完全沾不上邊為傲。他的文章與演說總是直率強悍、毫不溫吞，為他的流亡政府在海外積極爭取支持。他搖了搖頭，想起自己接受史塔訪問的情景。他心想：美國人總把最基本的友好禮貌誤認為是軟弱與被動。在你們眼中，我們亞洲男人全都「溫文儒雅」，因為你們的政客動不動就大聲咆哮、亂摔東西。話說回來，甘迺迪不會大吼大叫。這位新任美國總統似乎會是一位有力的盟友，能為臺灣人民發聲，並支持文毅的臺灣共和國流亡政府。他們若聯手，就能徹底將蔣介石與國民黨趕出臺灣。

文章指出，蔣介石曾威脅說，若廖文毅獲准前往華盛頓，與參議院外交關係委員會的傅爾布萊特（Fulbright）參議員會面並討論臺灣獨立運動，他就會否決外蒙古加入聯合國的案子。這表示蔣介石確實感受到來自臺灣共和國臨時政府的威脅，這對文毅來說是天大的好消息。諷刺的是，蔣介石在聯合國安理會動用否決權引發的風波，反而讓臺灣共和國臨時政府贏得了前所未有的國際關注與認可。美國民眾開始響應他的訴求、國務院提供軍事協助，也只是遲早的事了。

史塔寫道：「廖文毅認為，蔣介石是個殘忍的獨裁者，強行將他本人與來自中國大陸的兩百萬人，強壓於由九百萬臺灣人組成的小國頭上……。『如果臺灣能在聯合國的監督下舉行選舉，我有把握拿下九成選票，』廖文毅表示。」

文毅露出笑容。他的朋友、臨時政府副總統吳振南曾對他說：「只要我們能順利舉辦選舉、設立票箱，臺灣人民一定會選擇我們。你姪子史豪正在島內散播我們的理念，我們這個海外獨立運動很得民心。我們現在就差一點軍事實力了！」

文奎以前總是叫他要有耐心。等下去，弟弟，他常這麼說。鐵鎚就要敲上鐵砧，火花將燃成烈焰。就快了。

文毅手裡捧著早晨的熱茶，環顧他在大磯町的書房。房間很簡樸，有一扇窗戶望向後院，一張書桌、一盞燈。他的書寫用品和各種計畫書散放在客床上。與由奈、小昭雄以及他們養的狗一起住在這棟位於郊區海邊的房子裡，感覺就像一家人。

他真的很想念文奎。他的兩個兄長都英年早逝。大哥溫仁年紀輕輕，不到三十歲就在日本去世；他比文毅年長許多，所以文毅對他並不熟悉。溫仁是史豪的父親，突發心肌梗塞，就這樣走了。文奎也走得很突然，沒有人告訴文毅死因，而文奎的遺孀葛芮塔早已失聯，但文毅心裡總覺得他同樣是被突發的心肌梗塞帶走的。廖家男人最大的弱點就是心臟。

文奎帶領他接觸政治哲學與行動主義，而且似乎總是很清楚下一步要做什麼。文毅並非天生就擅長這些事；他最得心應手的其實是工程、數據、圖表、藍圖、製造流程，以及各種作業規範。

對他來說，寫作始終是一件吃力的事，遠不像文奎那般得心應手。有時講稿寫到一半想不出接下來要說什麼，他就會翻出《福爾摩沙開講》尋找靈感，那是文奎的代表作，結合了政治理論與推動臺灣自治的實用提案。文奎對英文情有獨鍾，他最有影響力的著作大多是用英文寫成的。他也深知英文是聯合國與美國的主導語言。

文毅記得，文奎喝多了白酒後，兩人總會笑成一團，他還會拿他們以前的老師和西螺的鄰居來開玩笑。他們笑得像孩子一般，把身為丈夫、父親與革命領袖的重擔全都拋諸腦後。那一刻，世界彷彿只剩他們兄弟倆，哥哥與弟弟，彼此扶持、走過所有風雨。

但如今文奎已經不在，文毅只能獨自堅持下去。他希望哥哥會以他為傲。為什麼留下來實踐文奎那些充滿遠見的理念、讓臺灣脫離專制統治的人，會是他？為什麼命運不能對調？他本來可以是那個因突發心肌梗塞而悲劇收場的人，由文奎繼續帶領自由的臺灣走向民主未來。

下一刻，文毅就把這個念頭拋諸腦後。他很慶幸自己還活著，也很慶幸自己仍能領導這場運動。他一定會成功，因為非成功不可。他具備完成這場運動、爭取美國軍事支持所需的教育、人脈、資源與紀律。事到如今，已沒有失敗的餘地。

被軟禁在日本這座靜謐的小鎮裡，領導著他的流亡共和國，這樣的生活十分孤獨。文毅曾以為，總統與國家元首的生活應該光鮮亮麗，不是在出席國際活動，就是赴宴參加國宴，還要接待各路顯赫賓客。臺灣共和國在東京幾乎接待不到什麼國際訪客，也沒有氣派的總部，只能在餐廳裡進行遊說。

他們的政府總部，不過是東京商業區裡一間租來的辦公室，門口的招牌簡單寫著「臺灣共和國」。大概也就跟一家保險公司差不多顯赫吧，他想著想著，發出一聲苦笑。這種政治生活一點也不光鮮亮麗，但他覺得，一切都值得。

《展望》雜誌的這篇報導，儘管提及蔣介石的強烈抗議與美國暫時撤回支持，仍為臺灣共和國帶來自創立以來最受矚目的國際媒體關注。因此，文毅壓力甚鉅，必須設法將這份媒體關注轉化為來自國際盟友的實際外交行動。

此時此刻，文奎會對他說什麼？放輕鬆，弟弟！行動要迅速，但不要倉促。寫信給那些最同情我們的參議員和國務院裡能幫上忙的人。關鍵是要喚醒美國人，讓他們看清蔣介石的邪惡，以及他在臺灣對我們同胞所做的種種惡行。只要美國人能把那些事聽進去，並且接受你提出的替代方案，他們自然會找到支持你的方式。弟弟，言語的威力勝過坦克車。

他想起了「臺灣再解放聯盟」在香港召開的頭幾次會議，也想起了自己早期懷抱的滿腔希望。他們相信，臺灣可以趁著二戰後的後殖民建國浪潮，緊隨印度、巴基斯坦、緬甸、印尼、斯里蘭卡與馬來西亞的腳步，建立一個自己的獨立國家。他們追求臺灣獨立的正當性與急迫性，絲毫不亞於其他國家。

從當時至今，已過了漫長的十五年。有時他也會想，自己是否該放棄了。但每當情勢艱難到幾乎撐不下去時，總有一絲好運出現。就像這篇報導。就像國民黨政府因為他們成立流亡的臺灣共和國而震驚不已、深感威脅。就像亞洲各國領袖邀請他前往訪問、闡述理念。

眼看就要迎來新的突破，他現在絕不能放棄。今天是個好日子。希望尚在，而他手上還有一篇講稿等著完成。

文毅坐下來，拿起鋼筆在紙張邊緣的空白處試劃了幾筆，繼續寫作。

第十六章 知與不知

二〇一一年四月
臺灣臺北與日本大磯町

我真的很想家。隨著在臺北的日子邁入第九個月，我對美國的生活和家人愈發思念。同時，那些白色恐怖時期的真相，以及廖史豪、謝聰敏和其他為臺灣自由民主發聲者所遭遇的一切，讓我感到愈來愈沉重。

我覺得心頭沉甸甸的，一方面是爺爺的精神召喚，另一方面是謝聰敏的囑託——他要我把他的故事傳達給英語世界。這個任務太困難了。我展開這趟旅程是為了自我啟發、為了更瞭解我爸爸，也為了認識我的家族。然而現在繼續這場探索已不再只是為了我個人的人生，而是有了更迫切的使命：講述臺灣的故事。我知道自己絕對無法完全公正地呈現這段歷史，但我至少要講述我的家族在其中所扮演的那個小角色，並且持續探究。即使注定失敗，也要努力嘗試。

我自己也在改變。在臺灣，用一種新的語言自力更生，我在各方面都有所轉變。剛來臺灣的我，那個二十五歲、原本住在波士頓的金，從來沒有像這樣被挑戰過。我憑著強烈的直覺與滿腔信念投入這場探索，同時還得小心翼翼地掌握所有細節——物品、行事曆、研究資料、地址、電話號碼、錢——因為一旦遺失任何東西，想找回來簡直比登天還難。如果沒有朋友、指導老師和研究資料來源的聯絡方式，我會在這個陌生的地方完全迷失。為了讓人聽懂我在說什麼，我必須學會使用各種科技平臺和翻譯軟體。但我也學會相信自己的直覺，並欣然接受他人伸出的援手與善意。這是我人生至今為止最具挑戰的一年。

雖然有時我會害怕面對那些逐漸揭開的殘酷真相，但從抵達臺北以來，我已學到許多，也愈來愈靠近這個故事的核心。我的下一站是回到西螺，與所有認識我祖父母的人見面。謝聰敏的妻子邱幸香約我在當地碰面，他們的好友陳婉真曾在一九八〇年代參與民主運動，也邀請我到她家小住一週，她家離西螺不遠。這代表我回西螺時將有一個靠近的落腳處，也有一位嚮導協助我更深入瞭解廖家，以及我們失去的祖厝。

不過，我首先要去日本再和前田博士見一次面，看看能不能在他位於大磯町的房子裡找到廖文毅的日記。我想找到爺爺的手稿，而這是我最後的希望了。我在臺灣一直沒有找到他的私人文書——手札和日記都沒有。廖文毅返臺投降時，很清楚自己一下飛機就會落入國民黨手中。我猜他也許會將自己的遺澤保存在遠離政敵掌控的地方。日本這棟房子總讓我覺得答案就藏在其中，我想親自看看，驗證自己的直覺是否正確。

***

大磯町距離東京一小時車程，是一座綠意盎然的小鎮，空氣中帶有海水的鹹味。前田博士穿著整齊的西裝與帽子，在火車站等我。他親切地與我握手，開車帶我繞行鎮上，介紹當地景點，還帶我去一間廖文毅生前喜愛的餐廳吃午餐。我們的座位正對著壯麗的海灘，海浪就在眼前拍打沙灘，我們吃著簡單的鮮魚與蔬菜料理。我一邊盡可能地向前田博士提問，一邊在心中思索：我希望在大磯找到什麼？廖文毅可能留下了什麼？

我想找到廖文毅的聲音，捕捉他的精神，並親手將它握住。我想找到他留下來的日記與手稿。大磯曾是廖文毅生活十多年的家。他在這裡成為臺灣共和國流亡政府的總統，也是昭雄的義父與前田夫人的伴侶。他選擇住在這裡，而沒有前往美國與自己的妻兒團聚。我想看看他住過的地方，希望這能幫助我瞭解那段時期的爺爺是怎樣的一個人。

吃過午餐後，前田博士開車載我在鎮上到處逛逛，隨後回到那棟房子。那是一間小巧舒適的房子，有著寬敞的庭院，四周樹籬環繞，營造出一方私密的戶外空間。進入室內後，他泡了茶，我在滿屋的書籍與音樂學術期刊之間坐下。

「妳祖父那本名為《臺灣民本主義》的宣言，就是在這裡寫成的，」他說。「他用日文寫作，我母親幫他編校。」

「我爺爺一九六五年離開這裡、去向國民黨投降的時候，有沒有留下任何私人文書或文件？」

「有！他把日記留給我母親，他所有的私人手札和文書、全部的草稿都有。這些東西都留下來了。」

我心跳加速，幾乎喘不過氣來，欣喜若狂。我果然猜對了。廖文毅之謎的最後一塊拼圖，終於解開。勝利！「可以給我看看嗎？」

「這個……」他在椅子上坐立不安。「可惜東西都已經不在這棟房子裡了。」

我往前傾身。「那是在哪裡？」

前田博士悲傷地笑了笑。「也算是還在這裡吧，只是……已經不完整了。大約二十年前，這裡發生了一場火災。整棟房子全毀，雖然沒有人受傷，但妳祖父的日記被大火燒掉了。」

頃刻間，我在腦海中看見火焰舔舐著紙頁，蔓延到四周的牆面。這家人奔逃時，空氣中瀰漫著刺鼻濃烈的黑煙味。我感覺那些日記像沙漏中的細沙，從指縫間滑落；紙頁上記錄著爺爺最深沉的思緒、渴望與夢想，如今全成了黑灰。

我永遠看不到爺爺的日記，也沒機會深入理解他的內心世界了。我永遠也不會知道他真正的想法是什麼，為何寧可犧牲家庭也要追求臺灣獨立，最後又為何選擇放棄。

我找到了他日記最終的歸屬之地，這本身就算是一項研究成果。只是，我已經晚了好幾十年。當我意識到自己將永遠無法理解爺爺的內心世界時，心中同時湧現兩種情緒：既感到如釋重負，又覺得深深挫敗。我確實找對了地方，卻注定無法得知完整的真相。

這種結果，對我這趟挖掘廖家故事、直面家族陰影的旅程而言，似乎是一種隱喻。我好不容易接近謎題的答案，卻發現那答案早已被摧毀、讀不到了，謎題再也無從解開。這讓我想起臺灣獨立運動史的許多結局——無法挽回，也難以真正理解。那些事確實發生過，但紀錄卻被抹去。我們當然可以透過口述歷史與個人記憶，拼湊出曾經存在的那些時刻，但有些細節，一旦失去，就再也無法復原。

我從一開始就注定會失敗。這個故事，無論我如何講述，都不可能真正說得完整。

儘管如此，我仍得直面那些已經無法挽回、被抹除、徹底消失的事物。它們模糊不清，難以辨認，甚至早已化為灰燼。廖文毅的遺體成了灰，他的日記也一樣，隨火焚毀。我只能接受這種永遠無法得知真相的徒勞感。

我接受了這樣的結果：我找到了他留下日記的地方，走過他當年烤肉的庭院，漫步在他曾懷抱民主夢想的街道，也看見浪花拍打他最愛的海灘。這樣就夠了。我向前田博士道別，離開時，心情稍微輕鬆了一些。

＊＊＊

然而，我在追查與奶奶有關的最後幾個未解之謎時，情況卻截然相反。我原本已經接受，自己永遠無法知道她的出身或親生父母的身分，也準備放下她最初十二年的人生，把那篇我發現的報紙文章當作永遠無法驗證的線索。沒想到有一天，答案毫無預警地出現在我眼前，既非我所求，亦非我所喚。真的。彷彿是宇宙決定，該讓我知道了。除此之外，我無法解釋。

有位在紐約市立大學柏魯克分校（Baruch College）任教的歷史學者在看了我的網誌後，透過電子郵件聯繫我，表示要寄給我一份「安娜的移民文件」。我第一個反應是：*奶奶沒有移民文件；她是美國公民。這一定是搞錯了。*但當這位歷史學家寄來一份關於奶奶神祕童年、內容詳盡的超大ＰＤＦ檔時，我才意識到自己過去所知是多麼有限。

由於一九三〇年代一項帶有種族歧視色彩的移民法規，華裔美國公民若已遷居海外，必須申請再入境許可，才能在未來重返美國。（所謂「不可剝奪的公民權利」，也不過如此罷了！）由於惠容沒有出生證明，她的檔案中改以多份口述訪談取代，內容包括她的出身、童年與成長經歷，藉此證明她確實生長於紐約市。移民官員分別訪談了她與班塔女士。

這簡直就是一座金礦，我在電腦上閱讀這些文件時，雙手竟不禁發抖。這些訪談紀錄是用一九三〇年代的打字機打成的。我得知的重點如下：

一、惠容是白人母親與華人父親所生的混血孤兒。她的生父是十九世紀末美國華人幫派大亂鬥（堂口之爭，Tong Wars）期間的幫派成員，據信最後在波士頓坐電椅伏法。她的母親下落不明，據說也已不在人世。

二、惠容在嬰兒時期被送到紐約棄兒之家，於孩童時期被一戶華人家庭領養。

三、她十二歲時被養父母賣給賓漢頓的一位洗衣工，成為童養媳。她就是我找到的那篇報導中提到的Anna Wong Kee！她的養母表面上參與了這場交易，但或許根本無法作主；最後，她勸惠容逃走，前往紐約唐人街向路德會傳教士班塔女士求助。

四、惠容設法從賓漢頓逃往紐約市，班塔女士在法庭上代表她提起訴訟，並成功撤銷婚姻。此後，惠容與班塔女士一同生活於路德會的收容機構，成為她非正式收養的子女之一。正如我們所知，她的人生，是從十二歲那年才真正開始的。

知道了這一切，對我來說，竟然和不知道文毅日記的內容一樣令人不安。資訊量太過龐大，一時間讓我難以消化。一方面，知道真相讓我欣喜若狂，覺得彌補了缺憾，心滿意足。我終於可以停止追尋她的過去。另一方面，知道真相也令我心碎。我痛恨這個事實：惠容竟曾遭受如此殘酷的對待與痛苦，甚至可能還包括性侵。她曾身陷極其惡劣的處境，而年幼脆弱的她根本無力改變這一切。我一直以為自己寧願先面對最痛的真相，但如果早知道真相殘

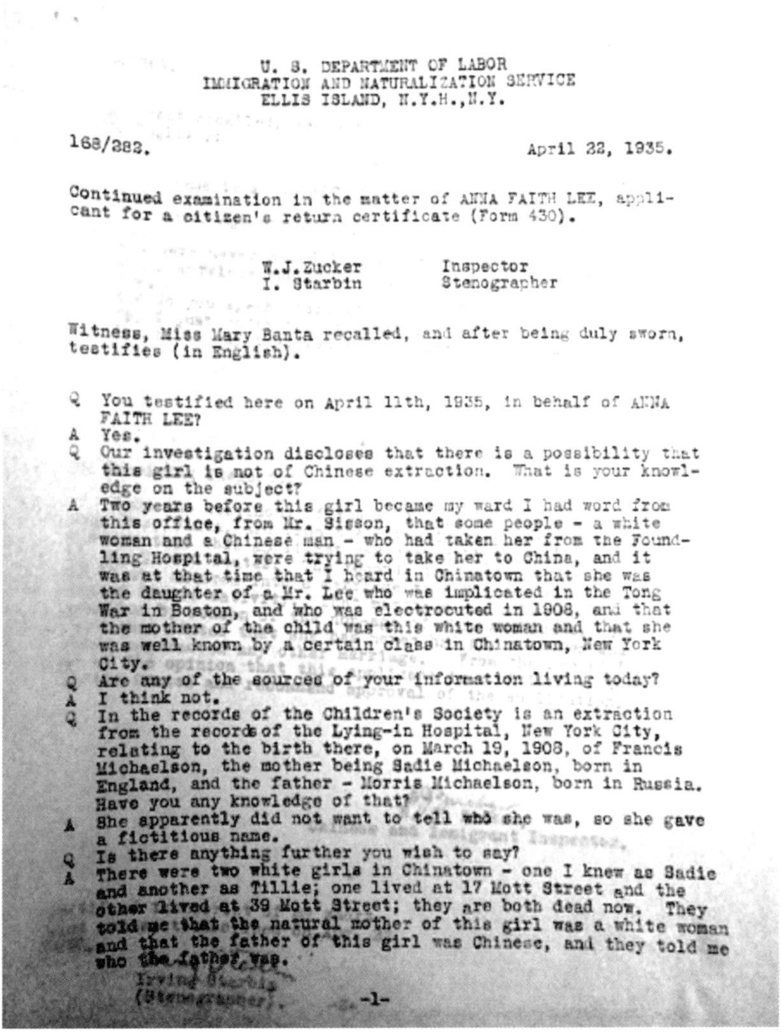

U. S. DEPARTMENT OF LABOR
IMMIGRATION AND NATURALIZATION SERVICE
ELLIS ISLAND, N.Y.H.,N.Y.

168/283.　　　　　　　　　　　　April 22, 1935.

Continued examination in the matter of ANNA FAITH LEE, applicant for a citizen's return certificate (Form 430).

W.J.Zucker　　Inspector
I. Starbin　　Stenographer

Witness, Miss Mary Banta recalled, and after being duly sworn, testifies (in English).

Q You testified here on April 11th, 1935, in behalf of ANNA FAITH LEE?
A Yes.
Q Our investigation discloses that there is a possibility that this girl is not of Chinese extraction. What is your knowledge on the subject?
A Two years before this girl became my ward I had word from this office, from Mr. Sisson, that some people - a white woman and a Chinese man - who had taken her from the Foundling Hospital, were trying to take her to China, and it was at that time that I heard in Chinatown that she was the daughter of a Mr. Lee who was implicated in the Tong War in Boston, and who was electrocuted in 1908, and that the mother of the child was this white woman and that she was well known by a certain class in Chinatown, New York City.
Q Are any of the sources of your information living today?
A I think not.
Q In the records of the Children's Society is an extraction from the records of the Lying-in Hospital, New York City, relating to the birth there, on March 19, 1908, of Francis Michaelson, the mother being Sadie Michaelson, born in England, and the father - Morris Michaelson, born in Russia. Have you any knowledge of that?
A She apparently did not want to tell who she was, so she gave a fictitious name.
Q Is there anything further you wish to say?
A There were two white girls in Chinatown - one I knew as Sadie and another as Tillie; one lived at 17 Mott Street and the other lived at 39 Mott Street; they are both dead now. They told me that the natural mother of this girl was a white woman and that the father of this girl was Chinese, and they told me who the father was.

-1-

公開紀錄。來源：夏洛特．布魯克斯（Charlotte Brooks）提供。

酷至此，我還會想知道嗎？或許知道與不知道，是兩顆同樣難以下嚥的苦藥吧。

我也因為無法知道文毅內心最深處的想法而感到悲傷，但當我接受這個事實後，內心也慢慢平靜下來。我知道自己永遠不可能讀到他的日記，這一點已毫無懸念。於是，我也能放下這段追尋了。

在這段重建祖父母人生故事的旅程中，我吃了不少苦，才終於明白一件事：惠容必須對過去保持沉默。她靠著這份沉默才能活下來。這份沉默是她的慰藉，是她用苦難換來的權利。

在展開這趟追尋之前，我對她的沉默並不認同，很希望她當初能直接把一切都告訴我。那樣我也許可以少走許多冤枉路，也不必受那麼多煎熬，而且，我覺得我有權知道真相。然而隨著我逐漸明白真實的情況，隨著我逐漸得知她熬過的諸多困苦與數度死裡逃生的經歷，我才領悟到創傷對她人生造成的深遠影響：惠容需要那份沉默。從苦難中存活下來的人都需要那份沉默。她有權不說出那段充滿痛苦的悲慘過往。

生活得夠安逸、有餘裕去提出問題，其實是一種特權。是奶奶為我們創造了這樣安穩的生活。我希望自己的探索，不是對她沉默的背叛，而是對她犧牲的致敬。我奶奶安娜是一位真正的英雄，遠比我過去所認知的更加偉大。

我找到了惠容守口如瓶的身世祕密，也接受了無緣讀到文毅筆下心聲的失落。懷著這些真相與遺憾，我準備重返西螺，展開最後的對決，奪回我們失去的家園。我接受了「知道」

與「不知道」的共存，也學會放下那些我無法掌控的事。我對祖父母心懷深深的感激，他們都是如此堅毅的人。能與他們血脈相連，是一種榮耀。

我站在爺爺日記的灰燼上，向他的靈魂低聲祈禱：你的努力沒有白費。總有一天，世人會知道你為了幫助臺灣獲得自由所做的一切。

第十七章 投降

一九六五年五月
日本大磯町

什麼時候應該放棄？要如何做出停止抵抗、選擇放手的決定？

廖文毅手裡拿著一杯茶，在書房中來回踱步。兩天前他收到一封電報，得知史豪被判死刑。這兩天來，他拒絕了由奈送來的所有飯菜。昭雄問起狗，他只說自己病了，請那孩子幫忙帶牠們去散步並餵食。文毅凝望窗外，太陽正從海面上緩緩升起，照亮了整片天空。也許該離開了。也許該放棄自由的夢想了。

史豪被判了死刑。他的摯友黃紀男也被判了死刑。無數朋友與支持者遭到逮捕、騷擾、威脅。那一小群曾支持他成立臺灣共和國流亡政府的人如今也已星散。文毅愈來愈覺得，自己不過是個獨自與一疊文件困在書房裡的人，而不像是什麼總統，甚至不像一個流亡的反抗領袖。他感到愈來愈孤單。

國民黨政府向他提出一筆交易：他放棄臺獨運動、投降並返臺，所有指控都會撤銷。他的土地與資產將會歸還，家人的罪名也會一筆勾銷，全家都能過上自由的生活，政府還會替他安排公職。「支持國民黨反共，」那段訊息寫道，「我們就能一起為臺灣打造更美好的未來。你回到家鄉時，會受到英雄般的歡迎。」

文毅收到消息，說他的姪女廖菊香與丈夫將在國民黨的護送下前來日本，似乎要帶來他在西螺的母親交付的東西。他當然同意見面，並請他們來大磯町，這樣比較安全，也比較隱密。然而在文毅一邊踱步、一邊喝茶、一邊等著看國民黨又打算使出什麼手段來擊潰他心防的同時，他內心深處卻浮現一個念頭：也許，他該收拾行李了。他要怎樣才會明白，這場運動已經走到盡頭？什麼時候才是放手的時候？

他開始覺得，好像該回家了。

***

一九六五年五月

紐約市

惠容在地鐵上把手伸進提袋撈來撈去，要找一顆薄荷糖。她的手指摸到一個小信封，封口用膠帶貼住，上面寫著「媽」。她訝異地看著信封，然後把它撕開。一封信掉出來，是她的小兒子理查寫的。早上她出門上班時，那孩子還睡在家裡的長沙發上。他現在就讀布魯克林學院，又在劇場兼職打工，所以經常很晚才回家。惠容打開那封信，開始閱讀：

媽，妳大概在想說這張紙怎麼會出現在妳的提包裡。是我放的。我要很誠實地告訴妳，這週六我就要搬出去了。妳可能會覺得我怎麼這麼任性、這麼狠心，把這種事情寫在紙上告訴妳。我希望妳可以冷靜、理性地思考，不要讓情緒影響了妳的判斷力。先聽我說，我會好好解釋搬出去的原因。

惠容笑了出來，同時眼角也泛起一滴淚。理查這孩子，竟然認為我會情緒失控！她心想。惠容要求孩子們遵守三條規定：大學要畢業、畢業前要住在家裡、不能碰毒品。理查後來三條規定都違反了。她繼續看信。

我想要獨立自主。我的感受很難用言語形容，但我一定要說清楚，而且就是現在。我知道還有大好的人生在等著我，我無法繼續待在一邊遠遠地旁觀。我必須參與其中。妳大概會想到學業的事，但這些感受遠比學業重要。我內心有一股衝動在告訴我：你準備好了，人生也準備好要迎接你了。

妳一向很實際，所以一定會想說我哪裡來的錢，畢竟要有錢才能在這個社會過活。我申請了學生貸款，可以支付部分開銷。剩下的錢就靠我打工賺取。我要和兩個很好的人一起住，就是大衛和約翰。

妳也知道我這個人很敏感，妳一激動，我就會難過得要命！還記得兩年前我說想要搬出去，妳就哭了。當時我覺得自己是天底下最糟糕的人，竟然弄哭自己的母親。我覺得自己很差勁、卑劣、低級……。

我已經下定決心，無論如何都不會改變心意。我希望這次離家可以平和、美滿。我的意思是，我想要能偶爾回來吃頓晚餐。我希望妳會歡迎我這個兒子，希望能跟妳聊天，因為我很尊重妳的意見和想法。

媽，我愛妳。我打從心底感謝妳為我做的一切。妳辛苦養大四個孩子，為我們吃盡苦頭、犧牲了很多自己的快樂。我希望將來我當了父親，也能和妳這個母親一樣優秀。我知道妳對我特別關心，因為妳總覺得我最不穩定。但別擔心，我會成功的。有妳在背後支持，我不可能失敗。我永遠欠妳一份恩情，唯一能報答妳的方式就是成為一個好人。我一定會做到。

今晚我會和妳談，希望我們能好好聊聊，讓妳理解我的想法。

惠容抬起頭，眼中含著淚水。九十六街站快到了。她抹去眼淚，深吸一口氣。她必須放下自己身為母親對小兒子理查的習慣性掌控。他離巢的時間比她預期得早，但她也只能學著接受。

她忍不住笑了出來，儘管喉頭因情緒而哽咽——理查竟然覺得需要寫一封正式的信來跟她說這些話！他不是害怕媽媽情緒失控，而是害怕如果媽媽不讓他搬走，他自己的反應會很激烈。他是怕自己的情緒啊，惠容想到這裡，不禁搖了搖頭。他那敏感、心思細膩的小兒子，文筆清晰又充滿詩意，還彈得一手好吉他，可是一到要開口說話，他就顯得手足無措。對理查來說，寫信給她比跟她當面談來得容易。

走上地鐵站的階梯時，惠容想到，當年她決定要嫁給文毅、搬去亞洲時，也從沒徵詢過班塔女士的意見或許可。她毫不猶豫地抓住了那個機會，因為她無所畏懼，因為她沒有什麼可失去的，因為她是個冒險者。她想，也許理查遺傳了她最固執、最敢冒險的那些特質，而她也希望他能像她一樣，擁有同樣的韌性。她心想，等到晚上跟理查談話時，她也許會對他說：如果你過得很辛苦，可別說我沒警告過你。不過你隨時可以回家。無論你什麼時候想回來，這個家都會歡迎你。這是她一生從未擁有過的東西——一個可以回去的家。但她願意把這樣的東西給理查，一直給他，即使因此必須放棄其他一切，她也無怨無尤。

＊＊＊

奶奶和爺爺都是意志極其堅定的人，而我爸爸的固執程度在我認識的人當中可說是數一數二（媽媽和我也不遑多讓，我們一家人都很固執！）也因此，我一度執著於要弄清楚爺爺為什麼會放棄自己的信念；但到最後，我也不得不放下自己的執念，因為我對這整件事的瞭解，其實仍有許多空白。

爺爺在一九六五年五月投降，令各界大為震驚。他放棄原本堅持的一切信念，終止臺灣共和國臨時政府的運作，退出臺灣獨立運動，選擇返鄉與家人團聚。待在臺灣那一整年期間，甚至離開之後，我都不停在追問為什麼。關鍵的轉折點是什麼？他是在什麼時候決定放手的？

在張炎憲教授給我的公共電視紀錄片中，有一段黑白新聞畫面：一九六五年五月十四日，爺爺在臺北機場走下飛機。他回到家鄉，拋棄了臺灣共和國臨時政府，轉而全力支持國民黨政府。這是一個驚人的轉變。

那天晚上，在攝影機與燈光的照射下，廖文毅走下飛機，踏上跑道；數百名記者的鎂光燈如煙火般閃爍。他揮手致意，臉上勉強擠出一絲笑容。他剛踏上臺灣土地，就被國民黨政要帶往記者會的桌前。全場一片笑容，表面上氣氛融洽，實則廖文毅剛剛把自己親手交給了宿敵。從那一刻起，國民黨再也不會讓他離開他們的視線。

有人為廖文毅套上花圈，表示熱烈歡迎。接著，他發表了一段事先準備好的演說並接受提問。根據他自己的說法，他是一場失敗運動的前領袖，現已幡然醒悟，痛改前非。

離開家鄉十八年，或許文毅覺得已經夠了。也許他只是想回西螺看看年邁的母親。也許他只是想讓黃紀男、史豪，還有史豪的母親廖蔡綉鸞獲釋、重獲自由。又或許，終於能卸下重擔、不必繼續在日本孤軍經營一場無法獲得國際認可的獨立運動，對他來說是一種解脫。

在觀看那段新聞影片時，我迫切想知道他為什麼選擇回來。到底是哪些最關鍵的因素讓他決定返鄉？國民黨的策略確實奏效了，但真正扭轉情勢的，是哪一刻？影片中以中文稱他為「被解除武裝的先知」。當我透過翻譯逐步理解這些資料的意涵後，也開始思索：究竟是什麼讓我祖父放下了武裝？他為什麼決定回到家鄉？

***

一九六五年五月

臺灣臺北與日本東京

國民黨前調查局主管李世傑在他的揭密著作《臺灣共和國臨時政府大統領廖文毅投降始末》中爆料說，國民黨政府完全沒有預料到廖文毅會於一九五六年在東京成立臺灣共和國臨時政府。廖文毅要另立政府並尋求國際支持的消息傳出時，國民黨大為震驚。蔣介石將此舉視為叛國大罪。從那時將，他就把蒐集情資與從內部破壞廖文毅的運動列為首要任務。他與兒子蔣經國聯手，指派國民黨特務對相關人士加以威脅利誘，逼迫他們倒戈支持國民黨。這項計畫足足耗費了他們九年時間，但最後成功了。

李世傑如此描述國民黨特務設下的陷阱：

一、他們對爺爺的支持者和臨時政府成員進行威脅利誘，導致他失去許多追隨者，並派出間諜回報他的一舉一動給國民黨。

二、他們刻意利用爺爺與其他運動成員面臨的財務窘境，讓臨時政府在面對國民黨收買支持者時無力招架。

三、一九六四年，史豪伯父與黃紀男（另一位運動中的重要領袖）雙雙被判處死刑。其他人也遭重判，包括史豪的母親在內，多人被判處十年以上徒刑。他們的性命成了談判的籌碼。

四、國民黨官員親赴東京告訴爺爺：只要他放棄臺獨運動，不僅所有人的性命都能保全，史豪的母親也將獲釋。

五、最後，國民黨官員去西螺找爺爺高齡九十一歲的母親，錄下這段話給他：「麻吉（按：廖文毅小名），乖兒子，你是我一手帶大的。你離開阿母這麼久，阿母已經這麼老了，回來讓我看一下。你如果不回來看我，我死不瞑目。聽阿母的話，回家吧。」

國民黨派爺爺的姪女攜那捲錄音帶前往東京，一起帶去的還有蔣經國開的條件：只要廖文毅願意返臺，他被沒收的資產都全數歸還；那些資產在一九六五年總價值超過新臺幣一億元。

這項計畫極度機密，只有李世傑與其他三個調查局人員知情。他們決定好由哪位國民黨官員攜那捲錄音帶去東京之後，又設法取得了一段史豪的錄音：

> 黃紀男和我都被判了死刑，即將遭到槍決。我的母親悲痛萬分，情況岌岌可危。我們三個人唯一的生機，全寄託在你願不願意回來。請為我母親和黃紀男想一想，他們的性命正懸於一線。求你回來救救我們！

於是他們在一九六五年五月初啟程前往日本。陷阱已經設好，餌也準備就緒。

***

二〇一一年六月
臺灣臺北

「我認為廖文毅之所以回臺灣，並不是因為聽到他母親那段錄音，」張炎憲教授在他位於臺北的研究室裡接受我採訪時說道。這時距離我第一次在教會聽他上課有幾個月了，在深入研究史料後，我已掌握足夠的歷史背景，能以更有知識深度的方式與這位國內頂尖專家交談。「我也不認為他是因為廖史豪和他母親被關押才決定回來的。判處史豪死刑，只是用來談判的籌碼。」

他在椅子上換了個坐姿。「國民黨根本不會執行那道死刑令，他們只是想要恫嚇廖文毅。我不認為他們真的打算殺了那幾個人。那樣做就太蠢了，因為殺了那些人，廖文毅就永遠不可能回來。我想他也知道國民黨在虛張聲勢，所以這並不是他回來的主要原因。」

「那你覺得他為什麼要回臺灣、放棄臺獨運動？」我問他。

「我認為有三個主要原因：第一，美國拒絕發給他簽證，這對他是極大的打擊。他失去國際支持，覺得自己被美國政府拋棄。他的政治生涯高峰是在一九五〇年代，當時臺獨運動正在壯大；而一九六〇年代，則是他開始走下坡的時候。他在運動中的領袖地位也從那時開始動搖。」

「第二，他失去了許多年輕世代的支持，因為這些人的理念更為激進。在東京有個叫王育德的年輕人創辦了『臺灣青年社』，這是個專門為臺灣海外留學生成立的組織。王育德原先在廖文毅的團體中相當活躍，但後來他吸引了大批支持者離開臺灣共和國，甚至直接挑戰其正當性。除此以外，當時還出現其他對廖文毅構成挑戰的團體。」

「第三，隨著臨時政府遭到國民黨間諜的滲透，外界開始對臺灣共和國失去敬重。國民黨派遣間諜滲入組織內部，這些人混入臨時政府後，積極挑撥離間，遊說廖文毅的追隨者倒戈回臺，轉而效忠國民黨。最終，他們確實成功策反了不少人。」

「有意思，」我有些困惑地說。在此之前，我一直以為爺爺垮臺的主因，是國民黨拿家人威脅他。但在聽完這些補充分析後，我開始意識到，讓他選擇回臺的，其實是歷史、政治、失去支持與家庭威脅等多重壓力交織而成的結果。

張教授接著說：「國民黨很擅長這種計謀。他們看準時機，利用廖文毅母親的錄音與運動夥伴被捕的消息，作為壓垮他的最後一根稻草。家人不是主要因素，但確實是促使他返臺的臨門一腳。」

張教授看著我，眼神明亮，花白的頭髮梳理得整整齊齊，雙手交握，放在面前的書桌上。他咧嘴一笑，寬闊的笑容讓他看起來更年輕，也更有精神。我心想：談起臺灣那段時期的歷史，他大概是全世界最權威的專家吧。

「發起革命的男人不會輕易被勸回。他不會輕易放棄。他很清楚，一旦回來，一切就都結束了。他過去的努力將付諸東流，所有的一切都將化為烏有。」

***

二〇一一年九月
加州洛斯加托斯（Los Gatos）

幾個月後，我在開車穿越北加州、準備與其他家族成員聚餐的路上，訪問了我的表姊徐瑟芬。她母親廖菊香是史豪的妹妹，當年就是她把廖文毅母親求他回家的錄音帶去日本。文毅聽完錄音後，便偕同廖菊香與她的丈夫一同返臺，三人一起走入國民黨的懷抱。

我問瑟芬是否聽過她母親講述那一連串的事件，以及她自己還記得些什麼。她一邊開車一邊回想：「我母親要去日本勸廖文毅回來，這是一項重大的任務。他們判了我外婆和我大舅史豪死刑。我外婆的身體本來就很差，她有糖尿病。坐牢讓她的健康狀況更加惡化。」

「妳母親有沒有說過一九六五年這次國民黨為什麼要判他們死刑？」

「他們想逼妳祖父回臺灣，所以想盡辦法拘禁他的家人，羅織罪名把他們關進牢裡，用這種方式來脅迫他回國。廖文毅與外界的聯繫大多已被國民黨切斷，但只要他還留在日本，臺灣人就對革命仍抱有希望。這是他們徹底摧毀這場革命的最後一步。於是他們前往西螺，錄下廖文毅母親的聲音。」

「錄音是國民黨安排的？」

「對！他們去了西螺，錄下他母親說『回來吧，兒子』那段話。妳要知道，那個時候她已經快一百歲了。」

「她認為廖文毅應該回來嗎？」我問。

「對啊！她年事已高，大概不知道廖文毅搞革命的事。她只想再聽一聽兒子的聲音。國民黨拿到錄音帶後就去找我母親，威脅她說：『這是妳救出妳媽媽和哥哥的唯一辦法。』對我母親來說，救他們才是最重要的。她覺得妳祖父的革命已經無望，因為大多數領袖都被關進牢裡，已無人能與他並肩作戰。」

「所以是妳母親決定把那捲錄音帶拿去日本的？」

「國民黨的調查局承諾她，只要她照辦，就會釋放她的母親和哥哥。那是一九六五年，我念小學一年級或二年級。我還記得那天！是五月十四日。我住在大舅媽家，因為爸媽要去日本見文毅三叔。」

「文毅聽到他母親的錄音後說了什麼？」我問。

「我媽說他崩潰痛哭。當時他的處境很艱難，許多同志都在獄中，只剩下他還在日本繼續奮鬥。然後他聽到母親的聲音，催促他趁她還活著回家看看她。最後，他們一起搭機返臺。他向國民黨投降，放棄了一切。」

我想起那段黑白影像，他走下飛機，名副其實地步入蔣介石與蔣經國的臂彎。

「我母親非常緊張，擔心自己一個不小心會做錯事、說錯話。她母親在獄中，大哥又被判了死刑，她實在別無選擇。」

我聽得入神。車子行駛在加州郊區起伏的丘陵間，我望著那些棕褐色的山丘與枝葉如羽毛般輕柔的尤加利樹，思緒重新回到當下。瑟芬表姊親身經歷過爺爺投降的那一刻。她的父母幫助家人團圓了，儘管這也意味爺爺的運動就此瓦解。她的母親為了拯救自己的哥哥史豪和母親，做了她不得不做的事。

「太不可思議了，」我終於開口說道。

「是啊，真的太不可思議了，」瑟芬附和。

＊＊＊

爺爺返回臺灣後，國民黨發行了一本宣傳手冊，名為《祖國的召喚：廖文毅幡然來歸記》，有中文與英文兩種版本。文毅在小冊子最後發表了一段聲明，談他返臺後對臺灣的觀察與感想。

我在讀那本小冊子時，腦中開始想像爺爺返臺後的生活是什麼模樣。以下摘錄一段爺爺的文字，讓我們聽聽他自己怎麼說：

返臺之後／廖文毅

一九六五年六月十五日，臺北

自從一個月前返臺以來，我已造訪島上多數地區，對我離臺十八年間所取得的經濟與社會進展感到非常驚訝。我衷心感謝蔣總統與中華民國政府的寬容與仁慈，使我得以返國彌補過錯，親眼見證島上的成就，探望九十一歲的老母，並投入國家的反共鬥爭行列……多年前，我幾乎信了那些中傷的宣傳。我所發起的「臺灣獨立」運動，確實也受到這些惡毒言論的影響……

> 我發現「獨立運動」是沒有社會基礎的空中樓閣。任何臺灣「獨立」運動都只會被中共和其他陰險人士利用。我必須將之屏棄。
>
> 我相信那些曾經支持過我的人也會跟隨我的腳步。其中許多人已經放棄他們的「臺獨」運動了。我認為他們來歸只是時間早晚的問題。個人的生命有限，但國家的生命是永恆的。我已經浪費了我最精華的十八年，我想沒有人會想要為一個沒有民眾支持的運動浪費更多時間。
>
> 過去這十八年給了我慘痛的教訓，並且讓我領悟到一個鐵一般的事實：任何分裂國家的運動都只會為全體人民帶來災難……。身為戴罪之人，我已經準備好、也願意去做政府要我做的任何事，以藉此贖罪。

我讀著這些文字，想像爺爺終於回到西螺廖家祖厝、擁抱九十一歲老母親的情景。奶奶如果看到前夫的這篇聲明，不知道會作何感想？她會覺得為時已晚嗎？還是會像我一樣，對他心生同情？想到爺爺落入一敗塗地的窘境，我對他產生了前所未有的同理心。

廖文毅是一位被罷黜的皇帝、一位失去實權的理想家、一位被解除武裝的先知。雖然我有時也覺得他的光榮夢想略嫌不切實際，但對於他這樣忍辱歸國，我依然深感同情。

他同意返臺時，心裡應該很清楚，自己將在公眾面前臨極大的難堪。我想像他把日記妥善收藏在前田家，不知道自己是否還有機會回去取回。我在腦海中看見他吻別由奈，撥了撥小昭雄的頭髮，隨後與姪女和她的丈夫一同上車。他們悄悄登上飛機，所有安檢措施與書面作業都由國民黨一手安排。返鄉途中，他的心在胸口焦躁不安地狂跳。闊別十八年，他終於要回到臺灣了。

文毅曾為臺灣民主這個偉大的理想犧牲一切。如今理想破滅，他感到前所未有的空虛。他想知道惠容現在在哪裡，過得好不好，是否還會想念他；想知道大兒子泰德是不是愈來愈像他了；也想知道珍妮、亞歷和理查現在過得怎麼樣。也許有朝一日，他會再見到他們。總有一天。

他嘆了口氣，心中疲憊不堪。經歷了這一切，也許光是能夠回到家，就已值得。他閉上眼，彷彿聽見惠容在他耳邊低語：別擔心。世界上還有很多超乎你想像的糟糕事情。你只要撐過今天，明天就會到來。他仍記得她的模樣——他們初識的那天、她答應嫁給他的那天、還有在橫濱碼頭離別的那天。他也想起孩子們的臉龐：眼角含淚的珍妮、穿著短褲的泰德、緊牽著母親手的年幼亞歷，以及躺在母親懷中的小理查。

想到有朝一日能與孩子們重聚，加上即將見到自己年邁的母親與西螺的親人，文毅的心情漸漸沉靜下來。這些浮現在他腦海中的面孔，是支撐他繼續前行、迎向前方波濤的力量。

第四部

第十八章 重返西螺

二〇一一年五月

臺灣臺中

在西螺這座小鎮，每個幽魂都有名字。六個月後，我再度踏上這裡，帶著更多知識，也更敢開口說中文了。我有資源，有人脈，有朋友。我來這裡是為了尋回家族失落的祖厝，喚醒過往的記憶。我不知道自己會有什麼發現，抵達時，心中仍充滿令人屏息的忐忑。但這次我準備得比上次充分多了，信心也因此倍增。西螺只是我家族的發源地之一，卻是我在臺灣這段尋根之旅的核心。

我來到這裡，是要為心中的幽魂一一命名，並傾聽他們的故事。我已敞開心扉。我準備好了。

***

我此行到西螺的第一站，是與長老教會的杜牧師見面。我帶著地圖，也向陳婉真借了一輛車。我會在她的農舍住一個禮拜，跟我一起的還有謝聰敏的妻子邱幸香和她們的幾位朋友，我一律稱呼她們為「阿姨」。

陳婉真那棟寬敞的農舍周圍是一片青翠的農田。春耕季節的高峰即將到來，稻田裡密密排列著長長的綠色秧苗，隨風搖曳，宛如一大張絨毛毯。開車行駛在翠綠田野的單線道上，感覺平靜祥和，與我上次騎機車探索的經驗大為不同。這一次，我終於知道自己要去哪裡了。

當我駛過跨越濁水溪的紅色西螺大橋時，想起了上次看見祖厝被夷為平地時那股孤寂的感受。這次我是從北邊進鎮，與上次相反的方向，也不再感到孤單。

車子才剛過橋，就迎面撲來鎮上的塵土，隨風一陣陣飛揚。我現在對西螺的街道比較熟了，也讀得懂路牌了。我在延平路右轉，駛向小鎮的西郊，最後把車停在教會外。我繞到教堂後方，敲了敲杜牧師辦公室的門。

門打開了。杜牧師是一位年近四十的瘦小男子，穿著一身整齊的黑色套裝，戴著羅馬領。「廖美文？」

我點頭。

「歡迎來西螺，也歡迎來你們家族的教會。很高興見到妳！」他的中文清晰易懂，而且每句話結尾時的音調都會俏皮地微微上揚。

我回應他的問候（「很高興認識您！」），我們握了手。他帶我走進辦公室，並同意我錄音，我們全程以中文交談。雖然過程有些吃力，但我們都努力溝通，沒有翻譯也談得下去。

「我一直在等廖家的人來，」杜牧師說。「我不是西螺人，但這間教會的土地和經費是廖家提供的，所以我們欠你們一份大恩情。而且廖文毅對臺灣獨立真的非常重要！」

「謝謝您接待我！」

「這是我這些年來蒐集的廖文毅與廖家相關資料。」他拿出一大疊論文、資料夾、文件與報紙剪報，放到桌上推向我。「妳自己看看吧！」

我倒抽一口氣。「這些……我可以看嗎？」

「這些都是要讓妳帶回去的，」杜牧師和藹地說。「多年來我一直在蒐集這些資料，就是希望會有你們家的人來跟我要。」

所有資料都是中文的。其中有些是剪報，內容包括廖文毅返國、家族祖厝被出售與拆除、家族墓園被遷走、他推動臺灣獨立所留下的影響，以及其他廖家成員的報導。

他接著說：「我想邀請妳禮拜天來教會聽我講道。妳將是我們的貴賓。妳願意來嗎？」

「願意，我禮拜天會盡我所能來聽您講道！真的很謝謝您。」開車北歸，再度駛過那座紅色鐵橋時，後座已堆滿文件與珍貴的研究資料。我開始覺得，自己是西螺的一分子了。

***

隔天我認識了三個人，他們對我的研究幫助極大。第一位是西螺延平老街文化館的何館長，一位四十來歲、留著烏黑短髮的女士，在茶敘中完全壓過了西螺鎮長的氣勢。她打斷鎮長冗長的講述，啪地一聲扔出一疊我祖父與其他廖家人的照片，立刻改變了談話氣氛。我很欣賞她坦率直接的作風，她也答應幫我找幾個人受訪。我問她是否知道那位貪財堂叔的下落，她說會幫我查查看。我懷著一絲渺茫的希望，心想說不定真的能找到他。

接著她介紹我認識一位已經在西螺住了七十多年的教會長老，人稱張老師。他臉型瘦長、皮膚曬得乾硬、身材結實，精力旺盛得驚人，簡直是活力的化身。他是西螺數十年歷史的活見證，熱心表示願意帶我走一趟小鎮的歷史建築導覽，並詳細描述他記得的廖家祖厝樣貌。我答應張老師說，幾天後我一定會再來，透過他的記憶緬懷我們家族舊宅的風貌。

最後，我認識了一位來自附近城鎮的高中生蓋瑞。他曾赴美留學，居然同時能說一口流利的英語與臺語，立刻成為我那週最主要的口譯。那年夏天，蓋瑞也來到臺北，協助我採訪家族成員、歷史學者與相關專家。

蓋瑞後來成為我所能期望的最佳研究助理，也像親弟弟一樣陪伴著我。十八歲的他在高中時期赴美當過一年的交換學生，從此愛上美國的流行音樂與電影。例如，他非常迷魯妮·

瑪拉（Rooney Mara）和阿諾．史瓦辛格（Arnold Schwarzenegger），還常常沒來由地引用《魔鬼終結者》系列電影的臺詞。

蓋瑞一得知廖家的故事尚有許多未解之謎，以及我們家族在西螺仍留下許多遺憾，就熱心地表示願意幫助我深入調查。聽到有人對這個計畫有信心，讓我精神大振。這個故事能激起一個陌生人的想像與共鳴，對我來說意義重大。短短幾天，蓋瑞就成了我信賴的朋友。

和何館長及張老師吃過午餐後，我們回到西螺延平老街文化館樓上的閣樓。幾個月前我就是在那裡看到廖文毅特展的大型海報，還有祖厝昔日風貌的照片。現在，在蓋瑞的協助與何館長的允許下，我們把那些海報從背板上拆下來（印在塑膠布上，固定在舊門板上，我覺得很有意思）。我們把海報捲起來，踩著嘎吱作響的椽木，穿越滿是灰塵的雜物，爬下那道陡峭的樓梯。然後由蓋瑞開車，我們把海報帶去附近的斗六市，在影印店掃描存檔。

「妳的尋根之旅跟印第安納．瓊斯好像！」蓋瑞在午後的暴雨中開車送我回婉真家時說道。「有夠刺激的！有狂人、有失落的物品、還要揭開塵封的往事──簡直就是《法櫃奇兵》的情節。」

「沒那麼誇張啦，」我嘴上這樣說，卻還是被逗笑了。「但願我們不用在沙漠裡跟納粹鬥法。我很高興看到你這麼興奮，也非常感謝你幫了我這麼多。要我說的話，如果我是努力想要破案的福爾摩斯，那你就是我的華生。」

「我喜歡。」蓋瑞咧嘴一笑。那場雨來得快，走得也快，此刻太陽又出來了。他戴上太陽眼鏡，抓穩方向盤，車子在公路上飛馳。「我當華生應該很不錯。」

***

那個週日，邱幸香陪我到西螺長老教會聽杜牧師的臺語講道。我穿著一件棉質針織連身長裙，搭配一件針織外套，這是我帶來臺灣的衣服中最體面的一套。幸香則穿著一件漂亮的襯衫和黑色長褲，配上她的鮑伯頭，看起來十分優雅。幸好我有去，因為禮拜流程中出現了我的名字！杜牧師特別向全體會眾介紹我，歡迎我出席，並指出廖家當年為協助成立這間教會奉獻了土地與資金。

接著，他邀請我站起來向會眾說幾句話。我點了點頭，但其實完全不知道該說什麼。幸香陪我走上講臺，準備將我講的英文即時翻譯成臺語。我緊張地望著擠滿這座小教堂的西螺居民，老中青各個年齡層都有。幾代人齊聚一堂，有些人也許認識廖家，有些人可能從未聽說過我們。

「各位早，」我有點不自在地說。教堂不是一個能讓我感到自在的空間，畢竟我對宗教完全沒有信仰，更何況我不是基督徒。「我是廖文毅的孫女廖美文，他的小兒子只有我這個孩子。」幸香幫我翻譯，我在旁邊等她說完。她真的很厲害！我想，跟謝聰敏一起生活了這麼多年，她早就習慣應付各種突發狀況了吧。她語速緩慢、語調平穩，全程冷靜沉著。「我和我父親都是在美國長大的，所以對廖文毅的生平和他領導的臺獨運動幾乎一無所知。現在我回來西螺尋根。我想更瞭解我們家族的故鄉。」

這座教堂見證了我們家族幾代人的重要時刻。二十年前，爺爺的葬禮就在這裡舉行。當時珍妮姑媽和泰德伯父坐在第一排，就在我現在站的這個位置右手邊。再往前推二十年，我曾祖母的葬禮也在這裡舉行。在我反覆觀看的那部公共電視紀錄片中，有一段黑白影片正是記錄了那天的情景。那天，爺爺以在世長子的身分出席他母親的葬禮，與姊姊們一同穿上傳統白色喪服，承擔主祭的責任。從影片中可以明顯看出，他在投降返臺後確實蒼老了許多。

我站在原地望著會眾，腦中浮現先人的亡靈，接著開口說：「我在努力瞭解廖文毅的一生，打算寫一本關於他和臺獨運動的書。我想把他的生平和西螺的故事介紹給英語世界，所以如果你們對廖文毅或是我們家族有任何記憶，我都很希望能跟你們聊聊。無論是談廖文毅的故事，還是關於西螺的記憶，我都很想聽你們分享。」幸香用臺語解說完畢。我擁抱她，然後和她一起坐下。

杜牧師回到講臺前，跟大家說我這週都會待在西螺，也告訴他們該如何聯絡我。我感覺到無數道目光注視著我，彷彿我像個七呎高的螢光標誌一樣引人注目。我知道我仍是個外人，但今天，我被歡迎了。我是被邀請來的。

***

那天下午，我趴在婉真那棟農舍三樓的床上，寫信給一位家鄉的朋友。組織文字的時候，我想著這棟房子真是太棒了：一座僻靜的大宅院，裡頭有雞、熱帶樹木、花卉和藤蔓，還有一處菜園，位在一條蜿蜒穿過稻田、棕櫚樹與農地的小路盡頭。我放下筆，走到三樓的陽臺上，眺望四周肥沃的田野，其間零星散布著幾棟農舍。幾條窄路的模糊輪廓一路延伸，最終隱沒在一望無際的翠綠稻田中。

我低頭望向婉真家的後院，只見那些雞一邊咯咯叫，一邊慢悠悠地在院子裡踱步。然後我又看向前門和那條長長的泥土路。婉真的大門是電動的，平常由自動系統控制，但那天下午我回家時按了開關，門卻絲毫沒有反應。也許是系統故障了。我費盡全力才手動推開其中一扇門。擔心之後打不開，我乾脆讓門敞開著，方便幸香和其他阿姨們採買返家時能直接進來。而且那天傍晚我還要開婉真的車去客運站接她回來，她白天去了趟臺北。我走回屋裡，繼續把信寫完。

「金！」一位阿姨在樓下大喊。「金，妳在樓上嗎？」語氣聽起來很焦急。

我連忙跑下樓，只見幾位阿姨全都站在車道上。「怎麼了？」

「這個門打開多久了？」

「大概一個小時吧？遙控壞了，我怕鎖卡住會打不開。」

「打不開也比現在這樣好，」最年長也最緊張的阿姨王姐說：「門這樣開著，雞會跑掉的啦！婉真養了快二十隻雞呢！」

「天啊！」我大叫。「我要怎麼知道有沒有雞跑掉？」

「去數一數，」她說。

我繞過房子，衝到後院。雞舍裡有六隻，院子裡有兩隻黑雞，側院棕櫚樹下有一隻小黑雞和三隻白雞在咯咯叫，接著又數到兩隻。一共十四隻。

我衝回屋裡時，阿姨們正忙著拆購物袋和整理一箱箱水果。「我數到十四隻雞，」我慌張地說。

「哎呀，」王姐的語氣很嚴肅。我的心立刻涼了半截。「我聽說婉真養了二十隻，還是二十二隻。可能有幾隻跑出去了。」

「怎麼辦？」我懇求道。在臺灣人的作客禮儀裡，這絕對是最差勁的過失了。把人家心愛的雞弄丟了，我該怎麼補救？

「妳就老實告訴婉真，她會理解的，」幸香安慰我。「她會原諒妳的。」

「妳可以賠錢給她買新的雞，」另一位阿姨瑪莉琳說。

「是沒錯，但那些雞對婉真來說是心愛的寵物，」王姐說。

「太糟了！」我大叫。「我是個大爛人。」

「別慌，」幸香說。「放輕鬆，喝點茶。反正在婉真從臺北回來之前，妳也做不了什麼。」

「可以做一件事，」王姐說。「快把門關上，免得又有雞跑出去。」

我鬱悶地走回院子裡，滿心都是罪惡感與挫敗感，早先的興奮全都消失殆盡。然後我開始想，附近會不會有農場在賣小雞？也許我能趁婉真回來之前補上幾隻，再送她一箱小雞，來表達我的歉意。但天啊，我要去哪裡買？我焦急地在筆電上用英文搜尋「農場，年輕活雞，臺灣臺中」(farm live young chickens Taiwan Taizhong) 和「臺灣活雞售價多少？」(how much does a live chicken in Taiwan cost?)。結果不出所料，什麼像樣的結果都查不到。我完全不知道該怎麼收拾這個糟糕的局面。

吃過晚飯，我就去接婉真了。車頭燈劃出一道細長的黃色光束，穿越田野、加油站、檳榔攤，還有稀稀落落的鄉間路邊景點。她搭的客運車緩緩進站，我一邊等待她下車，一邊提醒自己慢慢吐氣。她穿著正式套裝朝我走來，微捲的深色短髮勾勒出圓圓的臉龐，顴骨高挺，雙眼靈動，笑容聰慧。她提著裝滿書和文件的公事包，問我：「今天過得還好嗎？要載我回家囉？」

「對啊，」我說。在駛出停車場前，我緊張地吐出一口氣。「婉真，我得跟妳說一件事。今天下午我不小心讓妳家的前門一直敞開著，可能有幾隻雞跑出去了。真的很對不起，我會買新的雞補上，我真的覺得非常內疚。」

婉真點點頭，神色從容。「妳數到幾隻？」

「十四隻。九隻白雞，三隻黑雞，還有那隻花色的和那隻小黑雞。王姐說她記得妳養的應該比較多，所以有幾隻大概真的被我搞丟了。」

婉真扳著手指數了數。「我現在養的就是十四隻，妳沒有弄丟！」

「真的沒少嗎？喔耶！謝天謝地！」我大大鬆了一口氣。一整個下午的恐慌瞬間消失無蹤。

婉真盯著我看了一下，接著就大笑出聲。我也跟著她笑了起來，我們就這樣一路笑著回家。

婉真把她那天帶回來的書和研究資料整理好後，我們一起喝茶，她也聊起自己的工作。「我在撰寫關於臺灣獨立運動的書。我以前出過一本書，收錄了許多二二八事件的口述歷史。來，妳看看，」她拿出一本多的書給我。「我以前是臺獨運動的成員，也參與了一九七九年的高雄事件。我們遊行、喊口號的時候，都會戴上黑色口罩，這樣才不會被認出來。」婉真是在流亡美國期間認識了那幾位阿姨。

「有一次我參加抗議時被逮捕，連我兒子安迪也被帶走，」她邊說邊拿出一張照片給我看。「這件事在媒體引起很大關注。妳看，他在哭。」後來，一九八〇年代的民主運動逐漸取得成果，戒嚴解除、自由選舉制度確立，婉真也當選過國會議員。如今她已退出政壇，專注於用中文寫書，記錄那段臺灣歷史。她令人敬佩，那份堅定與熱情也深具感染力。

「也正因如此，我理解妳想寫下廖家故事的心情，」她看著我微笑說道。「妳祖父廖文毅非常重要——對我們這些投入臺獨運動的人而言意義重大，雖然我們是隔了幾十年的後輩。他是第一個走出這條路的人。」說著，她又從滿滿的書櫃裡拿了幾本書給我。

她接著說：「我知道這對妳來說是私事，畢竟這個人是妳的家人。就像謝聰敏和邱幸香，或我和我的兒子安迪。挺身出來奮鬥，我們都犧牲很多。」

她在自己的桌上型電腦打開一個影片檔，請我坐下來看。「妳應該看看這個。這支影片在講二二八事件，包含事件的成因，以及之後幾十年臺獨運動的形成過程。妳看了會明白很多事情。」說完，她關掉其他燈，和我道晚安，就上樓休息了。

影片全程是中文。幸好此時我的中文能力與對臺灣歷史的掌握都堪稱在巔峰狀態，所以看得懂——至少能看懂大部分。在背景音樂的襯托下，旁白引導觀眾回顧一些我和山姆曾在二二八紀念館看過的史料，也呈現了更多內容，包括那些曾遭國民黨封鎖，或被民眾藏匿，直到能安全揭露時才得以公開的歷史證據。

突然，背景響起一段樂曲，那是電影《辛德勒的名單》的主題曲。由帕爾曼（Itzhak Perlman）以小提琴演奏的悲傷旋律，正好在影片講述國民黨軍隊展開血腥鎮壓時響起。我覺得自己彷彿被撕裂成兩半，像一條吸滿情緒的溼毛巾，被狠狠擰乾。屬於俄裔猶太人的那半個我——在納粹大屠殺期間於烏克蘭痛失我外祖母全家的那一半——也被猛然喚醒。我心想：*拜託，千萬不要讓我同時思考二二八事件和納粹大屠殺。*

我無法同時承受來自父系與母系的集體創傷。影片開始播放民眾在街頭遭槍殺的畫面，實在太讓人難受了。

我打電話給山姆。「嗨，南部怎麼樣？」他爽朗地問我。

「還不錯。其實我快撐不住了。我現在坐在一棟距離廖家故鄉西螺只有十五公里的超讚農舍裡，屋主給了我一大堆書，還要我看一部關於二二八事件的影片，結果這部影片比二二八紀念館更讓人難以承受。畫面裡有人被槍殺，背景音樂還是《辛德勒的名單》。」

「天啊，那也太狠了。」

「我真的完全招架不住。今天我還去參加了一場禮拜，那間教堂是我們家族當年協助興建的，牧師還邀請我上臺對會眾說話。」

「感覺很厲害欸！」

我點點頭。有個好朋友能陪著我經歷這一切，真好。

「那影片真的太沉重了，」他說。「真的沒必要把兩邊家族的創傷一起扯進來。」

「對啊，沒錯。為什麼不能放過猶太人那一邊呢？」

「但他們活下來了。妳的家人活下來了。不如明天再把影片看完吧？」

「謝啦，老兄。晚安。」

那天夜裡，我夢見自己在一個備受鍾愛的地方，一個神聖的所在，而那個地方在燃燒。

那裡的一切都付之一炬，化作灰燼。

第十九章 開始用惠容的邏輯思考

二〇一一年五月
臺灣西螺

我在西螺的一週已經來到尾聲。倒數第二天，何館長來找我們，她追查到那個差勁的貪財堂叔了。「我找到廖英杰了，」她對我說：「就是那個把祖厝賣掉和拆掉的人。」

我到西螺的第一天晚上，幸香問我想不想把家族的土地拿回來。當時我訝異地笑了出來，因為我未有過這種想法。我回答她：「不，我並不想質疑任何人的所有權。雖然他那樣做對我們不公平，但土地畢竟是合法出售的。我只是想知道發生了什麼事——是怎麼走到這個地步的。」

然而現在，得知真的有機會親眼見到那個娟娟伯母曾告誡我不要接觸的堂叔，我的內心反而燃起一股怒火。我為了找到祖厝、在腦海中重現它昔日的榮景，費盡千辛萬苦。這個堂叔卻為了一己之利而摧毀了它，讓整個廖家蒙羞，也犧牲了家族所有成員的記憶。據我所知，他沒有把賣掉祖厝的錢分給任何人，這也是娟娟和史豪如此憤怒的原因之一。

我好想直接走進他家客廳對他說：「你為什麼要那樣做？你怎麼可以毀掉我們家族的老家？你看著我，告訴我為什麼。」

我渾身顫抖地跟在何館長後面，她迅速穿過如蜘蛛網般錯綜複雜的小路和巷弄（跟私家車道差不多窄），而這些地方原本都是廖家的土地。最後我們來到一棟建築前，看起來是兩層樓的住宅，一樓是辦公室。何小姐敲了敲紗窗拉門，大聲喊道：「廖英杰，你在這裡嗎？」

他的助理讓我們進去。裡面是一間房仲辦公室，而我腦中冒出的唯一念頭是：這是什麼味道？地板、桌面和家具上都堆滿了雜物，層層疊疊。助理帶我們走向一個駝背的矮胖男子，他坐在那片髒亂中，就像一隻蹲在蓮葉上的蟾蜍。何小姐介紹我時，他的眼神渙散。我出於習慣伸出手表示禮貌，但很快就意識到，其實我並不想讓他握住。我不想觸碰他。

他和我有血緣關係，是我在西螺最後一位還在世的親人。但我只感覺到一股出自本能的強烈反應：快讓我離開這裡。我一路上醞釀的怒火，在此刻全都化為憐憫與嫌惡。我不禁想，這個人到底經歷了什麼樣的不幸與悲劇，才會落到如今這般邋遢混亂的境地？我不再想質問他、指責他，也不想再和他有任何牽扯。我只想逃離這個地方。

「廖美文是你從美國來的親戚，」何館長用清晰明瞭的中文向他說明，「她到西螺來尋根。」

他示意我坐下。我蹲坐在一張低矮的椅子上，用中文問了他幾個關於房地產生意和西螺現況的基本問題。但我實在坐不住。過了一會，我站起來用英文和何館長商量：「我剛才跟他說我這一週會待在這裡，希望能多認識他一點。但妳覺得這樣做好嗎？」

她低頭看著我父親的堂弟。他移動左腳，露出一片紅腫潰爛還滲出膿液的傷口，幾乎遍及他整條小腿。我喉頭湧上一股反胃感，於是我別過頭去。

「妳還想要再來嗎？」她用英文問我。

我很喜歡何館長的直率，讓我覺得無論在什麼情況下都可以放心仰賴她的引導。

「不，完全不想，」我回答。

「好，那我們就拍幾張照片。妳表現出有敬意的樣子，我會跟他說妳想為這次見面留個紀錄。這樣妳就不用再來了。」

我不太明白「拍照」和「不用再來了」這兩件事，在臺灣的社交禮節中有什麼邏輯上的關連，但我還是感激地點點頭。我屏住呼吸，胸口憋著一口不敢吐出的氣。何館長向廖英杰說明後，示意我再度蹲坐到他身旁拍照。我避開他那條潰爛的腿，也沒碰他，只是盡量靠近到符合禮數的距離。我試探性地又吸了一口氣。他是醉了嗎？還是有些精神恍惚？實在很難分辨。他說話含糊，我的中文也不夠流利；他缺了幾顆牙，眼神始終沒與我對上。我根本無法確定他是否真的知道我是誰。

一走出那棟屋子，我立刻大口呼吸外頭清新的空氣。「天啊，總算結束了，」我說，幾乎虛脫地癱軟下來。

「抱歉，剛才害妳覺得不舒服，」何館長說。

「不是妳的錯。我很感謝妳幫我找到他！他——跟我想像中不一樣，」我說。我這才明白，原來娟娟當初的嚴厲警告，只是為了保護我。

我決定把與廖英杰見面的事封存起來，不讓爸爸和娟娟伯母知道。何必帶給他們不必要的痛苦或不快呢？我如此想著，很快驚覺自己竟開始用奶奶的邏輯思考了。

***

在西螺的最後一天，我在張老師的帶領下展開了一場歷史徒步導覽，從當地最具代表性的延平老街出發。他一邊快步行走，一邊揮舞雙臂，指著沿路的建築與景物，講述它們的來歷。他的聲音洪亮有勁，語調抑揚頓挫。他說：「這棟是經商人家的宅子，那棟屬於一位店主，這棟是農夫的家，」並指出每棟房子的建築特色。他臉上布滿深刻的皺紋，每一道都像封存了無數記憶。

「這座陽臺是後來才改成石造的，一九四〇年代以前全都是木造的。」「那個符號是這戶人家的家徽，就像徽章一樣，象徵這棟建築的所有權，一樓那邊也有一個。」他的雙手在空中比劃，在我眼前勾勒出祖父母當年生活過的西螺街景，彷彿用隱形墨水描繪出一幅立體的歷史圖像。接著，他遞給我一張俯瞰廖家祖厝的詳細地圖，是他親手用原子筆畫在雜誌內頁背面的。

張老師講的中文非常清晰，所以我大概每三句可以聽懂一句。蓋瑞興奮地跟在我身邊，努力把張老師的話翻譯成英文，讓我能理解其中的細節。我用錄音機全程錄下這段導覽。走在塵土飛揚的街道上，兩種語言的音節在我耳畔交錯纏繞、彼此交融。

「到了！」張老師說。這時我們走到延平路與建興路口的轉角處，那裡有一棟兩層樓的建築，一樓掛著紅底白字的小吃店招牌。他指著一面牆說：「轉角那面牆——就是廖家祖厝的轉角。是你們祖厝僅存的一面牆，而且是原來的牆體，現在還立在那邊。」

我發現自己來過這個地方。這裡是原點：廖家祖厝的舊址。但這一次我有嚮導帶路，他能引導我從廢墟中發掘過往的痕跡。確認那就是原始的牆體時，我感覺就像發現了一顆恐龍的牙齒，或是一塊屬於我們家族的史前骨骸。「真的嗎？那個轉角？那面牆？是從原來的建築保留下來的？」

「沒錯！」張老師說。「有看到上面的旗子嗎？就畫在那塊石頭的轉角上？那原本是日本國旗——」他停頓了一下，強調接下來的話，「因為這棟房子是廖承丕（廖文毅的父親）在日治時期蓋的。後來一九四五年國民黨和蔣介石掌權，那面旗子就被改成中華民國國旗。妳看得出來嗎？」我們走到馬路對面去近距離觀看。

隨著歷史在這個街角所留下的痕跡一層層剝落，我感覺時光開始倒流，回到了一九七九年。那時我父親就站在這個地方，滿懷敬意地仰望廖家祖厝——他所仰望的，是一座承載著失落家族記憶的精神堡壘。接著，我又繼續穿越時光，回到更早的一九六五年。廖文毅放棄他的臺獨運動，返回故鄉擁抱他高齡九十一歲、雙目失明的母親。她一直在等著這個浪子歸來，向她懇求原諒——原諒他讓家人受盡苦難。

我的思緒回溯到更久遠的一九四五年。戰爭結束，日本人終於離開這座城鎮了。我彷彿看見惠容滿心歡喜地幫家人整

來源：廖美文提供

理行李，準備從這片恬靜的農莊搬往繁華的臺北。她急著拋下那些遭日本兵騷擾與威脅的陰影記憶，但她並不知道，自己將永遠離開這裡，不再重返。

我和我的嚮導們像是一群考古學家，無意間觸及歷史的邊角，沒想到底下竟藏著整座金字塔，便毫不猶豫地一頭栽入過去。我們走進廖家祖厝的舊址，循著張老師的講述、動作和手繪地圖，用雙腳丈量這片土地，昔日家園隨之在我們眼前重新活了過來。

「這裡是以前的網球場，」他指著前方說。一棟低矮的兩層樓住宅和幾條交錯的曬衣繩，拼貼出一幅由鮮豔衣褲組成的畫面。「水池原本在這邊。從這裡有一條大路和一道大門通向庭院，整個庭院一路延伸

來源：瑪辛．廖(Maxine Lia)提供

到那邊——」他邊說邊比劃，「橫跨到那一頭。當年這裡可是鎮上最氣派的宅邸。」

我們繼續往前走。這裡是以前的主屋、家族各房的居所、馬廄和穀倉；這個角落則是廖文毅的「城堡」，那是一棟他回臺後為自己建造的現代建築。張老師形容那棟建築「有白色的圓塔，牆頂還做成像城堡那樣有缺口的女兒牆」。

這讓我想起好幾個月前在延平老街文化館閣樓看到的那些照片。接著我想到，爸媽婚後來探望爺爺時，媽媽曾和爺爺在一棟白色建築前合影。我連忙從包包裡把那張照片翻出來。

「是這一棟嗎？」我把照片遞給張老師。照片上是我父母和廖文毅，站在一棟白橘相間的現代建築前合影。

「對！」張老師舉起照片，有如為我們打開了穿越時光的入口，讓我們看見自己腳下所埋藏的過往。整座莊園從我們四周的瓦礫堆中慢慢浮現出來。「差不多是這裡，就在我們腳下。」

我覺得自己走進了那張照片裡。在張老師的帶領下，我依稀能透過他的雙眼，看見祖厝的模樣。我們漫步於果樹林間，穿過以魚池為中心的庭院，走在主屋外層層相連的陰涼長廊。我們合力喚回了那座不復存在的祖厝。

***

那天晚上，我坐在婉真家的房間裡，靜靜沉浸在夜色之中。當時是彰化縣凌晨四點，窗外蟬鳴陣陣，空氣中瀰漫著溼氣與棕櫚樹的氣息。零星路燈點亮那條通往鎮上的長路，在寂靜夜色裡像一串低垂的星光。

腦中仍迴盪著這一週三種語言的聲音——英語、中文與臺語交替浮現，為我拼湊過往片段與故事。我開始回顧過去一週的種種經歷。

整個星期，我都強烈感受到這次來訪與初訪西螺時的巨大差異。現在我有了一張人脈網絡，有人願意幫我口譯與筆譯，有人關心廖家、主動分享他們記得的往事，也有人打電話來說想和我聊聊。彷彿大家玩起了接「燙手山芋」的遊戲，要把「來自國外的年輕廖小姐」輪流接過去，我就這樣被一個又一個人帶著走進過去的故事。回憶實在太多了，連那些痛苦的時刻，也顯得格外珍貴。

感覺終於對了。過去在臺北讓我煩惱的種種問題，像是看不懂中文歷史書、棘手的訪談尚未完成、與政大臺灣史教授之間的溝通障礙、無法理解我找到的日文資料，如今都不再困擾我。國民黨政府為掩飾白色恐怖暴行所做的政治漂白，也不再讓我耿耿於懷。那種因準備不足而產生的焦慮，已悄然散去。

我在西螺找到家的感覺。這裡的人見到我都很高興。他們不在意我中文講得好不好，只在意我是否真心想認識自己的家人，瞭解他們以前在臺灣的生活。在西螺，我一點一滴找回了自己的根。

陳婉真、邱幸香和其他幾位阿姨都深知這一點。她們呵護我、接納我，把我當成自己人。最後那天晚上，我們一起到山城埔里吃飯，回程時，車子在黑暗中穿行於臺灣中部蜿蜒曲折的山路上。那一刻，我知道自己很安全，黑暗中的幽魂不會來騷擾我，因為我屬於這裡。我有權待在這裡，有權知道，有權追尋。

這是屬於我的故事，與他人無關。我現在不具備、將來也不會擁有足夠的權威與專業知識，去闡述臺灣邁向民主的複雜歷程，或細訴數十年來社會運動的演變與犧牲。能明白這一點，我想我已開始懂得謙卑。我唯一可依憑的，只有我的家族：廖家的故事與我們這家人的經歷。那天晚上，是我這一年來第一次明白自己為什麼來到臺灣。我終於能全然接納這一年發生在我身上的種種，無論是美好的，還是令人不安的，也終於學會去擁抱這段旅程。

我回到家了。這是屬於我的故事。我必須相信這趟旅程、相信這些人、相信這片土地。臺灣和爺爺召喚我回家，當我終於準備好傾聽，他們便將自己的故事娓娓道來。之後，我將返回美國，把這些故事說給爸爸和其他家人聽。唯有如此，我才能真正感到圓滿與完整。

臺灣中部的丘陵低聲提醒我：往後若妳又陷入迷惘，妳可以回來這裡，我們會再次讓妳記起妳是誰。我們會永遠在這裡，陪伴妳、守候妳。

我們心滿意足、情緒滿溢地回到婉真家。我向幾位阿姨致謝後，端著一杯茶回到樓上的房間，坐在臥室裡望著窗外的星空與夜色中靜靜沉睡的稻田與番石榴園。院子裡傳來雞群柔和的咯咯聲，我開始在腦海中勾勒那本我一定會完成的書。

那天夜裡，我夢見我的家人、夢見紐約，也夢見了奶奶。夢裡沒有對話，我彷彿走入一部默片，對一切心領神會，清楚知道自己該扮演的角色。一切盡在不言中。

第二十章 賭徒家族

一九七三年八月
紐約州艾蒙特(Elmont)

某個週六，成年的廖家人齊聚在紐約市東邊的貝爾蒙特(Belmont)馬場。他們來看惠容，順便下注賭馬。

這時我爸爸二十幾歲，大學退學，在布魯克林學院劇場擔任電工師傅。亞歷剛和新婚妻子凱莉低調完婚。他們都是高中科學老師：亞歷教化學，凱莉教生物。泰德已經和派特結婚，也即將拿到哥倫比亞大學師範學院的科學教育博士學位。他們剛領養一個女兒，名叫潔妮。泰德和珍妮一樣，也是在班塔奶奶於唐人街創立的真光路德教會舉行婚禮。珍妮和丈夫亨利有四個孩子：雙胞胎兒子、一個女兒，和一個小兒子，全家已搬到長島。廖家姊弟都已長大成人，彼此見面的機會也變少了。

不過，他們都會趁著探望母親時聚一聚。六十幾歲的惠容已從她工作的長老教會退休，仍住在布魯克林馬爾波羅路的公寓。孩子們會同時回去看她，或者大家一起去珍妮家看小朋友。但今天他們來到馬場，打算開心地賭一賭。

廖家的人向來愛賭，但我們是聰明的賭徒。我們從不失控；我們會冷靜分析、評估風險、見好就收。我見過的賭徒中，只有廖家人穩贏不輸。亞歷還很小的時候，泰德就帶他一起去打牌；後來亞歷就讀史岱文森高中（Stuyvesant High School）時，還會趁每天早上課堂開始前，在學校廁所開設非法運動賭盤。成年後的亞歷很擅長二十一點和撲克，牌技好到能在賭場贏錢。廖家人賭起來毫不莽撞，我們只會下注、收錢、走人。那天在貝爾蒙特馬場，廖家人悠閒地討論賠率、下注、看比賽。

惠容隨興地轉身對孩子們說話。她臉上的細紋又深了一些，身形也矮了一點，背稍稍比以前駝了。不過除此之外，她的模樣幾乎就和一家人剛搬回紐約時一樣年輕，烏黑的頭髮在額前捲成輕柔的波浪，眼神因為尚未說出口的消息而閃著光芒。「你們下個週末打算幹嘛？」

「不幹嘛，就跟平常一樣。可能會帶小孩去買上學要穿的衣服。」

「怎麼了，媽？妳問這個做什麼？」泰德好奇地歪著頭。

「我和提姆下星期六要結婚。看你們想不想來。」

「結婚？」理查手中的薑汁汽水差點掉到地上。

「是啊。怎麼了？我們只會去市政府辦個登記，但我想說登記完後，你們還有他的小孩可以跟我們一起去唐人街吃個晚餐。」她男朋友提姆的小孩也都成年了，而且都住在長島。

惠容看到成年的孩子們一臉震驚，不禁咯咯輕笑。「幹嘛？你們為什麼驚訝成這樣？」

「感覺好突然，」泰德咕噥。

「拜託！我跟他可是將近五十年前就認識了，」惠容說。她和提姆十幾歲時在唐人街就是好朋友了，但後來失去了聯絡。不久前的某個星期天，他們在真光教會重逢，接著就一起去吃飲茶。提姆的妻子因癌症去世，他住在長島，但在唐人街的真光教會有不少朋友。跟他相處起來很輕鬆，他不求什麼，只是單純喜歡有她陪伴。

「你們才剛剛聯絡上！」泰德說。「還不到一年吧？」

「人生苦短，」惠容淡淡地說。「年紀大了就能體會。剩下來的時間，何不跟一個同樣懂得珍惜的人一起度過呢？」

現場一陣沉默。

「你們早就都搬出去了，」她笑道，「我要是不說，你們根本不會知道吧！」

「嗯，他休想當我父親，」理查有些憤憤不平。

「他本來就不是，」惠容說。「你們可以叫他提姆叔叔。珍妮、泰迪，你們的小孩可以叫他提姆爺爺。」

就這樣，惠容展開她人生中另一個充滿全新體驗的嶄新篇章，這次她的身分是提姆爺爺的妻子，住在長島。提姆是建築師，廖家所有人都說他對惠容非常好。珍妮回憶：「他人很好，說話很溫和。我母親看起來很幸福。妳也知道，她這個人要求不多。她搬去提姆家後，連房子都沒重新裝修過。」

珍妮的女兒佩蒂還記得，提姆為她們買了貓王最後一場演唱會的票，地點在麥迪遜廣場花園。提姆沒和她們一起去，所以當晚看到貓王最後一次現場演出的，就只有這三代女性：惠容、她的女兒珍妮，以及珍妮的女兒佩蒂。

惠容在紐約的退休生活平靜安穩。也許，這就是她一直默默期盼的幸福婚姻吧。對這位健康、獨立的六旬女性而言，安靜的陪伴正是她想要的。

***

一九七九年一月

臺灣臺北

一九七九年，理查留了個超蓬的爆炸頭，戴著圓形膠框眼鏡，還有一撮濃密的小鬍子——這副遊民的模樣，完全不像西螺農莊的臺裔美籍子孫。接到那通電話、得知父親想要見他之後，他說：「有何不可？」當時他住在布魯克林波勒莫斯廣場一棟褐石建築裡，和其他嬉皮、浪人一起過著類似公社的生活。「一共有四層樓，還有閣樓和天臺，我們把整棟都包下來了。那地方很棒，住戶來來去去，像潮水般流動。」

他在一九六〇年代後期輟學去工作、參與政治運動，按照自己的興趣行事。「一九六六年的時候，世界變化的速度快得驚人，」他說。「有太多事情可以看、可以做，我很自然地被那些吸引走了。大學教的東西，哪一樣不是我可以自己去讀、去學、去做、去體會的？」

理查在紐約的一間郵局做過短期工，在街上彈奏過吉他，在劇場後臺做過內勤，有一年夏天還在華爾街賣過叉燒包（「我們跟那些股票經紀人說那種包子就是中國的漢堡」）。他年輕、不受拘束——完全享受那種隨興、鬆散又瞬息萬變的生活方式。

他靠著東拼西湊勉強過活，一餐吃完再想下一餐，住處換了又換。但在這樣的生活中，他磨練出一種讓自己不至於沉沒的求生本能，而且再忙也不會錯過追尋新奇事物的機會。他總是能隨口講個笑話、彈幾句吉他、熟練地捲起一根大麻菸——他是家中最小的孩子，也是最叛逆的一個。他格外珍惜在紐約這種漂泊卻充滿滋味的日子；紐約的地鐵節奏在他血管中跳動，布魯克林的街道也深深影響了他看待世界的方式。

所以，去臺灣見他失散多年的父親也只不過是另一場有趣的冒險。在經歷他有生以來最漫長的一次飛行後，理查抵達臺北松山機場。他疲憊又煩躁，既沒洗澡，也只睡了幾個小時，但他已準備好面對與父親重逢時的情緒化場面。血緣關係的力量到底有多大？父親從來只是他童年記憶中的一縷幽魂、一道鬼影、一個虛幻的夢中人物，早在多年前已在他心中死去。他不是來培養感情的，也不是來認什麼父親。他早就下定決心：這趟旅程絕不會有淚眼相認這回事。

理查走下飛機，踏上一個陌生的國度。這裡的人和他說著不同的語言。他茫然地左顧右盼，直到聽見一個熟悉的聲音。

「兒子，是你嗎？理查？」他腦海深處泛起一陣熟悉的感覺，彷彿是從夢裡傳來的聲音。「這邊！」那個聲音用英文響亮地喊道。

理查單肩背起背包，像隻聽見同類呼喚的鳥，走向那個頭髮斑白、戴著太陽眼鏡的男人——那人的聲音與他如出一轍。那是廖家男人特有的嗓音，渾厚、有力、低沉響亮。家裡的男人全都如此：理查、他兩位哥哥，現在也包括他父親。廖文毅緊緊抱住理查，理查心想：我被我父親抱著。好怪。

***

理查坐在廖家祖厝樓上一個房間的窗邊，望向外面的夜色。他望著小鎮上那些忽明忽滅的燈光，像螢火蟲般散落在低矮建築與稀疏車輛之間。理查面前放著一本橫線筆記本，第一頁最上面寫著「旅行」。他把筆記本翻到下一個空白頁。

他來到臺灣一個多星期，一直住在他父親臺北的家，在市區四處觀光，還參觀了故宮博物院、龍山寺等文化景點。他一點中文和臺語都不會說，所以他父親找來了一個導遊，是他朋友的女兒——年紀跟他差不多，是個學生，長得很漂亮，會說英文。這趟旅程到目前為止都很有意思，他看見了一個全然陌生的世界、一個他從未想過會與自己有任何牽連的地方。在西螺和全臺灣，他父親都被尊為地方名人，聲望很高。理查也被視為地方上的貴族子弟。他是貴賓，是那座城堡裡的王子。這種待遇讓他有些受寵若驚。

他收回目光，離開滿是蟲鳴與星光的夜色，低頭看著筆記本。他拿起筆：

這種焦躁與緊張，只能靠時間來緩解。我現在開始懂了，血緣在世界的這一頭很重要，比我原先想的還重要。只因我是他的兒子，我便擁有某種特定地位。

那週稍晚，理查來到廖文毅位於天母的家，這棟住宅因為設有奢華泳池，在家族的年輕成員之間頗具盛名。他在那裡完成了關於中南部旅程的書寫：

去了一趟日月潭，那是一座群山環抱的如畫湖泊。那天天氣溫暖宜人，真讓人難以相信竟然是冬天！

他翻到下一頁，沉思片刻。

那天晚上，我見到我唯一還在世的叔叔、大姑媽（八十五歲？）和她女兒，還有一個長老教會的牧師，他已經九十六歲了，但看起來只有八十歲左右。在他們面前，我覺得自己根本是個小孩。隔天我去拜訪了家族墓園，祭拜祖父、叔公、祖母，以及我那個嬰兒時期就夭折的姊姊。

理查一直對姊姊珍妮（比他年長十三歲）、哥哥泰德（大他十歲）與弟弟亞歷（只比他大三歲）之間的年齡差距感到疑惑。這位夭折於嬰兒期的姊姊，剛好介於泰德和亞歷之間，解開了這個謎團。就像家中許多事情一樣，母親從未提起過她。但在他出發前幾天回去看母親時，母親說：「理查，有件事你應該知道。你原本還有個姊姊。她還是嬰兒時就走了，是嬰兒猝死症。」

「噢，」理查說。

「我只是覺得你應該知道。她葬在西螺，」惠容平靜地說。

他甚至不知道這個姊姊名叫安東妮亞，直到他在家族墓地看到那塊小小的墓碑。

一陣敲門聲打斷理查的思緒。「請進。」

廖文毅走進來，步伐僵硬，比他那頭花白頭髮所透露的年紀更顯老態。他的容貌依然年輕——方下巴、高顴骨、靈動的眉毛，仍保有年輕時的風采。即使快七十歲了，他依然氣質不凡，那副黑色細框眼鏡更為他增添了幾分學者風範。然而，他神情中卻帶著一抹失意，有如被罷黜的國王。

「兒子，可以跟你聊聊嗎？」

理查放下筆。「好啊。」

「你感覺怎麼樣？」文毅低頭看著坐在床上、膝上擱著筆記本的兒子。

理查在西螺感冒了，回臺北時一路上都在擤鼻子。他清了清喉嚨：「還好啦——還有點鼻塞，但不嚴重。」

「你應該多休息。你覺得明天有力氣跟林小姐出去走走嗎？我想她可以帶你去看看國立臺灣大學，還有附近那些學生活動的區域。」

「當然可以，我好得很。」理查微微一笑。他一直都是個健康寶寶，而且他母親對生病的反應向來是：「撐過去就好了！如果真的很嚴重，就去醫院吧。」他甚至連定期健康檢查都不做。

「兒子，我有件事想問你。你回來臺灣還開心嗎？看到西螺祖厝、認識自己的家鄉，你高興嗎？」

「高興啊。能見到這麼多親戚感覺真好，我都不知道原來我們家族這麼龐大！」

文毅靠過來，坐到床邊。他極力想要接近這個闊別已久的兒子，彌補那些錯過的歲月，設法填補他未曾參與幼子成長的遺憾。他環顧這間裝潢豪華的臥室。「如果你想留在這裡，那就留下吧。將來這一切都可能是你的，至少我那一份家產可以留給你。你可以住在這裡，做我真正的兒子。」

「這裡？」理查大吃一驚。

「你可以到我銀行工作，想去別的公司也沒問題。我會幫你安排好一切。我還可以幫你找個老婆。你會成為臺灣望族廖家的年輕王子。」

文毅停頓了一下。「我知道這是個重大的決定，但我希望你能認真考慮。你年紀最小，還沒結婚，眼前還有大好人生，你想怎麼度過？」

「哦，」理查深深吐出一口氣。但他心裡立刻冒出這些想法：不，不行，絕對不可能。他當下就知道，無論如何他都不可能放下一切搬來臺灣。現在不可能了，已經太遲了。

爸爸跟我講起去臺灣的事時，說爺爺曾提議要他留下來。

我很訝異：「但你是紐約人啊。」

「對啊，沒錯，」爸爸說。「他能給我再多錢都沒用，那樣的生活不會有自由。我不能隨心所欲地過自己的人生。那會像是住在黃金做的籠子裡，戴著黃金做的手銬。」

***

一九八〇年七月

臺灣西螺

美國廖家與臺灣廖家最後一次命運交會，是在廖文毅七十歲的時候。他邀請所有成年子女回臺灣，去西螺幫他過壽。這時候理查和泰德已分別到臺灣和父親見過面，珍妮家的大學生雙胞胎兒子，肯和艾瑞克，也去過了。亞歷出於對母親的忠誠一直不願意去，珍妮則因忙於照顧孩子而從未成行。所以，這次大團圓是他們兩人唯一一次去探望父親。

理查回想起這趟旅程中印象最深刻的兩件事：祖厝與暑熱。當時是七月上旬，廖家姊弟和各自的配偶都是汗流浹背地在西螺度過慶生活動。爸爸回憶：「我住在祖厝舊棟樓上。開了兩臺電扇，兩臺都對著我的臉吹。其中一臺大概就在這邊。」他把一隻手舉到眼前。「我抽著大麻菸，心想：這個地方也太迷幻了吧。」

透過理查的描述，祖厝的樣貌變得清晰——而且這次，它終於迎來文毅失散多年的家人，孩子們全都回家了。理查住在樓上，亞歷和凱莉住在走廊另一頭，珍妮與亨利、泰德與派特則住在樓下新建的廂房。理查是最近一次回臺灣探望父親的人，所以文毅和他相處得最自在，即使理查婉拒了搬回臺灣的提議，父子倆仍能輕鬆談笑。

珍妮和父親之間的氣氛就比較緊繃，畢竟她十五歲跟父親分離的時候非常痛苦。「他很以我為榮，因為我會自己開車，」她笑著回憶道。「他跟現實有點脫節。我想他應該是很習慣有人接送。他不知道在美國，不會開車就哪裡也去不了。」

珍妮對老房子和祖厝的記憶比其他人都清楚，因為她小時候在那裡住得最久。「可是我們回去的時候，一切看起來都好小。我小時候覺得什麼都很大——但其實也就三層樓而已。院子中間的小池子看起來也比印象中小很多。」

「父親還是會想帶我在祖厝到處看看，回去的感覺很好。」她的聲音變小，成了輕聲低語。「他一直沒有問起媽媽。」

「我們對彼此很親切，但並不親密，」泰德說。「我們沒有擁抱過。」

「你們都回去臺灣，奶奶有什麼反應？」我問道。

「她說回去很好，」泰德回答。「跟忠不忠誠沒有關係。她的態度是，『你們盡管跟他要錢，因為他很有錢。』對啊，我母親那人很務實的。說實話，也只有那樣，她才能生存下來。」

泰德的妻子派特印象中卻不是那麼回事：「我們都很興奮。大家聚在她家聊簽證和護照的事。而她就默默坐在那邊，我們沒有意識到自己的行為可能很傷她的心。那簡直就是親眼看著自己的小孩背叛她。我們那麼興奮，主要倒不是因為能見到老爸，而是因為可以去旅行——有人幫我們出錢！」

「我們說到他要過七十歲生日的時候，她小聲地說：『我也是同一年出生的。』意思就是她也七十歲了。她像是在說：『你們在這裡這麼熱烈地討論他的生日，卻不管我的。』我不確定妳奶奶的出生年，因為沒人知道她是哪一年生的，但看得出來她對我們回臺灣這件事感到很受傷。」

最盛大的慶生活動當晚，西螺老家的院子裡搭起巨大的白色帳篷，辦了一場隆重的戶外壽宴。珍妮還記得自己坐在帳篷下，熱得要命。幸好每兩位賓客中間都放了一大塊冰塊，隨著冰塊融化，周圍的空氣也稍有冷卻。每個賓客都有一條專屬擦手毛巾，他們會把毛巾鋪在冰塊上，然後把冰涼的毛巾敷在手上、臉上，還有脖子上。

菜開始一道接一道慢慢送上來，桌上出現愈來愈多西螺在地佳餚。那些菜，是珍妮長大後就不曾再吃過的：炒青菜、湯、白飯、麵條、全魚、海鮮、肝臟，甚至連鴕鳥肉都有。大家都禮貌地用公匙從每道菜取用一小匙，但他們的胃口很快就跟不上上菜速度。實在太熱了。亨利靠向珍妮，把擦手毛巾放在冰塊上降溫，還短暫地把雙手貼在冰塊上。

珍妮也湊近丈夫，低聲說：「太熱了，根本吃不下！真是太誇張了。」

他對珍妮咧嘴一笑。「如果這就是妳父親說的臺灣貴族生活，那我寧願待在長島的家裡吹冷氣，」他回答道。

凱莉記得那些菜色都很精緻講究，有一道是將煮好的螺肉塞回原本的螺殼裡，然後現場焰燒，場面十分壯觀。亞歷則記得晚宴進行到中途，有人送來一個為文毅準備的冰淇淋蛋糕，可是蛋糕太大了，冰箱裝不下，所以只好趕在融化前緊急端出來，晚宴還沒吃完就上桌。廖家姊弟和他們各自的配偶面面相覷、搖頭苦笑。真是太誇張了。

晚宴即將結束時，開始有人站起來發表冗長的致詞，讚揚文毅對西螺鎮與地方經濟的貢獻。珍妮很驚訝自己還聽得懂很多臺語，而且內容都跟得上，沒有什麼困難。她看見泰德也邊聽邊點頭，但亞歷和理查就是一頭霧水的樣子。她看向父親，只見他自豪地笑著，在他們到臺灣後，這是他第一次露出由衷開心、自在愉快的表情。

最後他起身，示意珍妮、其他孩子及他們的配偶和他一起照相。「我很驕傲，也很高興，我的孩子們遠從美國回來幫我慶生，」他對在場的眾多賓客宣布。珍妮聽到熱烈的掌聲。有人拍了一張照片。「過了這麼久，我們一家人終於在老家團聚了。」

數十年後，我在臺灣一份報導廖文毅七十大壽的剪報中看到了那張照片。有人送我一個那場壽宴的紀念盤，上面有一張廖文毅的照片，還有他四個孩子的中文名字：薰瑾（珍妮）、公瑾（泰德）、公瓚（亞歷）、公理（理查）。

我學中文的時候，曾問爸爸他的中文名字叫什麼，他說他忘了。「我有一個印章，上面刻著我的名字，可是盒子卡住了，打不開！」他當時這麼說。

收到那個紀念盤的時候，我好想對他說：爸，我找到你的中文名字了。如果你想要重新認識你的名字，它就在我這裡。但我沒有說。時機還沒到。

家人到訪期間，爺爺還完成了最後一項傳統禮俗：他為廖家長孫彼得．廖取了中文名字，彼得是泰德和派特的第二個小孩。正如派特伯母所說，「珍妮的兒子姓巴特，不姓廖。」按照古老的華人譜系制度，女人結婚後就是夫家的人，不再屬於娘家。所以，廖文毅長子所生的第一個兒子，對華人家庭來說，這可是件大事。

「那是絕佳的機會。祖父為剛出生不久的孫子命名。」派特伯母記得很清楚。「我們回到紐約之後就跟媽媽說：『媽，泰德的爸爸幫彼得取中文名字了。』她回說：『說來聽聽，叫什麼？』」

「所以叫什麼？」我問她。

派特伯母看著我。「翻譯成英文是『偉大的臺灣人』。」

我先是一愣，隨即大笑。「我的天啊。」

「妳奶奶臉都綠了。她說：『絕對不行！』不可以幫他取這種名字！」

派特的女兒，也就是我堂姊小珍插話道：「她超堅決的。她通常不太插手別人的事，但那次她只有一句話：『不行。』妳能想像我弟弟被當成臺獨的代表人物嗎？」

「妳爺爺一直不知道我們改了名字，」派特說。「幾年後，彼得上小學了，史豪伯父來美國看妳奶奶，她就請史豪幫彼得取個新的中文名字。那時候彼得已經可以表達自己想要什麼樣的名字，他說他要跟戰鬥或勇氣有關的，史豪就想到『志剛』。」

「哇，」我笑了。

「不過那次是我們難得見識到妳奶奶對妳爺爺的積怨有多深。她說：『太自大了吧。不行，不能幫小孩取這種名字。』」

「爺爺想要留下傳承，」我說。

「沒錯。在他的認知裡，他留下了。」

***

一九九五年夏天

巴哈馬群島伊路瑟拉島（Eleuthera）

廖家人都愛賭，然而惠容顯然是我們當中最厲害的賭徒。她知道什麼時候該放手一搏，什麼時候該孤注一擲，什麼時候又該果斷收手。她才是高手，無論是麻將、橋牌、撲克，還是人生，我們都從她這個榜樣學到很多。

關於她的高超賭技，我最美好的回憶是在十一歲那年，我們全家族一起到巴哈馬群島旅行。那是我們最後一次全員出動的旅行，目的是為了慶祝奶奶的八十五歲生日。所有長輩、堂表兄弟姊妹，還有大家的小孩都來了。惠容的孩子們過得都不錯，就連我父親這次也樂意出錢。我們住在伊路瑟拉島上的地中海俱樂部，白天大人小孩各自活動：海灘、泳池、帆船、浮潛、購物；但到了晚上，大家一起吃完晚餐後，就會聚到奶奶房間賭博。我們都開玩笑說她的房間就是賭場。

在每天晚上的聚會中，男生通常玩撲克，女生打麻將。我第一次學打麻將是八歲的時候在一場聖誕餐會上，一位伯母讓我看她玩。這種性別分工還是有例外：我堂哥彼得會跟我們打麻將，珍妮姑媽則會跟我父親還有伯父們玩橋牌。奶奶什麼都玩。我想她喜歡麻將勝過撲克。

十一歲時，我已熱切觀戰並在伯母、姑媽的協助下打麻將好幾年了。那次家族旅行，我終於獨立上陣，自己出牌，沒有人從旁協助。我不常贏，但玩得很開心。那些冰涼光滑、印有竹筒、圓圈、中文書法的麻將牌，讓我有機會沉浸在一種我在其他方面幾乎完全不認識的文化傳統中。

有一天晚上，我們在打麻將，奶奶打出一副筒子組成的刻子，是個碰。然後她說：「我在等筒子。」

這在麻將裡是一種特殊狀況，有對應的計分規則。奶奶在提醒我們，她只差一張牌就可以胡一手清一色，也就是說她手上的牌已經幾乎全是筒子了。她會這樣提醒是因為清一色的分數非常高。最重要的是，如果打出讓她胡的那張牌，就不只是自己輸錢，還要幫其他人一起賠錢。我們家不賭錢，只用籌碼玩，但還是玩得很認真！在廖家，贏得炫耀的資格可是很了不得的事。

這種宣言可能會讓玩家完全改變策略，不敢打出筒子。我整個變得很神經質，只要摸到筒子就留著，只打出安全的條子或萬

來源：珍妮．巴特（廖薰瑾）與派翠莎．巴特（Patricia Butte）提供

子，就這樣撐了幾圈。然後，我堂哥彼得打出一張筒子。

「吃，」奶奶得意地說，這代表她胡了一手非常罕見、幸運、冒險，而且殺傷力極強的大牌。十四張相同花色的牌，全都是筒子。

姑媽和伯母們都倒抽一口氣，彼得則崩潰大喊：「不——！」

凱莉伯母湊過來向我說明：我們每個人都欠奶奶一筆錢，因為她的胡牌形式很特殊，基本分會多重翻倍（大約相當於一千美元的籌碼）。但奶奶胡牌是因為彼得放槍，所以彼得必須連我們三個人的錢一起付。我大為驚奇：這根本是奧運級的麻將。我從來沒看過這麼厲害的一手。

「我警告過你們了！」奶奶沙啞地笑著，用她那根細長的手指朝彼得晃了晃。她搖搖頭，看著這個滿臉驚愕的青春期孫子。「我早就說過了！你就不該打出筒子。」

我們都在笑彼得太倒楣，就連房間另一邊在玩撲克的人也停下來看我們在鬧什麼。

一向喜歡搞笑的彼得誇張地從椅子摔到地上，假裝自己死於奶奶的高超賭技。隨後他又乖乖爬回椅子上，開始從麻將籌碼中數幾千美元出來。

「這才叫作打麻將，」珍妮姑媽小聲對我說。

奶奶喀喀作響地扳了扳手指，咧嘴而笑。她已經把自己的牌推回桌子中央搓洗，開始重新砌牌牆，準備進行下一局。她對我眨眨眼。「我有警告你們囉，下次要聽話喔。」

第二十一章　廢棄老蔣雕像園區

二〇一一年七月
臺灣慈湖

在臺北的時光即將結束之時，我開始思考該如何釐清我對蔣介石的感受。這一整年，我都把他視為打算殺光我全家的惡棍，但情況顯然比我想的還要複雜。一九七一年，聯合國把中國代表權從中華民國轉移給中華人民共和國，蔣介石終究沒能完成「反共復國大業」。他的晚年和自己的期望截然不同，這點倒是與我爺爺有幾分相似。

我和謝聰敏喝咖啡時得知，蔣介石始終盼望能風光歸葬中國，因此在臺灣一直沒有正式下葬。他的遺體更以福馬林防腐處理，安置於桃園大溪郊區的慈湖陵寢中。除了要求進行防腐處理外，他還留下嚴格指示：唯有當臺灣光復祖國後，方可將其與祖先合葬於浙江的故鄉。

這個遺願令我相當困惑。「可是如果蔣介石在臺灣的中華民國政府失去聯合國的承認，而且在國際上也沒有被正式承認為一個獨立國家，那國民黨政府不就根本不可能『光復大陸』？」

「對啊，」謝聰敏說。「最諷刺的是，國民黨堅持『我們才是正統中國』的立場將近四十年，現在的態度卻變成『我們跟中共和解吧』。臺獨的立場從妳祖父的時代開始就一直沒變過，但國民黨的信念早已和當初背道而馳。」

「哇！真不可思議，」我附和道。我很快就意識到美中臺關係遠比我想像中還要複雜得多。「我有點想去慈湖親眼看看蔣介石的遺體。」

「那裡除了蔣介石的遺體，還有一大片空地，擺放著許多被遺棄的蔣介石雕像，」他說。「在戒嚴時期，損毀他的雕像是違法的。但二〇〇〇年民進黨上臺後，政府決定不再強制維護這些雕像，各單位可自行決定是否保留或移除。雕像的數量很龐大，許多機構為了自保、避免自己親手摧毀雕像，而選擇將雕像送往慈湖集中放置。如今，那些雕像就矗立在那裡，守著他的遺體，等待有朝一日能返葬中國。」

我眼睛一亮。「我一定要去看看那些雕像，」我說。

「這還用問嗎？」山姆說。我才剛說完蔣介石陵寢和雕塑公園的事，問他要不要一起去。「我當然想跟妳去看那個被醃漬的獨裁者遺體！」

「哎呀，我好像把這件事說得太誇張了，」我說。「不一定真的能看到泡在黏液裡的蔣介石遺體啦。」

「管他的，我要去！」

***

謝聰敏第二次獲釋出獄後，便帶著家人逃往美國。直到十多年後的一九八〇年代，他才獲准返回臺灣。他與彭明敏及其他新一代臺獨領袖在美國重聚，持續於當地凝聚支持力量，準備發動下一波抗爭，為臺灣爭取民主。

蔣介石於一九七五年去世後，其子蔣經國接掌國民黨，並出任總統。他任內大力推動經濟現代化與工業化，全島生活水準和教育機會因此大幅提升。我朋友伊娃的父親在美國攻讀博士時，臺灣已開始向外發展，在蓬勃成長的全球科技產業中，成功鞏固其製造重鎮地位，迅速躍升為國際經濟的重要參與者。

一九七〇年代後期，《戒嚴令》的嚴苛規範並未真正鬆動，而是變得更加隱密。當時，國民黨對人權的侵害轉入密室與隔離監獄，例如綠島與景美看守所。

隨著臺灣民主運動蓬勃展開，謝聰敏這一代領軍的臺獨運動在美國也逐漸壯大，累積了實力與國際支持。一九七九年，高雄事件進一步引起國際社會對臺灣民主與獨立運動的關注——對臺獨人士而言，這是一次成功將訴求推上國際舞臺的重要轉捩點。

高雄事件（美麗島事件）起初是一場爭取民主的示威行動，由《美麗島》雜誌社成員發起，他們自稱「黨外」人士。這場行動對於一黨獨大的戒嚴政府而言，是一大威脅。同年初，美國與中華民國斷交，使臺灣陷入外交孤立，也加深了民間對國民黨政權的不滿。

抗議活動因國民黨憲兵包圍示威群眾而失控，引爆激烈衝突，成為當局逮捕所有黨外運動領袖與黨外刊物負責人的藉口。部分被捕人士遭到極其殘酷的刑求與暴力對待。以民主反對派領袖林義雄為例，他的母親和兩名幼女在警方監視下於家中遭人殺害，事發時，他的妻子正在等待林義雄開庭。

高雄事件的後續效應使抗議運動更加有組織、更加活躍，臺灣年輕人紛紛走上街頭，要求政府進行改革。到了一九八〇年代，這股力量催生了近十年的遊行、示威與集會，為自決與民主選舉爭取到更多支持。最重要的是，即使並非所有臺灣人民都主張終結中華民國對這座島的統治，但他們一致要求解除戒嚴。

最後，蔣經國在一九八七年結束了長達三十八年的戒嚴統治；這在當時是世界史上最長的一段戒嚴時期。蔣經國與國民黨依舊掌握政權，但民主的條件已逐漸具備，而主張獨立的運動者也迅速加入民主進步黨——這個反對黨的根基正是進步的民主理念。

蔣經國於一九八八年逝世後，由副總統李登輝依法繼任總統。他隨後逐步推動政治改革，並於一九九六年參加臺灣首次由人民直選的總統大選，成功當選。李登輝是土生土長的臺灣人，在民主政黨陸續成立、社會出現巨大政治分裂之際，他的文化認同成為他調和各方緊張關係的重要資產。「泛藍」陣營的核心勢力國民黨，其政治血脈承襲自蔣介石在中國時期主導的國民政府，也是過去四十年實施戒嚴統治的政權；「泛綠」陣營的民進黨則主要由黨外運動人士與臺獨領袖組成，其中不少人曾歷經家人被殺、遭受刑求，或自身長年流亡海外。

一九九五年，謝聰敏當選為立法委員，此後的政治生涯中一直積極參與公共事務。他晚年致力於講述自己在獄中的遭遇，並揭露白色恐怖時期的種種人權侵害。

一九九六年，民進黨投入臺灣首次由兩大政黨競爭的民主總統選舉，推出彭明敏代表臺灣過去幾十年追求獨立的理念與民意。雖然彭教授未能在該年當選總統，但民進黨的候選人在二〇〇〇年成功當選。二〇一六年，民進黨的蔡英文當選，成為臺灣首位女性總統。她上任後，政府採取多項行動，正視並揭露臺灣歷史中曾被壓抑的時刻。就白色恐怖受到的關注程度而言，現在比我在臺灣生活的那一年已有明顯進步。

這一點非常重要，因為有整整一代的臺灣人成長於白色恐怖時期，而他們同胞爭取自由的故事，長期遭受極權國民黨政府的壓制與抹滅。簡而言之，有一整個世代的臺灣人在戒嚴後期被國民黨洗腦，影響了他們今日對許多議題的理解。

我朋友伊娃的雙親成長於一九七〇年代，所接受的臺灣歷史都是以國民黨觀點為中心；伊娃在一九九〇年代念的都是臺灣頂尖學校，卻對白色恐怖一無所知。即使到了今日，國民黨與民進黨支持者之間的對立，往往也與是否接觸過白色恐怖的歷史有關。

我家族在臺灣民主之路上的參與，早在一九六五年便已劃下句點，而臺灣追求獨立的歷史，直到蔡英文當選總統之後，才開始逐漸被真正說出來、被一一揭示。她與繼任者賴清德所領導的政府，持續採取重要行動，試圖與臺灣歷史中較為艱難的部分和解；每補上一塊歷史拼圖，都將使整座島嶼的認同更完整一些。臺灣如今愈來愈正視自身歷史的規模與影響，這讓我更加以家族的過往為榮。

然而，我們仍需努力挖掘並整合那些彼此分歧的歷史記憶，並找出更多在白色恐怖時期中被掩蓋、乃至被遺忘的故事，因為那些曾經歷這些暴行的倖存者，如今多已年邁、病重，甚至有些人已辭世。揭示那些選擇挺身爭取自由的人所經歷的一切，以及他們因此失去性命、生計與親人的事實，能幫助我們真正悼念逝者、記住他們的故事，並向他們的勇氣致敬。唯有如此，歷史的傷口才有可能真正開始癒合。

***

蔣介石的長眠之地慈湖位於大溪郊區山上，我們在遊客中心拿了一份地圖後，就出發沿著湖畔步道穿過樹林，走向上方的陵寢。湖面平靜，景色優美，四周樹木環繞。在這裡感覺很像參加夏令營，我還一度想像，會不會有獨木舟從轉彎處冒出來，上面滿載著喧鬧的青少年。湖畔的空氣涼爽潮溼，一陣微風輕拂過我的頭髮。

走在樹林時，我可以看到遠方低地的原野上，散布著不同顏色、各種金屬材質的雕像。步道上的臺灣遊客絡繹不絕，但方圓好幾公里內，只有我們兩個是西方人。

山姆興奮地問：「妳覺得那具防腐遺體會長什麼樣子？」

我們看見一具黑色大理石靈柩，停放在一個小房間裡，四周排列著許多中華民國國旗，壁爐上方則懸掛著一張蔣介石的照片。這裡的氛圍相當奇特：既不像臺北的中正紀念堂那樣歌功頌德、神化領袖，也不是什麼神聖莊嚴的墓地。這本來只是暫時停靈的地點，卻隨著時間流逝變成了永久所在。一如臺灣在國際上的法律地位，蔣介石的遺體也處於一種可接受、但不甚理想的停滯狀態：這是一種大家出於務實考量而默默接受的現狀，若過度深究，就會陷入意識形態的角力中。

幾個關於臺灣與蔣介石的事實：

一、臺灣永遠不會光復大陸。

二、蔣介石永遠不會離開慈湖。

三、中國大陸永遠不會「放過臺灣」或主動同意讓臺灣獨立。

這意味著，臺灣若要獲得國際承認與合法地位，只能寄望於外部勢力，例如美國或聯合國。然而，隨著中國政府近年在香港展開強力鎮壓，國際介入臺灣、給予其正式承認的可能性也愈來愈低。許多人因此擔心，臺灣將成為下一個地緣政治的戰場。但我不認為有人真的願意為了臺灣開戰。民進黨不久前再次贏得總統大選，顯示臺灣本土認同持續成長；不過，這並未伴隨要求政府「激進」推動獨立的呼聲。因此，現狀繼續下去。

許多和我聊過的人都認為臺灣會步上香港的後塵。近年來，中國政府在香港打壓各種權利的行徑令人心碎，尤其對那些曾見證香港相對中立與自由時期的人而言，更是難以接受。然而，臺灣不是一座城市，而是一個國家。再者，歷來從未有任何條約將這片土地劃歸中華人民共和國。自一九四九年起，臺灣就一直獨立於中國之外，分別運作。臺灣擁有一種多元融合的島嶼文化，既受到中國的影響，也曾經歷日本殖民統治；其人口組成融合了漢人、客家人、原住民及其他族群。儘管臺灣與中國在歷史與族群背景上有所牽連，但終究是截然不同的兩個地方。

我無法對蔣介石的黑色棺木說這些話，當我站在他的遺體前時，內心仍不由自主地感到謙卑。但說到底，他也是個凡人。

在蔣介石的長眠之地，我領悟到：國民黨將他塑造成超越凡人的慈父式神祇，值得敬仰與崇拜，而民進黨則描繪出另一種形象，視他為惡人或劊子手；然而，到頭來，他也只是個

拍攝者：廖美文

人。不多不少。他和我的爺爺廖文毅一樣，既有優點，也有缺點。兩人都曾被歷史推上舞臺，也都被歷史記住，但最終仍要謝幕退場。

我們沿著步道往回走，來到我心裡稱作「廢棄老蔣雕像園區」的地方。各種高度與姿勢的蔣介石雕像迎面而來。一尊藍綠色的蔣介石坐在寧靜的假山庭園中看書，另一尊磚紅色的雕像則站在一旁微笑，手裡拿著剛摘下的帽子。其他的蔣介石雕像有的拄著手杖，有的高大威嚴，有的只比身高六英尺的山姆略高一點。

最大的那尊蔣介石雕像至少有十英尺高，甚至可能更高，巍然坐在一張青銅椅上，俯視著我們。我的頭頂只到他小腿的一半高。他神情凝重地坐著，椅子已有部分毀損，缺了幾個部位。從這尊巨大雕像的縫隙間望出去，可以看見他身後的森林。

這是我在臺灣造訪過最超現實的地方。我不禁好奇，這些蔣介石雕像到底從哪裡來？又是哪些人把它們捐給這座園區？有哪些白色恐怖時期的幽靈仍在這些雕像周圍徘徊不去？

我想，這些雄偉的銅像應該能讓蔣介石對自己的歷史定位感到寬慰。我爺爺廖文毅對於自己在歷史上的定位也同樣十分在意。他們兩人都擁有強烈的自我意識。大概都認為自己正在讓世界變得更好，也都相信，唯有自己才擔得起那個由自己親自賦予的責任——成為臺灣的領袖，無論這個角色在國際社會眼中代表著什麼。儘管兩人有著鮮明的差異，或許仍共享某些相似特質。

在這座行館與雕塑公園的範圍內，蔣介石依然是他那個虛構小王國的皇帝，被封存在銅像與福馬林中，得以永遠保存。但他的存在已不再讓我感到壓迫。有別於我的先人，我能自由地在園內走動、來去無礙。離開這個臺灣最超現實的小角落後，山姆和我驅車離去，而廢棄老蔣雕像園區默默地矗立在原地，看著我們遠去。

第二十二章　鬼月

二〇一一年八月
臺灣臺北

我們的一個臺灣朋友即將去美國讀研究所，於是我們到她住的內湖區為她餞行。飯後她開車帶我們到陽明山上欣賞美麗的臺北夜景。「不要太靠近邊緣或欄杆，」她告誡我們。「上週末鬼門剛開。你們怕鬼嗎？」

「妳說什麼？」我問她。此刻山坡上吹起一陣風，我頓時寒毛直豎。

「農曆七月俗稱鬼月，」她說。「在習俗裡面，這整個月陰間的大門都開著，各路鬼魂都會來陽間走動。民眾會到廟裡拜拜，用供品招待饑餓的孤魂野鬼。農曆七月十五是超渡亡魂的日子，叫作中元節。基隆港有一個很精采的中元祭。大家會放水燈，讓水燈漂流到海上，接引亡魂回家。」

她說的話在我心底引起共鳴，有如鐘聲在迴盪。我覺得自己被爺爺的亡魂糾纏了一整年，結果就在我即將離開這裡的時候，全臺灣竟然要花一整個月的時間來慶祝鬧鬼？這也太巧了吧。回家後，我上網搜尋「鬼月」，查到了一大堆鬼月期間的習俗、勸誡與禁忌。以下是一些能避免被鬼「抓交替」拖進陰間的貼心提醒：

天黑以後不要出門。

不要游泳、不要過橋、不要在水邊逗留。

天黑以後不要爬山。

不要說「鬼」這個字，要改成說「好兄弟」。

鬼月期間不要辦婚禮或其他喜事。

不要買雕像、娃娃、玩偶。

不要去葬禮、墓地和其他鬼喜歡待的地方。

不要吹口哨。

不要搬新家、買新車或出遠門旅遊。

不要在室內打開雨傘。

不要拍別人的肩膀和頭；如果覺得被人拍肩，千萬不要回頭——因為對方可能是鬼。

和我朋友兼新的外籍室友塔莎查過資料以後，我簡直瞠目結舌。「等一下，這個月還有可以做的事嗎？」我張大著嘴問道。

「哇，這清單管得還真多，」她說。「幾年前我在中國過中元節的時候，根本沒這麼多迷信。」塔莎是中文翻譯，在中國念過書，中文很流利。我在臺北那段時間，無論是處理書面還是口述的臺灣史資料，她都幫了我很大的忙。不過，她對一些臺灣特有的文化習俗也不熟悉，例如臺灣人對鬼月的詮釋，還有他們過中元節的方式。

「我有點想去看看基隆的祭典，」我說。基隆在臺北的北邊，搭客運大約一個小時就到了。「他們會在水燈上點火，然後讓燈漂向大海。感覺很美、很療癒。」

「感覺很讚呢！」她說。「我也想去。」

＊＊＊

我有幾個月沒見過史豪伯父和娟娟伯母了，從我去綠島和西螺回來，以及見到那位貪財堂叔到現在，都還沒跟他們碰過面；我一直沒有想好該怎麼開口跟他們談那件事。結果我根本不用想。史豪的幾個妹妹和她們的女兒，分別從美國和日本回來探望他們，於是他們邀我一起吃晚餐，跟大家聚一聚。

我一到場就發現史豪變得非常瘦弱，都快要撐不起他那套灰色的絲綢西裝了。他的肩膀縮到只有衣架那麼寬。他坐在輪椅上，幫他推輪椅的是他女兒；我跟她見過幾次面，可惜她不會說英文。

「真高興見到你們，」我輕輕擁抱娟娟伯母和她女兒。我盡可能不要因為史豪暴瘦、身體狀況惡化而露出擔憂的神情，他畢竟也八十八歲了。只是我上次見到他時，他看起來還精神奕奕。

我幫娟娟伯母夾了一盤自助餐的菜給史豪伯父，然後小聲問她伯父的身體怎麼了。

「他最近一直生病，」她回答。「時好時壞，但他的食慾真的差很多。他現在對臺式料理沒胃口，以前最愛吃的那些也都不碰了。」

「怎麼會這樣！」

「我做的他都不愛吃，我們在餐廳最喜歡的那些菜他現在也不吃了。西餐還好一點，但我不會做，我們家的幫傭小姐也不會，平常飯都是她在煮。我真的快瘋了！我們看過醫生，如果他再不多吃點，就要打營養針。」她拿著伯父那盤菜的手在發抖。

我從她手中接過盤子。「我幫妳端回去，妳也去夾點菜吧。如果妳覺得可以的話，我下週做些西式料理，帶去你們家。」我覺得既尷尬又萬分內疚。這一整年，我和他們其實只有每隔幾個月才見一次面。我擔心若太頻繁地拜訪、詢問往事，會打擾他們的生活，因此總想等一個合適的時機，再問娟娟伯母我是否能在她的幫助下採訪史豪伯父。但現在，我沒有時間了。

我憑什麼把他們當成需要我照顧的人？我這個失散多年的姪女，這一年才走入他們的生活。我過去二十六年都在美國長大，對廖家在臺灣經歷的苦難幾乎毫無所悉。我只不過是這幾個月跟他們吃了幾次晚餐，現在就突然想在伯父生病的時候出面照顧他。我以為自己是誰？

那個週末，我從家樂福（臺北北部西式食材最齊全的大型超市）提著一袋食材回家，一路上腦中都在思考這些事。我打算為史豪和娟娟準備幾道菜。「軟一點比較好，」娟娟說。「他現在咬不太動，也不能再吃醬油了。西式口味就可以，清淡一點的。」

「好，」我答應她，「我星期一會拿幾道菜過去。」

我把幾顆黃皮馬鈴薯倒在流理臺上。我還買了大雞腿、洋蔥、蘑菇、白葡萄酒、牛肉片，打算做馬鈴薯泥、燉雞，還有慢燉牛肉。這將會是一頓西式風味的豐盛料理。我一邊煮馬鈴薯、一邊切洋蔥和蘑菇，心想：我也只能幫得上這種小忙了。但恐怕這是不夠的。又一扇通往過去的門正在關上──那扇通往史豪親身經歷的大門。他曾接受張炎憲教授的華語訪談，內容收錄在那本口述歷史書裡，塔莎已經開始幫我翻譯；我手邊也有一部公共電視的紀錄片，裡面也收錄了他的採訪內容，翻譯是我們另一位朋友妮琪完成的。但我仍感到遺憾，因為始終沒能和他直接對談。這一年來，我一直希望能親耳聽他講述自己的人生。

這一年來每次跟他相處，我都很想對他說：我正努力把你的故事告訴全世界！廖文毅在日本撰寫政論時，你卻身陷牢獄，以血肉之軀為我們其他人所享有的自由付出代價。我很抱歉，也很感激。但我沒有說出口。我所能做的，只是出現在他身邊，帶上一些小禮物，靜靜地傾聽。他和我之間的交流，只靠幾個微笑與眼神，在娟娟說話時默默進行。而現在，他似乎已病重到生命垂危，而我所能做的，竟只剩下煮一道馬鈴薯泥。

***

「妳不用帶這麼多菜來的，」那個週一，娟娟看到我拿出好幾個保鮮盒的食物時說道。「太麻煩妳了！」

「這是我最起碼的心意了，」我回答道，接著又告訴她雞肉和牛肉，甚至只是湯汁，都可以淋在馬鈴薯泥上。史豪在午睡，所以娟娟和我一起喝茶聊天。

「我就快要離開臺灣了，」我說。「我在想，張教授說過他們在那部公共電視紀錄片裡面用過的照片，有一些是你們的。我可以看看那些廖家的照片嗎？」

「可以啊，我去找，」娟娟說完便慢步走進他們家的儲藏室。回來的時候，她拿了一小疊相簿、一些分散的照片，還有一些是裝在信封裡。我們兩人一起瀏覽這些照片。

「這張照片是妳祖父晚年時拍的，他過世前一年左右吧，」她說。「他的健康退化得很快。後來他失明，政府有派一個人協助和照顧他，但派來的幫手跟那個日本情婦處不來。廖文毅在臺中還有一個情人呢。妳也知道，廖文毅和他的女人們！」

我不知道該如何回應，就讓她繼續說下去。

「後來他病倒的時候，是那個臺中的情人在他身邊。我們覺得她可能拿了廖文毅很多錢，但無法證明，因為她拿的應該是現金或黃金。某天有人打電話通知史豪，史豪就聯繫珍妮和泰德，讓他們知道自己父親的時間不多了。」

「但三叔走得很孤單。他一個人孤伶伶地死在臺中的醫院。史豪和我隔天才趕回西螺。他的遺體被平放在教堂地板上，準備入殮。連擺在長椅上都沒有。我當場哭了出來，因為三叔曾經是那麼重要的人，最後卻像被遺棄一樣，遺體竟然擺在地上！」娟娟想到這裡就哭了，我坐到長沙發上擁抱她，然後我們就一起默默流淚。有時候，人就是會知道一切已走到了盡頭。

她擦了擦眼淚。「三叔的葬禮在西螺教會舉行，珍妮和泰德都專程來參加。史豪為他們努力爭取遺產，希望三叔的孩子們能繼承自己父親剩下來的錢，後來卻被那個日本情婦告上法院。他甚至還入獄一年，就因為他想幫助三叔的家人。」

「什麼！我都不知道有這回事！珍妮姑媽和泰德伯父知道嗎？」

「我不清楚，但據說廖文毅的那些女人分到了最多錢。幸好，史豪一九六〇年代認識的獄友謝聰敏解嚴後在地方政府任職。他安排讓史豪在監獄醫務室服完那一年刑期，那裡條件還算不錯。他在牢裡看書、交朋友，我會寄食物和錢給他。其他囚犯都蠻喜歡他的，會替他做雜務，因為我們幫過那些囚犯。」

我聽得目瞪口呆。史豪已經在牢裡待了十二年，竟然因為爭產糾紛這種小事而又被判刑？

「天啊，真是對不起。他幫了我們一家這麼多，我們竟然從不知道他為我們吃了這麼多苦。」

「妳奶奶一直都心存感激，」娟娟說。「她知道我們是在為她的幾個孩子著想。我們和她一直保持聯繫，偶爾也會去美國看她。」

「我記得！你們有一次帶你們的孫子麥可一起來，那年我十一歲。當時是暑假，」我說。

「是啊，當時妳還只是個小孩呢，」娟娟笑道。我沒有告訴她，十五年前我見到她和史豪時，心裡覺得他們看起來好老。

瑟芬表姊對我講述她母親把廖文毅帶回臺灣的經過時，我曾問她，她或她母親是否怪過我爺爺為家族帶來那麼多痛苦。「完全沒有，」她回答我。「我們只是很氣國民黨政府和蔣介石把我外婆和大舅（史豪）抓去關。」

同樣的，娟娟也沒有因為史豪入獄和健康出現終身問題責怪爺爺。「我們一點都不怪妳爺爺。我們相信臺灣人應該獨立，也為這個信念奮鬥，」她眼神炙熱地說。「我在美國大使館的工作保護了我。國民黨原本可以整我，但幸好我主管護著我，還叫調查局離我遠一點。我們家從來沒有被搜查過，我也沒有遭遇過騷擾或威脅。」

我回答：「我想寫下我們家族的故事，也想記錄下你們在臺獨運動中經歷的一切。我手上有張教授那本收錄史豪伯父訪談的書，也會用到妳給我的這些照片。妳也跟我分享了很多。」

娟娟溫柔地對著我笑。

「我可以從美國打Skype給妳，再請教一些我們家族經歷的事嗎？」我知道她都是用Skype和她在泰國的兒子聯絡。

娟娟突然變得擔憂且警惕。「不可以，我不敢在電話裡講這些事，」她說。「隔牆有耳啊。以前我們講電話從來不敢暢所欲言，因為總有人在監聽。」

那已經是過去的事了！我真想大聲喊出來。你們自由了！但我想起張教授曾告訴我，他花了非常久的時間才完成收進書裡的那些口述歷史採訪工作，因為大家都害怕談論過往。就連在已經解嚴的一九九〇年代，受訪者還是會對他說：「我們真的不能冒這個險把真相告訴你。我們已經害怕太久了。」他花了很長時間才取得每位受訪者的信任，讓他們在經歷數十年的痛苦沉默後，終於能放心開口說話。在這間公寓裡，娟娟與史豪或許都自由了，卻也依然為記憶所束縛。

就在此時，史豪在幫傭小姐的攙扶下，蹣跚地走進客廳。那位幫傭小姐很年輕，頭髮烏黑、態度親切。

「啊！他睡醒了！」娟娟起身協助他在我身旁的椅子上坐好。「你看，金來了哦！她還做菜給你吃呢！」她走進廚房去熱食物。

史豪伯父對著我咧嘴一笑，他的眼睛都亮了。「嗨，伯父！」我握了一下他的手臂。「我在看你們家人的舊照片。」他點點頭。

我們一起瀏覽相簿。其中有一張照片，上面的他年約二十歲，穿著一身軍服。他指著那張照片，再指指自己，然後很清楚地說，「日……本！」

「你當時在日本？」我問他。

他猛點頭。

「上大學？高中？在戰爭期間嗎？」我又問。

「日本！」

娟娟端來一碗熱騰騰的馬鈴薯泥，淋上些雞肉和醬汁。我們把史豪扶到餐桌前坐好，他聞了聞食物，臉上露出感激的微笑，隨即吃了起來。

「真謝謝妳特地做這些菜。如果他喜歡吃，對他幫助會很大。換換口味也好。」

「也謝謝妳把這些照片借給我。我掃描之後就拿來還妳。今年能認識你們一家人，真的讓我覺得非常溫暖。」

我擁抱了娟娟伯母，然後俯身擁抱史豪伯父。我心想：這可能是最後一次了。我掌心摸到他肩膀關節的縫隙——肩窩、鎖骨、上臂骨頭。他的身體瘦削如柴，幾乎只剩骨架。「希望你喜歡這些菜，史豪伯父！」我說。「來，請用吧。」

我向他們道別離開後，搭上往北的下一班公車，途中經過山頂陵園入口，那裡安置著爺爺的骨灰。鬼月尚未結束，山風呼嘯而下，迎面撲來。

＊＊＊

我們一下火車，在基隆車站外就幾乎撞上了正在進行的中元節遊行。

花車上裝飾著燈光與以紙紮工藝呈現的繁複場景，隨著音樂如跳舞般沿街行進。發光的紙紮人物、動物、星星、船隻與神話生物陸續現身。花車後頭緊隨著鞭炮聲、音樂、樂隊與舞者。這是我見過最熱鬧也最盛大的祭祀亡靈活動。

我和朋友們跟著遊行隊伍走到港邊，然後四處打聽哪一片海灘會舉行放水燈儀式。沒有人知道儀式什麼時候開始，但我們想應該一看就知道了。點燃的水燈將漂入海中，引領亡魂回家。

等待時，我想起自己在研究資料中讀到，一九四七年三月八日，來自中國的國府軍就是在基隆港登陸，隨即展開清鄉行動。這場血腥鎮壓是對二二八事件與蔣介石所擬逮捕名單的回應。

我深吸一口氣。我一直覺得自己被爺爺的亡魂，以及那些白色恐怖時期遭受迫害的冤魂所糾纏。直到此刻我才明白，講述爺爺的故事，其實就是在盡一分心力，延續他的遺志。聽到娟娟說爺爺孤單離世，我心想，也許參與中元祭能讓他安息，或至少，讓我自己能安心入睡。

我們走到可以俯瞰那片海灘的懸崖邊，看到遊行隊伍中的花車再次現身。精緻的紙燈籠被人從沉重的底座卸下，滑過沙灘，安置在細長的木筏上。紙紮屋的側邊寫著紅色的吉祥話，屋內則塞滿冥紙或紙紮衣，供逝去的親人在陰間使用。

我們看著木筏被點燃並推向海面，在橘色烈焰中展開短暫的航行，縷縷煙霧直上雲霄。傳說中，家族的水燈漂得愈遠、愈不易被海浪吞噬，來年的運勢就愈好。滿月高懸，燃燒的木筏漂入輕輕拍岸的溫和波浪中，數百名臺灣民眾靜靜凝視，我感受到一種難以言喻的團結感。能集體向祖先致敬，讓人備感安慰。在目送這些燃燒的燈火遠行時，我感受到某種釋放。也許我真的可以放下那些糾纏我心頭的幽魂了。

那天深夜我們回到家時，我住處對面的小廟外燃著一堆熊熊的篝火。我到附近的便利商店買了幾樣自己最愛的宵夜零食當作供品：芒果乾、五香牛肉乾、杏仁奶。我把這些供品擺在供桌上的水果和紙錢旁，點了一炷香，插入香爐中，與其他燃燒中的香枝並立。

我向世上那些無法解釋、難以理解的事物鞠躬，臣服於它們。我臣服於這一年裡種種難以言喻的巧合，也臣服於那些與先人溝通的特殊儀式——來臺灣前我根本不會相信這些方式可行。如今，那些幽魂終於有了名字，得以自由離去。我懷著一種如釋重負的平靜走上樓，倒頭沉沉睡去。

第二十三章 再看一眼金色死刑令

二〇一一年 臺灣臺北

奶奶再也沒見過爺爺，但她曾再來過臺灣一次。她退休多年之後，和一群女性到處旅行，其中一次就是計劃到中國、香港和臺灣。娟娟伯母說，奶奶聯繫了廖家的人，想在臺北跟大家聚一聚——廖文毅除外。她清楚表明廖文毅不能出現。「妳奶奶跟廖家其他人關係很好——妳也知道她這個人，她說不想見廖文毅，大家都會尊重她的意願。」

我爸爸最後一次在臺灣見到爺爺，是跟我媽媽一起去的。爺爺聽說他們結婚，就寄了兩張機票給他們。在啟程前往亞洲之前，我媽媽發現懷了我。她回憶：「我那時會孕吐，一聞到醬油味就覺得噁心。」

娟娟伯母笑著說：「這其實是妳第二次來臺灣，第一次的時候妳還在媽媽肚子裡！也許就是因為這樣，妳才會這麼喜歡這裡的食物。」

我最後一次探望娟娟伯母和史豪伯父，是史豪伯父因肺炎住院，我帶了花去看他。這次向他道別時，我知道自己將再也見不到他了。他躺在病床上，仰頭對我微笑，裹著床單的身體比以前更加消瘦。我離開臺灣一週後，史豪伯父便與世長辭。

我在景美人權文化園區向謝聰敏道別，那裡是位於臺北西南隅的白色恐怖監獄舊址。他曾說想帶我去看看那間他被單獨囚禁多年的牢房，但我一直拖到在臺北的最後幾天才去那裡與他碰面。

我的一年即將結束。我也說不上自己為什麼拖了那麼久，才決定在那座曾經的監獄與謝聰敏見面。我真心想再見他一面，向他道謝：謝謝他在研究上的協助、提供的文獻，也謝謝他願意將自己的故事交託給我。只是，在聽過牢房裡曾發生的種種酷刑後再去參觀，心情難免沉重。我帶著相機前往，原以為那裡會像綠島一樣，是片殘破的廢墟。

結果那裡和我想像中截然不同。監獄經過整修與重新粉刷，整體設計更是精心規劃，讓參訪者如同走一遍白色恐怖政治犯的歷程，從審判、宣判到服刑，每一階段都毫不避諱地呈現。與二二八紀念館不同的是，這裡所有展覽說明都有中英文對照，至少在二〇一一年時是如此。這個地方讓我想起華盛頓特區的美國大屠殺紀念館。

謝聰敏在監獄入口附近的一座獅子噴泉和我碰面，身旁還帶著一位景美人權園區的導覽員，是個年紀與我相仿、會說英文的年輕人。這次反而是謝聰敏為他導覽，一邊帶著我們到處參觀，一邊講述他記憶中在牢獄裡的日常生活導覽員為我們打開營房的門，帶我們進入監獄內部未對外開放的區域，讓我們看看單獨監禁區的走廊，並踏進謝聰敏當年的牢房。

整趟參觀過程中，謝聰敏都和平常一樣開朗，笑容滿面、談笑風生地帶著我四處走訪。單人牢房非常狹小，僅有一道狹縫可供送餐。謝聰敏在第一間牢房前擺好姿勢拍照，雙手整齊地交疊在拐杖上，身穿白襯衫、灰背心與深色長褲。他的姿態看起來更像是在公園或雞尾酒會上合影留念。

拍攝者：廖美文

「我當年就是住在這裡，」他用拐杖指著牢房說道。

他又舉起拐杖，指向牢房上方設有鐵柵的通風口。「當年我們就是透過這些通風口彼此傳話——敲打暗號，或對準某個角度低聲交談。」

導覽員幫我們打開牢房的門，我們走了進去。牢房的空間跟一間小型淋浴間差不多大，最多不過三英尺見方。謝聰敏說，以前每間牢房裡都有馬桶，但現在已看不到任何配管的痕跡。這間牢房只是個空箱子，而他曾在裡面生活了好幾年。

「去看我們以前運動的空地吧，」他說，於是我們轉移陣地到操場，那是一片被四面監獄高牆圍住的光禿草地與樹籬。「他們會帶我們出來散步，一次五分鐘。那是我們僅有的放風時間。」

我們正要前往展示受難者故事與藝術作品的展廳時，遇到一群來參觀的高中生，他們見到謝聰敏都非常興奮。我心想：很好！這段歷史終於成為臺北高中課程的內容了，有進步。我們一起微笑拍照，那群孩子比出了和平手勢。

我和謝聰敏的導覽行程在大門旁邊畫下句點。「祝妳好運，」他對我說：「把妳家族的故事和臺灣的故事好好說出來。」

「我很高興有這個地方，」我說：「也很高興學生會來這裡學習。你今天的導覽非常精采，這一年來你也幫了我很多。」

我們擁抱道別。

***

我離開景美人權園區時精神振奮、內心深受啟發，於是決定直接前往二二八紀念館，以全新的眼光再參觀一次。我上次在公園崩潰痛哭後，就沒有再回去過。那一天我意識到，連二二八紀念館中所展示的歷史，竟也難逃政治審查。我一定要再看一次那份逮捕名單。

這次我已經熟門熟路了。到了二二八紀念館，我略過一樓那些經過粉飾的抗日展覽，直接走上二樓。

那份逮捕名單就在那裡；對我們家族來而言，它宛如一紙金色的死刑令。爺爺和二伯公的名字在黑暗中閃閃發亮，那些筆劃灼熱而尖銳，像要把我這一年來所獲知的種種痛苦真相，全都狠狠刺入我心頭。我感受到這一年來追尋真相所帶來的衝擊。我來這裡，是為了學習、為了追尋，也為了認識我的祖父母。我挖掘出許多臺灣自由鬥士的故事，但每一則背後都隱藏著沉重的代價。逮捕名單上的名字那麼多，有許多故事尚未被述說，還有更多故事，永遠都不會有人說了。

我雙膝一軟，那些筆劃彷彿在我眼前晃動。我踉蹌地下樓、走出大門。也許有一天，我能帶著更平靜的心情回來看這份逮捕名單，但現在我還無法正視它。

我慢慢走過二二八和平公園，搭著手扶梯進入捷運站。我靜靜搭上往北的紅線列車，前往淡水。那年夏天我和幾個外籍朋友合租的新住處就位在這條路線上。這座城市已成為我另一個家，但此刻我開始渴望回到紐約。我已準備好帶著這一年所獲得的新知識回到美國。

這些答案會讓我們這群在美國的廖家人展開更多對話，還是讓他們徹底沉默？爸爸會怎麼回應我發現的一切？我要帶張教授那本和爺爺有關的書，還有那部公共電視的紀錄片給他——即使書和影片都是中文的，但我會為他解說並翻譯內容。可是他會有興趣嗎？還是會對我想要分享的心意視若無睹？

我展開這場追尋是為了親近爸爸，但到了最後，這段追尋的意義已經超越了他，變成我獨自持續的探索。我還留著他那本旅遊日誌，我想像那個二十九歲的理查．廖是我的旅伴。那篇私密日誌篇幅雖短小，卻給了我鼓勵與啟發，讓我能笑看那些不可思議的文化碰撞，也讓我反思與家人共同經歷的發現與遺憾。

向爸爸坦白我偷了那本日誌時，他會有什麼反應。我已經在心中演練過理由——就說一切都是出於愛與尊敬，還有怯懦與擔憂。他會理解那種偷偷窺探卻不開口談論的衝動嗎？當然會。他小時候也曾因為想知道爺爺的事而偷翻過奶奶的物品。我爸爸是廖家人。我們的好奇心沒有極限，即使我們從不對彼此承認這一點。

捷運抵達劍潭站後，我走下高架月臺，穿過狹窄的街道，走進住處，上樓，回到房間。

我在書桌周圍掛滿了廖家成員的照片：還是個十二歲小女孩的奶奶；在投降那天被國民黨掛上花環的爺爺；在西螺的爸爸和爺爺；剛結婚時在祖厝的娟娟伯母和史豪伯父；還有齊聚在巴哈馬群島為奶奶慶祝八十五歲生日的美國廖家全家福。

其中有一張是我和爸爸在那次家族旅行中的合照，亞歷伯父拍的。那天我們一起去浮潛，探索藏在加勒比海平靜湛藍海面下的神祕珊瑚礁。他好像在晚餐時說了什麼好笑的話，我就一直大笑。廖家每個人都經歷過風雨，但大家依然都很愛笑。

我抬起頭看著那些照片，感覺到家人的愛圍繞在我身邊。我們熬過來了——儘管歷經萬難，我們終究熬過來了。

***

隔天，我登上了回家的飛機。我們在澄澈的藍天中愈飛愈高。

飛機逐漸爬升進入大氣層的同時，我想起爸爸當年去臺灣見父親的那趟旅程。他婉拒了那種表面光鮮卻失去自由的生活，最後返回紐約。他回到美國不久就認識了我媽媽。我也想起奶奶最終帶著四個孩子離開亞洲，回到班塔女士在曼哈頓中城所創辦的教會機構，也就是她成長的地方，再次以美國人身分展開新生活。

此刻爸爸和奶奶都不在我身邊，但我仍很欣慰，能沿著他們曾經走過的道路前行。正是他們無所畏懼的人生，為我鋪就了這段探索之路。沒有任何其他人的腳步，是我更願意追隨的。

拍攝者：亞歷・廖（廖公瓚）

誌謝

從開始構思到完成這本書，我一共投入了十幾年的光陰，過程中給予我幫助的人自然也多不勝數。首先，謝謝我最棒的經紀人Jacqui Lipton，也謝謝Rowman & Littlefield出版集團的優秀編輯Ashley及Laney、製作部門的Jenna及Niki，以及業務、公關同仁，協助促成這本書問世。這本書內容棘手，業界沒有人敢貿然接下，你們願意給它機會，我實在感激不盡。

謝謝我超讚的寫作會、前寫作會，還有前前寫作會：「異鄉人」(the Exiles，Anne、Rachel、Leland、Emmy、Roja、Jael、Jennifer、Laura、Jill，以及我加入之前的創會成員)；「寫作俱樂部二號」(Write Club 2，尤其是Jill與Andrew)；以及我最早參加的「寫作俱樂部」(Write Club，Andrew、Akshay、Heinz、Annie、Michelle)。我是因為積極投入、參與這些認真的寫作會，才真正開始學會接受讀者的意見並予以回應。

對其他在不同時期讀過我草稿和提案並給予我建議與協助的人，以及多年來教導我的優秀寫作老師們，我也要說聲謝謝。感謝Doug Whynott、Megan Marshall、Richard Hoffman、Jeffrey Seglin、Michele Filgate、Malena Watrous、Ryan Harty，我從你們每一位那裡都學到了一些將人生故事化為文字的獨特技巧。感謝那些讀過我草稿、提案與完整篇章的家人、朋友、同事，包括Sarah Rosenthal、Kent Leatham、Jill Gallagher、Raquel Pidal、Andrew Ladd、Mallory Ladd、Becca Solow、Bridget Pelkie、Llalan Fowler、Yasmin Dalisay、Patty Butte、Ted Liao、David Sanchez，以及所有被我硬塞稿子的人。謝謝，謝謝，謝謝你們。

感謝出版過作品的作者好友們和我分享出版心得，還耐心聽我訴苦和抱怨改稿、沒靈感；你們的經驗讓我對自己有了信心。謝謝Kirstin Chen、Jimin Han、Andrew Ladd、Jessamine Chan、Alex Marzano-Lesnevich、Chip Cheek、Leland Cheuk、Rachel Gullo、Laura Catherine Brown，以及其他慷慨與我分享出版經驗並大方鼓勵我繼續加油的人。

這項研究計畫由數個組織與機構贊助，其中最重要的是臺灣傅爾布萊特學術交流基金會。二〇一〇至二〇一一年的「傅爾布萊特藝術創作學者獎助金」（The Fulbright Creative Arts Scholar Grant）是推進這項研究的主要動力，我永遠不會忘記臺灣傅爾布萊特團隊在那段時間給予我的協助與友誼。我非常鼓勵所有美國人到國外去生活一段時間，參加傅爾布萊特交流計畫是一個很棒的方式。我也承蒙以下單位提供資助：拉德克利夫高等研究院（Radcliffe Institute for Advanced Study）提供「史勒辛吉圖書館口述歷史獎助學金」（Schlesinger Library Oral History Grant），紐約市立大學教職員研究基金（PSC-CUNY Fund）提供「傳統A類獎助學金」（Traditional A Grant），還要感謝我的父母（爸爸、媽媽、金）幫助我適應各種轉變。謝謝大家的支持。

要寫出這種長篇作品並加以修改，寫作的時間與空間也是不可或缺。我書中的大部分內容得以完成，都要感謝這些年參與的作家駐村計畫：佛蒙特藝術村（Vermont Studio Center）、珍特基金會（Jentel）、漢比奇中心（Hambidge）、安德森中心（Anderson Center）、雷格岱基金會（Ragdale），謝謝你們。我也要感謝雷格岱草原步道，在那裡健行時啟發了我，讓我確定了這本書的最終書名。感謝所有駐村夥伴：他們陪我喝茶、喝酒、玩遊戲、吃宵夜、唱卡拉OK，支持我繼續寫下去。孤單寫作一整天之後，和朋友一起唱卡拉OK真的是最完美的補償。

在臺灣幫過我的人太、太、太多了，雖然書裡面提到不少，但有一些人沒能提及，還有一些人應該再感謝一次。謝謝Gary Hsieh、Natascha Bruce、Nikki Dean、Sam Shortis、Andrea Wong、Grace Chao、Liz Oswald、Angela Veronica Wong、Nina Duthie、Erin Shigekawa、Dan Butler、Dan Levenson、Scott Humm、Lin Bolt、Pamela Rose，以及其他我在臺北認識、交往、依賴的大好人。非常感謝政大歷史研究所的教職員，特別是陳文賢教授與薛化元教授。在臺灣南部則要感謝西螺延平老街文化館的何館長、Tim Liao、張老師、陳婉真、邱幸香與其他阿姨們。謝謝臺灣廖家的成員，尤其是阿寶、艾爾、麥可、瑟芬，以及我終於有幸能見上一面的諸多親戚。我還要將滿心的感激獻給謝聰敏、張炎憲、史豪伯父與娟娟伯母——願他們留下的美好回憶永存於親友心中。

感謝國史館與葉亭葶：在翻譯我祖父的部分著作時，她與我們家族的成員合作地相當愉快，也非常支持我寫這本書。感謝布魯克林Lost Lit寫作工坊的Lynne Connor，多年前她給了我一個很好的機會來朗讀本書當中的一段節錄；當年我一次頂多只能修改五頁而已。

然後還要感謝我的親朋好友這些年來一直支持我瘋狂的作家夢。謝謝Eva Chen，是她讓我開始熱中於談論臺灣，並且鼓起勇氣夢想踏上那裡。謝謝Shu阿姨和Arby叔叔在我剛到臺北時呵護我、照顧我。謝謝瑪格麗特女子會的Clara、Tina、Marisa、Alli、Colleen、Liz、Steph，還有你們創造出來的那份姐妹情誼，不斷給我鼓勵。謝謝我的研究所同學，多年來他們老是聽到我聊這本關於臺灣的書，尤其是在我撰寫碩士論文期間與我同住的前室友Llalan和Bridget。謝謝Diesel Café在二〇〇八至二〇一〇年這段期間的全體員工，你們的店就是我的寫作工作室；你們的咖啡就是我的寫作燃料。

謝謝Max Rogoski這些年來不厭其煩地聽我講這本書並給我建議與安慰，我在臺灣期間還寄了法蘭克辣醬和瑞典小魚軟糖給我。謝謝Jill Gallagher，整個計畫剛展開時，我們一起上Doug的課，你那個辣熱狗堡的故事讓我笑翻了，也讓我更有勇氣面對那段令人心碎、必須深入挖掘自己靈魂的寫作工作。謝謝所有曾閱讀過這本書部分內容的人，也謝謝所有曾默默支持過這本書的人；非常感謝大家。

最後要謝謝大衛，你是我最犀利的評論者、最喜歡的讀者、最嚴格的編輯，始終以作品為重(因為你知道我撐得住)。即使我討厭承認你是對的，還是要感謝你坦率說出你的想法。謝謝你跟我一起和這本書共處十年，並且在我快要承受不住壓力的時候用愛與安慰支持我。

現在我們終於能放手讓這本書問世，太令人欣慰。我愛你。

尼克森訪中時就已展開，此後逐步推進。

320 **高雄事件起初是一場爭取民主的示威行動**。更多高雄事件的相關資料請見 Hsueh Hua-yuan, *The Meilidao Incident: Turning Point in Taiwan's Political Development, Special Session, State Violence and Trauma* (World Human Rights Cities Forum, October 14, 2020), http://www.whrcf.org/file_Download/2020/speaker_file/State%20Violence%20and%Trauma_Hua-Yuan%20HSUEH_en.pdf; "The Kaohsiung Incident Remembered: Turning Point in Taiwan's History," *Taiwan Communiqué*, no. 89 (January 2000), https://www.taiwandc.org/twcom/89-no3.htm; New Taiwan, "The 'Kaohsiung Incident' of 1979," updated May 26, 2001, https://www.taiwandc.org/hst-1979.htm; 以及 Gerrit Van Der Wees, "The Formosa Incident: A Look Back," *Taipei Times*, December 10, 2019, https://www.taipeitimes.com/News/editorials/archives/2019/12/10/2003727276。

321 **以民主反對派領袖林義雄為例**。更多相關資料請見 Nicholas D. Kristof, "A Dictatorship That Grew Up," *New York Times Magazine*, February 16, 1992, https://www.nytimes.com/1992/02/16/magazine/a-dictatorship-that-grew-up.html; Judy Huan-chun Linton, "Come, Take a Walk with Me: Out of Darkness into the Light," Forumosa.com,, accessed March 26, 2024, https://tw.forumosa.com/t/1980-lin-family-murders-a-first-hand-account/50007; Loa Iok-sin, "The 228 Incident: Lin I-hsiung's Family Tragedy Commemorated," *Taipei Times,* March 1, 2013, https://www.taipeitimes.com/News/taiwan/archives/2013/03/01/2003555993; 以及 Jason Pan, "NSB Implicated in 1980 Lin I-hsiung Family Murders," *Taipei Times*, February 25, 2024, https://www.taipeitimes.com/News/taiwan/archives/2023/02/25/2003795016。

263 **在他的揭密著作中……爆料說**。李世傑，《臺灣共和國臨時政府大統領廖文毅投降始末》（臺北：自由時代出版社，一九八八）。身為國民黨政府前調查局主管的李世傑，對於自己為政府賣命卻遭誣陷而心有不甘，於是決定寫書揭露他在擔任特務機關高層期間的祕辛。

265 **這時距離我第一次在教會聽他上課有幾個月了**。根據二〇一一年夏天我在臺北對張炎憲進行的一次長時間訪談內容所寫成，訪談內容由Gary Hsieh譯成英文。

267 **訪問了我的表姊**。根據二〇一一年秋天我在加州洛斯加托斯對徐瑟芬的採訪所寫成。

270 **國民黨發行了一本宣傳手冊**。《祖國的召喚：廖文毅幡然來歸記》（海外出版社，一九六五）。二〇一〇年夏天，我母親瑪辛（Maxine）在eBay拍賣網站上幫我找到了這本手冊。

第四部

第十八章　重返西螺

277 **高中生蓋瑞**。感謝蓋瑞！我在西螺跟長者及張老師交流時，蓋瑞是我的口譯；我在臺北做的訪談（特別是與張炎憲及林雙耀的談話）也都是他翻譯的。他給我的協助既珍貴又充滿樂趣，而且還給了我許多啟發。我覺得西螺除了他，大概只有延平老街文化館的何館長會說英文。我也曾經在沒有翻譯的情況下，硬著頭皮跟杜牧師交談過幾次，不過多數時候還是靠蓋瑞用臺語協助我與大部分西螺人交流；臺語是南臺灣通行的語言，南部人大多會講，四十歲以上更是人人都會。

第二十章　賭徒家族

303 **他有生以來最漫長的一次飛行**。改寫自我父親理查的旅行日誌。在我研究及寫作期間，他也會不時提起他父親與那趟臺灣行的趣聞軼事。我最難忘的就是「黃金手銬」的比喻。

305 **「這種焦躁與緊張，只能靠時間來緩解」**。Richard Liao, *The Trip*（未公開之旅行日誌，January 9, 1979）。

305 **「去了一趟日月潭」**。Liao, *The Trip*.

306 **「那天晚上，我見到我唯一還在世的叔叔」**。Liao, *The Trip*.

309 **美國廖家與臺灣廖家最後一次命運交會**。資訊來自理查、亞歷、凱莉、派特、泰德及珍妮的回憶。

第二十一章　廢棄老蔣雕像園區

318 **沒能完成「反共復國大業」**。一九七九年一月一日，美國正式與臺灣的中華民國斷交，並與中華人民共和國建交。然而，美國與中華人民共和國的官方外交接觸早在一九七二年

https://history.state.gov/historicaldocuments/frus1961-63v22/d32; John F. Kennedy, "Letter from President Kennedy to President Chiang," in *Foreign Relations of the United States, 1961–1963*, vol. 22, *Northeast Asia*, ed. Edward C. Keefer, David W. Mabon, Harriet Dashiell Schwar, and Glenn W. LaFantasie, doc. 42 (US Government Printing Office, 1996), https://history.state.gov/historicaldocuments/frus1961-63v22/d42。

238 **〈莊萊德大使自臺北致國務院之電文〉**。Embassy in the Republic of China, "Telegram from the Embassy."

238 **〈彭岱致甘迺迪總統之備忘錄〉**。Bundy, "Memorandum by Bundy."

240 **廖文毅急切地撕開信封**。Jack Star, "The Man We Won't Let In," *Look Magazine* 62 (January 30, 1962): 60–62.

242 **「廖文毅認為，蔣介石是個殘忍的獨裁者」**。Star, "The Man We Won't Let In."

第十六章 知與不知

248 **大磯町距離東京一小時車程**。根據前田昭雄博士的回憶，以及我在二〇一一年夏天造訪他的親身經驗所寫成。

251 **與奶奶有關的最後幾個未解之謎**。特別感謝紐約市立大學柏魯克分校的中國史專家與教授夏洛特．布魯克斯（Charlotte Brooks）在閱讀我撰寫爺爺廖文毅的網誌「女孩與臺灣的邂逅」後，查到了李惠容的移民資料，並透過推特主動與我聯繫，將這些資料寄給我。這些文件均出自美國政府的《排華法》案件檔案庫：Lee Liao, Anna Faith，第485箱，168/282號，內容包括惠容分別向美國司法部移民及歸化局（一九五〇年）、美國勞工部移民及歸化局（一九四〇與一九三五年）申請再入境美國的資料。

第十七章 投降

256 **什麼時候應該放棄？**改寫自我對陳娟娟、徐瑟芬和張炎憲的採訪內容，以及廖史豪對廖文毅回臺一事的回憶，收錄於Zhang Yan-xian, *Republic of Taiwan: The Precursor to Taiwan's Independence Movement*, trans. Natascha Bruce (Wu Sanlian Taiwan Historical foundation, 2000), 10–87。〔《臺灣共和國：臺灣獨立運動的先聲》，張炎憲、胡慧玲、曾秋美採訪記錄，吳三連臺灣史料基金會，二〇〇〇年二月出版。〕

257 **她的手指摸到一個小信封**。這是理查就讀大學時，在一九六五寫給母親李惠容的信。他在信中告訴母親，自己即將搬出家裡（不久後他就休學了）。這封信是輾轉來到我手上的：惠容去世後，珍妮在整理母親的遺物時發現這封信，便將它交給理查，並附上一張字條。後來我父親過世，繼母又將這封信轉交給我。

261 **在張炎憲教授給我的公共電視紀錄片中**．《被解除武裝的先知：廖文毅》，「臺灣百年人物誌」系列，公共電視臺製作（www.pts.org.tw, 2004）。我在臺灣的那一年裡，這部影片是我非常重要的資料來源。

202 **不過，他在一九七二年成功將一封信偷運到外面**。T.M. Hsieh, "From a Taiwan Prison," *New York Times,* April 24, 1972, 35.

203 **彭明敏在他的回憶錄《自由的滋味》中**。改寫自 Peng Ming-min, *A Taste of Freedom: Memoirs of a Taiwanese Independence Leader* (Taiwan Publishing Co., 2005)。

205 **令人驚喜的是，書竟然是用英文寫成的**。Lee Chen-hsiang and Yang Pi-chuan, eds., *The Road to Freedom: Taiwan's Postwar Human Rights Movement* (Taiwan Foundation for Democracy, 2003) 為本書提供了大量的白色恐怖相關背景資料。〔按：中文版見李禎祥、林世煜等編撰，《人權之路：臺灣民主人權回顧》，玉山社，二〇〇二。〕

207 **謝聰敏是這樣偷偷把信送出監獄的**。改寫自我於二〇一一年春天在臺灣林口對謝聰敏做的兩次採訪，以及 Hsieh, "From a Taiwan Prison"。

第十四章　美國人家

214 **惠容匆匆奔上九十六街地鐵站的階梯**。本章改寫自理查、珍妮、泰德、派特的訪談內容，以及亞歷與凱莉的回憶。

226 **他坐到床上**。Jack Star, "The Man We Won't Let In," *Look Magazine* 62 (January 30, 1962): 60–62.

第十五章　流亡的共和國總統

229 **廖文毅就任……**。改寫自 Zhang Yan-xian, *Republic of Taiwan: The Precursor to Taiwan's Independence Movement*, trans. Natascha Bruce (Taiwan Public Television Service Online, 2000), www.pts.org.tw〔《臺灣共和國：臺灣獨立運動的先聲》，張炎憲、胡慧玲、曾秋美採訪記錄，吳三連臺灣史料基金會，二〇〇〇年二月出版〕，以及 George Kerr, *Formosa Betrayed* (Taiwan Publishing Co., 2007)。

234 **廖文毅的著作《臺灣民本主義》正式出版那天**。改寫自 Thomas W. I. Liao, *Formosanism: The Democracy of Taiwan*, trans. Jimmy Chen (Tokyo: Taiwan Minbo-sha, 1956)，以及前田昭雄博士的回憶。

237 **甘迺迪總統在橢圓形辦公室的辦公桌前坐下**。改寫自 MacGeorge Bundy, "Memorandum from the President's Special Assistant for National Security Affairs (Bundy) to President Kennedy, Washington, July 1961," in *Foreign Relations of the United States, 1961–1963*, vol. 22, *Northeast Asia*, ed. Edward C. Keefer, David W. Mabon, Harriet Dashiell Schwar, and Glenn W. LaFantasie, doc. 39 (US Government Printing Office, 1996), https://history.state.gov/historicaldocuments/frus1961-63v22/d39; Embassy in the Republic of China, "Telegram from the Embassy in the Republic of China to the Department of State, Taipei, June 21, 1961, 1 p.m.," in *Foreign Relations of the United States, 1961–63*, vol. 22, *Northeast Asia*, ed. Edward C. Keefer, David W. Mabon, Harriet Dashiell Schwar, and Glenn W. LaFantasie, doc. 32 (US Government Printing Office, 1996),

留、向廖文毅道別的事。移居美國時，珍妮年方十五。

第三部

第十二章　綠島

186 **陳娟娟與廖史豪……完婚**。改寫自我在二〇一一年春天於臺灣臺北對陳娟娟做的採訪。她在採訪中談到她與廖史豪的婚姻，以及史豪在白色恐怖時期被捕入獄的事，包括被監禁在綠島的那段日子。本章的依據還有我在二〇一一年春天造訪綠島、參觀監獄遺址和人權紀念園區的親身經歷。就我所知，後來政府為綠島政治犯設置了一座更為正式的紀念碑。

若想進一步認識綠島，可以閱讀楊小娜（Shawna Yang Ryan）的小說《綠島》（*Green Island*, Alfred A. Knopf, 2016）〔按：中文版於二〇一六年由印刻出版〕。綠島本身也絕對值得造訪！站在島上的懸崖邊，感覺彷若置身天涯海角。

第十三章　自由鬥士

200 **魏延年，人稱「漢學界的壞孩子」**。魏延年出版過彭明敏《自由的滋味》法文譯本。更多他的資訊可見Editors of *Encyclopaedia Britannica*, "Situationist International," *Encyclopaedia Britannica*, March 20, 2023, https://www.britannica.com/topic/Situationist-International #ref1233107; Helene Hazera, "René Viénet: The Bad Boy of Sinology," Not Bored! March 2004, trans. Not Bored! March 2006, https://www.notbored.org/vienet-radiofrance .html; 以及International Film Festival Rotterdam, "René Viénet," accessed March 20, 2024, https://iffr .com/en/persons/ren %C3%A9-vi%C3%A9net。

201 **謝聰敏是個上了年紀的臺灣人**。謝聰敏後來成為我在臺灣非常重要的研究指導者。本章與書中其他與謝聰敏有關的部分，都是根據我對他的採訪內容，以及他對為臺灣獨立而奮鬥並因此入獄的回憶所寫成。若要更深入瞭解謝聰敏，可參考Erik Eckholm, "Why a Victory in Taiwan Wasn't Enough for Some," *New York Times*, March 22, 2000, https://www.nytimes.com/2000/03/22/world/why-a-victory-in-taiwan-wasn-t-enough-for-some.html; Huang Tai-lin, "Memoir Reflects on Democratic Revolution," *Taipei Times*, September 27, 2004, https://www.taipeitimes.com/News/taiwan/archives/2004/09/27/2003204547; National Human Rights Museum, "White Terror Period," accessed March 20, 2024, https://www.nhrm.gov.tw/w/nhrmEN/White_Terror_Period; Staff Writer with CNA, "Presidential Office Mourns Independence Activist's Death," *Taipei Times*, September 10, 2019, https://www.taipeitimes.com/News/taiwan/archives/2019/09/10/2003722030; 以及 *Taiwan Communiqué,* October 1992, https://www.taiwandc.org/twcom/tc56-int.pdf。

第九章　粉飾的紀念館

146 **館內展覽被動了兩種手腳**。Woody Cheng, "The 228 Whitewashing Continues," *Taipei Times*, March 5, 2011, https://www.taipeitimes.com/News/editorials/archives/2011/03/05/2003497390.

148 **根據這篇文章**。更多參考資料見Edwards Vickers, "History, Identity, and the Politics of Taiwan's Museums: Reflections on the DPP-KMT Transition," *China Perspectives*, no. 3 (September 2010): 92–106, https://www.doi.org/10.4000/chinaperspectives.5308, 以及 Kirk Denton, *The Landscape of Historical Memory: The Politics of Museums and Memorial Culture in Post-Martial Law Taiwan* (Hong Kong University Press, 2021).

148 **山姆和我抬頭看著逮捕名單**。這件事發生在二〇一一年春天，地點是臺北二二八紀念館。蔡英文在二〇一六年以民進黨候選人身分當選總統後，政府開始更加坦誠地面對臺灣的戒嚴歷史，因此二二八紀念館描寫這些事件的方式很可能又有所調整。過去十年來，臺灣政府投入大量努力，揭開更多臺灣歷史上的真相，讓我們得以更深入理解白色恐怖時期發生的種種。

152 **她回到服務臺**。二二八紀念館導覽手冊（二二八紀念館，二〇〇四）。

第十章　陷阱

157 **「葛超智先生您好」**。廖文奎於一九五〇年二月二十日寫給葛超智的信，出自《葛超智先生相關書信集》（二二八紀念館，二〇〇〇），頁四九二至九三。

160 **在北上的火車上**。改寫自葛超智對廖文毅在東京被捕一事的描述，出自George Kerr, *Formosa Betrayed* (Taiwan Publishing Co., 2007)。

166 **大磯町那棟房子離海灘很近**。改寫自前田昭雄博士的回憶。前田博士年幼時，我爺爺廖文毅在他舅父的安排下，住進了他和母親由奈的家。這位舅父參與了廖文毅在東京的臺獨運動。

168 **沒有人知道廖文奎究竟是怎麼死的**。我採訪過的對象或讀到過的人物當中，沒有人知道廖文奎的死因。他的妻子葛芮塔和孩子們也許知道，但他們從未公開這項資訊，也從未對任何我採訪過的家族成員透露。我採訪過的那些曾親歷當年事件、如今仍健在的人，或者瞭解家族與臺獨運動關係的人，都無法查明廖文奎的死亡原因。我曾試圖尋找廖文奎的死亡證明，但未能找到。關於廖文奎的死，我只知道：他於一九五二年突然因不明原因去世，得年四十七歲。我尚未發現任何關於他死因的中文學術研究成果。這是我非常想解開的謎題之一；若你對此有所瞭解，請務必告訴我。

第十一章　餅乾鐵盒

171 **珍妮和泰德把自己的物品裝進一個大行李箱**。本章改寫自我在二〇〇八年七月於佛州坦帕對珍妮所做的三次採訪，她在受訪時憶及他們一家從香港移居美國，中途在橫濱停

智也曾多次與廖文奎、廖文毅通信，是眾所皆知的廖家盟友。

114 **珍妮十一歲**。根據珍妮的回憶。

115 「**我記得惠容去了香港**」。根據林雙耀的回憶。

第七章　義子

123 **最想不到的是，有一次娟娟伯母打電話來說**。在日本及德國教授音樂學的前田昭雄教授在二〇一〇年秋天聯繫上娟娟伯母，於是我們見了面。本章與第十六章所描述的事件，皆以我與前田博士的談話與互動，以及他對我爺爺廖文毅的記憶為依據。

第八章　那些想推翻蔣介石的人

128 〈**備忘錄**〉。葛超智於一九四七年六月十五日致美國國務院之未公開備忘錄，出自史丹佛大學胡佛研究所檔案庫收藏的葛超智相關文件。

130 **廖文奎正著手整理一份文件**。Joshua Liao (Wen-kui), *Formosa Speaks: The Memorandum Submitted to the United Nations in September 1950 in Support of the Petition for Formosan Independence* (Formosan League for Re-emancipation, 1950).

134 **葛超智向窗外望去**。改寫自 George Kerr, *Formosa Betrayed* (Taiwan Publishing Co., 2007), 326–30；葛超智一份未公開備忘錄，詳述他一九四七年五月二十六日返回華府的旅程；以及一九四七年六月的備忘錄。

138 **文奎發言時**。改寫自 Liao, *Formosa Speaks*, part 4。

140 「**最近的聖德肋撒醫院就在旺角**」。資料出自理查的出生證明。

141 〈**駐香港總領事藍欽致美國國務卿之電文**〉。藍欽於一九四九年九月二十二日致美國國務卿的電報，收錄於 *Foreign Relations of the United States of the United States, 1949*, vol. 9, *The Far East: China*, ed. Francis C. Prescott, Herbert A. Fine, Velma Hastings Cassidy, E. Ralph Perkins, and Fredrick Aandahl (US Government Printing Office, 1974).

142 **葛超智還穿著睡衣，正在吃早餐**。Anthony Leviero, "Truman Orders U.S. Air, Navy Units to Fight in Aid of Korea; U.N. Council Supports Him; Our Fliers in Action; Fleet Guards Formosa," *New York Times*, June 28, 1950, 1. 改寫自 Kerr, *Formosa Betrayed*；私人書信；以及歸檔保存的葛超智相關文件。就我所知，葛超智因為觸怒蔣介石而被迫辭去領事工作，一九五〇至一九五一年在史丹佛大學任教。

144 「**我已下令美國空軍與海軍**」。Harry S. Truman, "Statement by the President, Truman on Korea," History and Public Policy Program Digital Archive, Public Papers of the Presidents, Harry S. Truman, 1945–1953, June 27, 1950, http://digitalarchive.wilsoncenter.org/document/116192.

葛超智在《被出賣的臺灣》中描述三月九日他從美國大使館出去後看到的情形：

星期天的黎明為臺灣人展開為期一週，赤裸裸的恐怖。趁著街上槍炮稍歇的時候，我們到附近的馬偕醫院去，與美國新聞處長，他的妻子與小孩，及其他外國人會合……。透過一扇高處的窗戶，我們可以看到對面巷弄裡國府軍隊的行動。我們看到臺灣人在街上毫無理由的被刺刀刺死。有人被搶，然後被殺，被輾。另一個人跑到街上，追趕一個由他家搶了一個女孩的兵士，結果也是被殺。

這些令人作嘔的景象不過是整個都市大屠殺的一小部分，是我們透過一棟孤立樓房的一扇高層窗戶所能看到的丁點景象。而，整個城內都是軍隊。那個悲慘的星期天，傷患不斷被送進這間醫院。有些被射傷，有些被砍得支離破碎。有位著名的臺灣女教師在返家途中被人由背後開槍，她受傷倒地後還被搶，最後終於有人設法將她送到附近的醫院。夜晚降臨了，但仍不得安息。槍聲依然不絕於耳，尤以萬華區，一個如貧民窟般擁擠的地區，最是密集。明天我們將會看到什麼？

彭明敏在《自由的滋味》中敘述他父親在二二八事件發生後的經歷：

父親和其他（高雄市二二八事件處理委員會的）代表隨後又被繩索捆綁，在頸後打結，士兵不停地用刺刀指向胸部。他們也等待著隨時被槍殺。但是，在隔天父親忽然被釋放回家。……父親精疲力竭地回到了家裡。他有二天沒有吃東西，心情粉碎，徹底幻滅了。從此，他再也不參與中國的政治，或理會中國的公共事務了。他所嚐到的是一個被出賣的理想主義者的悲痛。到了這個地步，他甚至揚言為身上的華人血統感到可恥，希望子孫與外國人通婚，直到後代再也不能宣稱自己是華人。

國民黨軍隊一登上岸，便開始向基隆市街流竄，射擊或刺殺市民，強暴婦女，搶劫民家和店舖。有許多臺灣人被捉到，活活塞進帆布袋，堆積在糖廠倉庫前，然後一個個扔進港口海中。其他有些人乾脆只被綁起來或鏈鎖起來，從碼頭被推下海。（按：譯文取自一九八七年譯本）

第二部

第六章　惠容出逃

104 **每一天，惠容都在等文毅的消息**。改寫自珍妮對於不得不在夜裡偷偷離開臺北的記憶。泰德也分享了童年時期全家人住在臺北那棟日式房屋的印象。

110 **美國大使館位於臺北北區**。廖家人去美國大使館求助一事的描述，是以陳娟娟的記憶為根據；她成年後一直在美國大使館工作，直至退休。李惠容與葛超智後來是否成為好友，我們不得而知，但她至少見過葛超智一次，向他請教如何祕密、安全地離開臺灣。葛超成立時，廖家既出地又出錢。這個發現純屬偶然！

81 **「他叫杜牧師」**。「牧師」是英文pastor的意思，所以他的英文稱呼是Pastor Du。我要到六個月之後才知道這件事。

85 **西螺延平老街文化館**。正式名稱為雲林縣螺陽文教基金會。詳細資訊請見基金會網站：http://louyoung.org.tw/culturalcenter.php?id=6。

第五章　遠大前程

90 **「這還只是開始而已」**。多方資料證實，廖文毅和廖文奎是批判性政治與文化雜誌《前鋒》的創辦人。雜誌創刊號於一九四五年十月問世，藉以紀念臺灣光復，此後逐漸加強批判蔣介石對臺灣的統治，並持續出刊至一九四七年一月。我只取得了一本《前鋒》雜誌的創刊號。廖文毅和廖文奎在雜誌中公開批評國民黨對臺灣的治理，是國民黨在二二八事件後下令追捕（以及謀害）他們的主因。

91 **「親愛的六百萬同胞！」**。〈告我臺灣同胞〉，《前鋒》，一九四五年十月／二〇一一年，英文翻譯：妮琪．狄恩。

93 **一九四五年時，他們尚未充分意識到……**。這段概述的內容出自多個來源，以George Kerr, *Formosa Betrayed* (Taiwan Publishing Co, 2007) 第九章為主。如欲深入瞭解，建議閱讀該書第九至十一章。作者葛超智於一九四五至一九四七年間擔任美國駐臺北副領事，親眼目睹了這些事件。

94 **文毅曾任臺北市公車處處長**。見Kerr, *Formosa Betrayed*, 203。

96 **那天早上，珍妮負責照顧……**。改寫自二〇一一年林雙耀訪談，訪談內容由Gary Hsieh大力協助英譯。

97 **在臺北的淡水港**。關於二二八事件的始末，有許多資料來源可供深入參考，其中多數對相關事實的描述大致一致。相異之處通常在於責任歸屬及後續事件的呈現，包括國府軍屠殺兩萬名臺灣人的部分。本章主要參考Kerr, *Formosa Betrayed*, 254–70, 291–310。如欲深入瞭解二二八事件，我建議閱讀彭明敏回憶錄《自由的滋味》（玉山社，二〇一七），以及楊小娜經深度考據之小說《綠島》（印刻，二〇一六）。

98 **雙耀飛奔回家**。改寫自二〇一一年林雙耀訪談，訪談內容由Gary Hsieh協助英譯。

100 **六萬多名國府軍士兵**。見Kerr, *Formosa Betrayed*, 291–310。

100 **「最先死的都是領導人物」**。George Kerr, *The Taiwan Confrontation Crisis* (Formosan Association for Public Affairs, 1986), 61.

101 **「無時無刻地進行屠殺」**。葛超智於一九四七年三月二十六日收到的一封信，寫信的人是他昔日的學生。信件內容節錄自Kerr, *Formosa Betrayed*, 325–26。

101 **但歷史事實不容抹滅：這一切的確發生過**。根據二二八紀念館二〇〇四年發行的導覽手冊所述，國府軍增援部隊開始從北往南沿路開槍掃射，所到之處血跡斑斑。他們持續進行這種所謂的「清鄉」行動，恣意屠殺無辜的臺灣民眾。這場屠殺的死亡人數估計為一到兩萬人。

2004), https://www.doi.org/10.4000/chinaperspectives.442. 也可以看看J. Zach Hollo, “As Taiwan’s Identity Shifts, Can the Taiwanese Language Return to Prominence?” *Ketagalan Media*, August, 27, 2019, https://ketagalanmedia.com/2019/08/27/as-taiwans-identity-shifts-can-the-taiwanese-language-return-to-prominence/。

54 **關於白色恐怖的影片**。很遺憾，我不知道片名，也無法取得這部影片，但它有可能出自臺灣公共電視製作的「臺灣百年人物誌」系列，或是該臺製作的其他紀錄片。可惜我沒有任何進一步的相關資訊。

56 **史豪伯父和娟娟伯母家**。書中關於史豪與娟娟的部分改寫自我於二〇一〇至二〇一一年間在臺灣與他們實際互動的經驗；觸及歷史的部分，則改寫自娟娟的回憶講述，以及張炎憲所做、經翻譯整理的史豪口述歷史採訪內容。Zhang Yan-xian, *Republic of Taiwan: The Precursor to Taiwan's Independence Movement*, trans. Natascha Bruce (Wu Sanlian Taiwan Historical Foundation, 2000), 10–87.〔《臺灣共和國：臺灣獨立運動的先聲》，張炎憲、胡慧玲、曾秋美採訪記錄，吳三連臺灣史料基金會，二〇〇〇年二月出版。〕

第三章　惠容在日治臺灣

60 「**我們很幸運**」。珍妮姑媽的這句話與其他回顧內容，出自二〇〇八年七月二十三日至二〇〇八年七月三十日間進行的三次採訪錄音。所有引述皆為逐字引用，或者經過編輯，刪去不連貫的陳述。這個事件主要改寫自珍妮對日本兵來盤問惠容一事的描述，當時珍妮九歲。

67 **九歲的珍妮額頭上留了一排齊瀏海**。這個故事改寫自珍妮的採訪錄音，她說日本人懷疑惠容與文毅用短波收音機收聽由菲律賓軍事基地轉播的美國棒球賽。故事中的細節大多根據珍妮對西螺廖家祖厝的描述，以及她在第二次世界大戰期間的經歷所重現或推測而來。

71 「**妳回去過美國**」。根據泰德所說，他在一九三九年於美國出生，而後惠容、泰德與珍妮在班塔女士家中住到一九四一年才回臺灣，不久後日本就對珍珠港發動攻擊。我們都不知道惠容為什麼在老大和老二的童年期間，帶著他們長時間待在美國，也許是因為她覺得班塔女士、她的朋友，以及乾姊妹海倫及米莉安，在育兒方面給了她許多支持。在美國與日本開戰前，惠容似乎頻繁往來臺灣與美國，而且來去自如。一九四一年之後，她就無法離開亞洲。

第四章　閣樓

78 **西螺的主要街道延平路**。我根據家人對廖家祖先發源地的叫法，將這個地名拼寫成Silai；我想這是臺語發音，漢語拼音是Xiluo，漢字「西螺」望文生義就是西邊的螺。

79 「**長老教會」這四個中文字**。「長老教會」就是英文的Presbyterian church，而不是僅僅指稱西螺的那個教會。蘇珊猜對了，西螺長老教會與廖家有直接關連；後來我得知當年教會中文，並不是他們的錯！後來我去旁聽了一門課，教授和同學在課堂上說中文、閱讀英文史料。我和所上幾位教職員也培養出了亦師亦友的深厚情誼。

第二章 僅有的線索

32 **「廖氏兄弟的故事則發人深省」**。George Kerr, *Formosa Betrayed* (Taiwan Publishing Co., 2007), 201–2. 該書最早於一九六五年由John Dickens and Co.在英國出版，二〇一八年十二月由Camphor Press再版發行。〔按：*Formosa Betrayed*之中文譯文均取自葛超智，《被出賣的臺灣》(臺北：臺灣教授協會，二〇一六)，以下不贅述。〕

33 **「一九五五年九月一日，廖文毅在黨內成立一個委員會」**。Kerr, *Formosa Betrayed*, 465.

34 **一個陰雨寒冷的午後**。這段對話改寫自二〇〇七年十一月十五日我對理查・廖(廖公理)的訪談錄音。對話內容皆為逐字引述，或是在保留原意的前提下刪去贅詞，盡可能力求精確。

40 **〈旅行〉**。Richard Liao, *The Trip* (未公開之旅行日誌，January 9, 1979), 1。

46 **〈她們是奴隸〉**。Meyer Berger, "About New York; Chinatown's Beloved Teacher Lady Finishes Fifty Years of Emancipating Service," *New York times*, May 10, 1954, 25; "Chinese Girl Sent to Home: father Agrees to Committal—Other 'Slave' Case Is again Adjourned," *New York Tribune*, September 4, 1909, 4; "Chinese Girls gone: Parents Suggest That Missionaries Enticed Them. Runaways Sought by Police," *Washington Post*, July 23, 1909, 3; "Denies Slave Story," New York Tribune, July 25, 1909, 14; "Honored by Lutherans: Lay Leader and Missionary in Chinatown Cited by Society," *New York Times*, January 29, 1955, 8; "Mary Elizabeth Banta Is Dead; Long a Missionary in Chinatown," *New York Times*, June 8, 1971, 43; "Moy You toy Sent to a Home," *New York Times*, September 4, 1909, 3; "Say They Are Slaves: Chinese Girls in Court," *New York Tribune*, July 24, 1909, 3.

48 **「這在當時是相當普遍的做法」**。"Say They Are Slaves," 3.

52 **我突然想到，我手上有一樣蘇珊看得懂的東西**。Zhang Yan-xian, *Republic of Taiwan: The Precursor to Taiwan's Independence Movement* (Wu Sanlian Taiwan Historical Foundation, 2000), trans. Natascha Bruce.〔《臺灣共和國：臺灣獨立運動的先聲》，張炎憲、胡慧玲、曾秋美採訪記錄，吳三連臺灣史料基金會，二〇〇〇年二月出版。〕

53 **張教授在課堂開始前幾分鐘現身**。張炎憲給了我一部廖文毅紀錄片《被解除武裝的先知：廖文毅》，本片為「臺灣百年人物誌」系列紀錄片之一，由公共電視臺製作(www.pts.org.tw, 2004)。這部影片成了我重要的資料來源。影片沒有中文、也沒有英文字幕(許多臺灣電視節目和電影附有中文字幕，以利觀眾觀看理解)，於是我後來請妮琪・狄恩(Nikki Dean)做了大致的翻譯。謝謝妳，妮琪！我朋友娜塔莎・布魯斯(Natascha Bruce)同樣是譯者，我們一起看這部紀錄片時，她也會幫我釐清一些細節。

54 **結果我發現自己的中文好不好根本不重要**。關於國語及臺語在臺灣的歷史與政治化，請參考Henning Kloter, "Language Policy in the KMT and DPP Eras," *China Perspectives* 56 (December

注釋與參考文獻

第一部

第一章 學錯中文了

14 **臺灣卻是其中的例外**。後來我得知臺灣幾乎在每條全球政治常規中都是例外。臺灣又叫作「福爾摩沙」(源自葡萄牙文的*Ilha Formosa*,意思是「美麗之島」),在奧運會中則以「中華臺北」的名義參賽。我的簽證是由臺灣經濟文化辦事處核發,因為美國沒有臺灣大使館。只能說情況很複雜——這是最含蓄的說法了。

如果你有興趣深入瞭解臺灣的特殊國際地位,尤其是臺灣大使館的相關細節與臺北經濟文化辦事處(在美國負責大使館業務)的成立始末,可以參考Kerry Dumbaugh, *Taiwan's Political Status: Historical Background and Its Implications for U.S. Policy* (Congressional Research Service, 2009), https://sgp.fas.org/crs/row/RS22388.pdf; 以及《臺灣關係法》, Public Law 96-8, 22 U.S.C. 3301 et seq., January 1, 1979, https://www.congress.gov/96/statute/STATUTE-93/STATUTE-93-Pg14.pdf。

關於臺灣在奧運會的參賽名義,請參考Gerald Chan, "The 'Two-Chinas' Problem and the Olympic Formula," *Pacific Affairs* 58, no. 3 (Autumn 1985): 473–90, https://www.doi.org/10.2307/2759241; Helen Davidson and Jason Lu, "Will Taiwan's Olympic Win Over China Herald the End of 'Chinese Taipei?" *Guardian*, August 2, 2021, https://www.theguardian.com/world/2021/aug/02/taiwans-olympics-victory-over-china-renews-calls-to-scrap-chinese-taipei; 以及Catherine K. Lin, "How 'Chinese Taipei' Came About," Taipei Times, August 5, 2008, http://www.taipeitimes.com/News/editorials/archives/2008/08/05/2003419446。

15 **提高全民識字率**。更多中國簡化文字的相關資訊,請見Roar Bökset, "Long Story of Short Forms: The Evolution of Simplified Chinese Characters" (PhD diss., Stockholm University, 2006), http://su.diva-portal.org/smash/get/diva2:200810/FULLTEXT01.pdf; Michael Bristow, "The Man Who Helped 'Simplify' Chinese," BBC News, March 22, 2012, https://www.bbc.com/news/world-asia-china-17455067; 以及Bao Jiqing, "Logic of Evolution: A Brief History of Chinese Characters Simplification," *Economic Times,* October 26, 2019, https://economictimes.indiatimes.com/blogs/et-commentary/logic-of-evolution-a-brief-history-of-chinese-character-simplification/。

18 **前往國立政治大學**。政大的華語課程真的是一級棒!華語教學中心網址為http://mandarin.nccu.edu.tw/index.php。

22 **臺灣史研究所**。我將人名做了更動,以保護所上教授的隱私。國立政治大學的臺灣史研究所相當優秀;我住在臺北的一年間,所上的教職員對我都非常親切及熱心。我不會說

Zhang Yan-xian. *Republic of Taiwan: The Precursor to Taiwan's Independence Movement.* Translated by Natascha Bruce, 2000.〔張炎憲、胡慧玲、曾秋美採訪記錄，《臺灣共和國：臺灣獨立運動的先聲》，臺北：吳三連臺灣史料基金會，2000年2月。〕

Zhang Yanxian, Hu Huiling, and Zeng Qiumei Interview Records. *Herald of the Taiwanese Independence Movement: The Republic of Formosa.* Wu San-lien Taiwanese Historical Materials Foundation, 2000.

Zhang Yanxian, Zeng Qiumei, and Shen Liang, eds. *The Youthful State of Taiwan Pursues Its Dream.* Wu San-lien Taiwanese Historical Materials Foundation, 2010.

Nikki Dean.

Rankin, Karl. Telegram to the secretary of state of the United States of America, September 22, 1949. In *Foreign Relations of the United States, 1949,* vol. 9, *The Far East: China,* edited by Francis C. Prescott, Herbert A. Fine, Velma Hastings Cassidy, E. Ralph Perkins, and Fredrick Aandahl. US Government Printing Office, 1974.

Rubinstein, Murray, ed. *The Other Taiwan: 1945 to the Present.* M. E. Sharpe, 1994.

———. *Taiwan: A New History.* M. E. Sharpe, 2007.

Ryan, Shawna Yang. *Green Island.* Alfred A. Knopf, 2016.

Shackleton, Allan J. *Formosa Calling: An Eyewitness Account of the February 28th, 1947 Incident.* Taiwan Publishing Co. and Taiwan Communiqué, 2008.

Staff Writer with CNA. "Presidential Office Mourns Independence Activist's Death." *Taipei Times,* September 10, 2019. https://www.taipeitimes.com/News/taiwan/archives/2019/09/10/2003722030.

Star, Jack. "The Man We Won't Let In." *Look Magazine* 26 (January 30, 1962): 60–62.

Taiwan Affairs Office and Information Office State Council, the People's Republic of China. "The Taiwan Question and Reunification of China." 1993. https://www.china.org.cn/english/taiwan/7953.htm.

Taiwan Communiqué (October 1992). https://www.taiwandc.org/twcom/tc56-int.pdf.

Taiwan Relations Act. Public Law 96-8, 22 U.S.C. 3301 et seq. January 1, 1979. https://www.congress.gov/96/statute/STATUTE-93/STATUTE-93-Pg14.pdf.

Taylor, Jay. *The Generalissimo: Chiang Kai-Shek and the Struggle for Modern China.* Belknap Press of Harvard University Press, 2009.

Thomas Liao's Homecoming. China Publishing Company, 1965.

Tong, Hollington. *Chiang Kai-Shek's Teacher and Ambassador.* Author House, 2005.

Truman, Harry S. "Statement by the President, Truman on Korea." History and Public Policy Program Digital Archive, Public Papers of the Presidents, Harry S. Truman, 1945–1953. June 27, 1950. https://digitalarchive.wilsoncenter.org/document/116192.

Tsai Tehpen. *Elegy of Sweet Potatoes: Stories of Taiwan's White Terror.* Taiwan Publishing Co., 2002.

Van Der Wees, Gerrit. "The Formosa Incident: A Look Back." *Taipei Times,* December 10, 2019. https://www.taipeitimes.com/News/editorials/archives/2019/12/10/2003727276.

Vickers, Edwards. "History, Identity, and the Politics of Taiwan's Museums: Reflections on the DPP-KMT Transition." *China Perspectives,* no. 3 (September 2010): 92–106. https://www.doi.org/10.4000/chinaperspectives.5308.

Washington Post. "Chinese Girls Gone: Parents Suggest That Missionaries Enticed Them. Runaways Sought by Police." *Washington Post,* July 23, 1909, 3.

Xu Xueju. *Interview with Mr. Lan Min.* Academica Sinica Institute of Modern History, 1995.

Yunlin County Luoyang Cultural and Educational Foundation. Accessed March 16, 2024. https://louyoung.org.tw/culturalcenter.php?id=6.

———. "Quo Vadis Formosa?" ["Whither Formosa?"]. *Le Monde Chinois,* nos. 12–13 (2008).

———. *Studies in the Philosophy of Life.* Liao & Brothers, 1936.

Liao, Richard. *The Trip.* Unpublished travel journal, January 9, 1979.

Liao, Thomas (Wen-yi). *Formosanism: Taiwan minhonshugi [Formosanism: The Democracy of Taiwan].* Taiwan Minbo-sha, 1956.

Lin, Catherine K. "How 'Chinese Taipei' Came About." *Taipei Times,* August 5, 2008. http://www.taipeitimes.com/News/editorials/archives/2008/08/05/2003419446.

Lin Hsiao-ting. *Accidental State: Chiang Kai-Shek, the United States, and the Making of Taiwan.* Harvard University Press, 2016.

Lin, Sylvia Li-chun. *Representing Atrocity in Taiwan: The 2/28 Incident and White Terror in Fiction and Film.* Columbia University Press, 2007.

Linton, Judy Huan-chun. "Come, Take a Walk with Me: Out of Darkness into the Light." Forumosa.com. Accessed March 26, 2024. https://tw.forumosa.com/t/1980-lin-family-murders-a-first-hand-account/50007.

Loa Iok-sin. "The 228 Incident: Lin I-hsiung's Family Tragedy Commemorated." *Taipei Times,* March 1, 2013. https://www.taipeitimes.com/News/taiwan/archives/2013/03/01/2003555993.

National Human Rights Museum. "White Terror Period." Accessed March 20, 2024. https://www.nhrm.gov.tw/w/nhrmEN/WhiteTerrorPeriod.

New Taiwan. "The 'Kaohsiung Incident' of 1979." Updated May 26, 2001. https://www.taiwandc.org/hst-1979.htm.

New York Times. "Annul Marriage of Girl, 12." *New York Times,* November 13, 1920, 15.

———. "Honored by Lutherans: Lay Leader and Missionary in Chinatown Cited by Society." *New York Times,* January 29, 1955, 8.

———. "Mary Elizabeth Banta Is Dead; Long a Missionary in Chinatown." *New York Times,* June 8, 1971, 43.

———. "Moy You Toy Sent to a Home." *New York Times,* September 4, 1909, 3.

New York Tribune. "Chinese Girl Sent to Home: Father Agrees to Committal—Other 'Slave' Case Is Again Adjourned." *New York Tribune,* September 4, 1909, 4.

———. "Denies Slave Story." *New York Tribune,* July 25, 1909, 14.

———. "Say They Are Slaves: Chinese Girls in Court." *New York Tribune,* July 24, 1909, 3.

Pan, Jason. "NSB Implicated in 1980 Lin I-hsiung Family Murders." *Taipei Times,* February 25, 2023. https://www.taipeitimes.com/News/taiwan/archives/2023/02/25/2003795016.

Peng Ming-min. *A Taste of Freedom: Memoirs of a Taiwanese Independence Leader.* Taiwan Publishing Co., 2005.

Phillips, Steven. *Between Assimilation and Independence: The Taiwanese Encounter Nationalist China, 1945–1950.* Stanford University Press, 2003.

Qianfeng. "A Message for My Taiwanese Compatriots!" *Qianfeng,* October 1945/2011. Translated by

Ka Chih-ming. *Japanese Colonialism in Taiwan: Land Tenure, Development, and Dependency, 1895–1945.* Westview Press, 1995.

"The Kaohsiung Incident Remembered: Turning Point in Taiwan's History." *Taiwan Communiqué,* no. 89 (January 2000). https://www.taiwandc.org/twcom/89-no3.htm.

Keating, Jerome F., and April C. J. Lin. *Island in the Stream: A Quick Case Study of Taiwan's Complex History.* SMC, 2000.

Kennedy, John F. "Letter from President Kennedy to President Chiang, Washington, July 14, 1961." In *Foreign Relations of the United States, 1961–1963,* vol. 22, *Northeast Asia,* edited by Edward C. Keefer, David W. Mabon, Harriet Dashiell Schwar, and Glenn W. LaFantasie, doc. 42. US Government Printing Office, 1996. https://history.state.gov/historicaldocuments/frus1961-63v22/d42.

Kerr, George. *Correspondence by and about George H. Kerr.* 228 Peace Memorial Museum, 2000.

———. *Formosa: Licensed Revolution and the Home Rule Movement, 1895–1945.* University Press of Hawaii, 1974.

———. *Formosa Betrayed.* Taiwan Publishing Co., 2007.

———. *The Taiwan Confrontation Crisis.* Formosan Association for Public Affairs, 1986.

Kloter, Henning. "Language Policy in the KMT and DPP Eras." *China Perspectives* 56 (December 2004). https://www.doi.org/10.4000/chinaperspectives.442.

Kristof, Nicholas D. "A Dictatorship That Grew Up." *New York Times Magazine,* February 16, 1992. https://www.nytimes.com/1992/02/16/magazine/a-dictatorship-that-grew-up.html.

Lai Tse-han, *Ramon Myers, and Wei Wou. A Tragic Beginning: The Taiwan Uprising of February 28, 1947.* Stanford University Press, 1991.

Lee Chen-hsiang and Yang Pi-chuan, eds. *The Road to Freedom: Taiwan's Postwar Human Rights Movement.* Taiwan Foundation for Democracy, 2003.

Lee Teng-hui. *The Road to Democracy: Taiwan's Pursuit of Identity.* PHP Institute, 1999.

Leviero, Anthony. "Truman Orders U.S. Air, Navy Units to Fight in Aid of Korea; U.N. Council Supports Him; Our Fliers in Action; Fleet Guards Formosa." *New York Times,* June 28, 1950, 1.

Li Shi-jie. *President Liao Wenyi.* Translated by Nikki Dean. Free Times Press, 1988.

———. *The Surrender of Liao Wen-yi, Chief of the Provisional Government of the Republic of Taiwan.* Free Times Press, 1988.

Li Xiao-feng. *Taiwan, My Choice! National Identity Transition.* Yushan Press, 1995.

Liao, Joshua (Wen-kui or Wen-kwei). *Formosa Speaks: The Memorandum Submitted to the United Nations in September 1950 in Support of the Petition for Formosan Independence.* Formosan League for Re-emancipation, 1950.

———. "Imperialism vs. Nationalism in Formosa." *China Weekly Review* 104, no. 7 (1947): 191–93.

———. *The Individual and the Community: A Historical Analysis of the Motivating Factors of Social Conduct.* Kegan Paul, Trench, Trubner, 1933.

Post-Martial Law Taiwan. Hong Kong University Press, 2021.

"The Disarmed Prophet: Liao Wen-yi." Episode of *One Hundred Years of Memorable People in Taiwan*. Taiwan Public Television Service, 2004. https://www.pts.org.tw.〔廖文毅，《臺灣民本主義》，臺北：政治大學出版社，2023年3月；張炎憲、陳美蓉、尤美琪採訪整理，《臺灣自救宣言：謝聰敏先生訪談錄》，臺北：國史館，2008年5月；王建生、陳婉真、陳湧泉合著，《1947，臺灣二二八革命》，臺北：前衛出版社，1990年。〕

Dumbaugh, Kerry. *Taiwan's Political Status: Historical Background and Its Implications for U.S. Policy*. Congressional Research Service, 2009. https://sgp.fas.org/crs/row/RS22388.pdf.

Eckholm, Erik. "Why a Victory in Taiwan Wasn't Enough for Some." *New York Times*, March 22, 2000. https://www.nytimes.com/2000/03/22/world/why-a-victory-in-taiwan-wasn-t-enough-for-some.html.

Editors of *Encyclopaedia Britannica*. "Situationist International." *Encyclopaedia Britannica*, March 20, 2023. https://www.britannica.com/topic/Situationist-International#ref1233107.

Embassy in the Republic of China. "Telegram from the Embassy in the Republic of China to the Department of State, Taipei, June 21, 1961, 1 p.m." In *Foreign Relations of the United States, 1961–1963*, vol. 22, *Northeast Asia*, edited by Edward C. Keefer, David W. Mabon, Harriet Dashiell Schwar, and Glenn W. LaFantasie, doc. 32. US Government Printing Office, 1996. https://history.state.gov/historicaldocuments/frus1961-63v22/d32.

Fenby, Jonathan. *Chiang Kai-Shek: China's Generalissimo and the Nation He Lost*. Carroll & Graf, 2004.

Hall, Bruce Edward. *Tea That Burns: A Family Memoir of Chinatown*. Free Press, 1998.

Hazera, Helene. "René Viénet: The Bad Boy of Sinology." Not Bored! March 2004. Translated by Not Bored! March 2006. https://www.notbored.org/vienet-radiofrance.html.

Hollo, J. Zach. "As Taiwan's Identity Shifts, Can the Taiwanese Language Return to Prominence?" *Ketagalan Media*, August 27, 2019. https://etagalanmedia.com/2019/08/27/as-taiwans-identity-shifts-can-the-taiwanese-language-return-to-prominence/.

Hsieh, T. M. "From a Taiwan Prison." *New York Times*, April 24, 1972, 35.

Hsueh Hua-yuan. *The Meilidao Incident: Turning Point in Taiwan's Political Development*. Special Session, State Violence and Trauma. World Human Rights Cities Forum, October 14, 2020. https://www.whrcf.org/fileDownload/2020/speakerfile/State%20Violence%20and%20TraumaHua-Yuan%20HSUEHen.pdf.

Huang Tai-lin. "Memoir Reflects on Democratic Revolution." *Taipei Times*, September 27, 2004. https://www.taipeitimes.com/News/taiwan/archives/2004/09/27/2003204547.

International Film Festival Rotterdam. "René Viénet." Accessed March 20, 2024. https://iffr.com/en/persons/ren%C3%A9-vi%C3%A9net.

Jiqing Bao. "Logic of Evolution: A Brief History of Chinese Character Simplification." *Economic Times*, October 26, 2019. https://economictimes.indiatimes.com/blogs/et-commentary/logic-of-evolution-a-brief-history-of-chinese-character-simplification/.

臺灣歷史參考書目與延伸閱讀

2/28 Memorial Museum. *Visitor's Guide*. 2/28 Memorial Museum, 2004.

Arrigo, Linda Gail, and Lynn Miles, eds. *A Borrowed Voice: Taiwan Human Rights through International Networks, 1960–1980*. Social Empowerment Alliance, 2008.

Berger, Meyer. "About New York; Chinatown's Beloved Teacher Lady Finishes Fifty Years of Emancipating Service." *New York Times*, May 10, 1954, 25.

Bökset, Roar. "Long Story of Short Forms: The Evolution of Simplified Chinese Characters." PhD diss., Stockholm University, 2006. https://su.diva-portal.org/smash/get/diva2:200810/FULLTEXT01.pdf.

Bristow, Michael. "The Man Who Helped 'Simplify' Chinese." BBC News, March 22, 2012. https://www.bbc.com/news/world-asia-china-17455067.

Bundy, MacGeorge. "Memorandum from the President's Special Assistant for National Security Affairs (Bundy) to President Kennedy, Washington, July 7, 1961." In *Foreign Relations of the United States, 1961–1963*, vol. 22, *Northeast Asia*, edited by Edward C. Keefer, David W. Mabon, Harriet Dashiell Schwar, and Glenn W. LaFantasie, doc. 39. US Government Printing Office, 1996. https://history.state.gov/historicaldocuments/frus1961-63v22/d39.

Chan, Gerald. "The 'Two-Chinas' Problem and the Olympic Formula." *Pacific Affairs* 58, no. 3 (Autumn 1985): 473–90. https://www.doi.org/10.2307/2759241.

Chang Kang-i Sun. *Journey through the White Terror: A Daughter's Memoir*. National Taiwan University Press, 2006.

Chen Lung-chu and Harold Lasswell. *Formosa, China, and the United Nations: Formosa in the World Community*. St. Martin's Press, 1967.

Chen Yi-shen, Hsueh Hua-yuan, Li Ming-juinn, and Hu Ching-shan, eds. *Taiwan's International Status: History and Theory*. Taiwan Advocates: Vision Taiwan, no. 1. Taiwan Interminds, 2004.

Cheng, Woody. "The 228 Whitewashing Continues." *Taipei Times*, March 5, 2011. https://www.taipeitimes.com/News/editorials/archives/2011/03/05/2003497390.

Cohen, Marc J., and Emma Teng, eds. *Let Taiwan Be Taiwan*. Taiwan Library Online, 2002.

"The Communiqué and Its Release." In *Foreign Relations of the United States, Diplomatic Papers, the Conferences at Cairo and Tehran, 1943*, edited by William M. Franklin and William Gerber, 448–49. US Government Printing Office, 1961.

Cooper, John F. *Taiwan: Nation-State or Province?* 4th ed. Westview Press, 2003.

Davidson, Helen, and Jason Lu. "Will Taiwan's Olympic Win Over China Herald the End of 'Chinese Taipei'?" *Guardian*, August 2, 2021. https://www.theguardian.com/world/2021/aug/02/taiwans-olympics-victory-over-china-renews-calls-to-scrap-chinese-taipei.

Denton, Kirk. *The Landscape of Historical Memory: The Politics of Museums and Memorial Culture in*

導讀　第一代臺灣獨立運動家廖文毅的困境與歸趨

陳翠蓮（國立臺灣大學歷史學系教授）

民間傳言有一位臺灣共和國的大統領廖文毅，後來投降返臺。他的生涯起落富有傳奇色彩，同時也充斥各種謎團：一位出身豪門望族的貴公子，為何選擇投身革命事業？志氣相投的兄長廖文奎為何未一起赴日打拚？倡議臺灣獨立的廖文毅對美國政府而言是怎樣的存在？又對國民黨政府有何影響？為何他在日本堅持臺獨運動多年後卻突然決定投降？他如何度過晚年？如何回望自己的人生選擇與臺獨運動的意義？

廖文毅返臺後直到解嚴前的一九八六年才過世，但並未留下回憶錄或口述歷史，令人扼腕。所幸近年政府陸續公開政治檔案，其中包括大量與廖文毅相關的檔案史料，或有助於解開若干歷史謎團。

美國政府與廖文毅的臺灣獨立運動

雲林廖家是西螺地區最早皈依長老教會的家族之一。廖文毅父親廖承丕善於理財，購置大批土地，成為當地數一數二的大地主，日治時期曾被任命為臺南州虎尾郡西螺區長。廖承丕栽培子女不遺餘力，八名子女中有多位博士。長子廖溫仁為日本東北大學醫學博士，早亡，娶清水望族之女廖蔡綉鸞為妻。次子廖溫魁（文奎）為美國芝加哥大學社會學博士，與瑞典裔美籍女子結婚。三子廖溫義（文毅）則是美國俄亥俄州立大學化學工程博士，妻子為美籍女子。如同許多日治時期具有「祖國」情懷的臺灣知識菁英，在取得學位後，文奎曾任教於南京中央政治學校、中央陸軍官校與金陵大學；文毅則於浙江大學執教。戰爭時期兄弟二人曾返回臺灣，但因特高監視，再度前往中國。

戰後，廖文毅擔任臺北市工務局長，熱心政治參與，面對陳儀政府在臺統治失敗，一九四六年八月投入國民參政員選舉。期間他提出「聯省自治」主張，卻遭國民黨臺灣省黨部與行政長官公署聯手圍剿，最後因選票塗汙被判無效、抽籤又未中而落選。此時，廖文奎在上海活動，一九四六年底返臺見到同胞慘況，倡議臺灣人應依據《大西洋憲章》殖民地自決原則，以公民投票決定自己的命運。

一九四七年二二八事件爆發，廖文奎、廖文毅兄弟並不在臺灣，廖文毅卻遭行政長官公署通緝。廖文奎則以Joshua Liao之名在上海《密勒氏評論報》(*China Weekly Review*)發表〈Formosa Scandal〉，抨擊國民黨當局。同年十月，廖文奎、黃紀男，透過上海合眾國際社(United Press, UP)、聯合通訊社(Associated Press, AP)等媒體，提出臺灣獨立的訴求。隨後陸續向東京盟軍總部麥克阿瑟將軍(Douglas MacArthur, 1880–1964)、日本吉田茂(1878–1967)首相及首爾美國大使館遞交請願書，呼籲國際社會同情並支持臺灣人的獨立運動。一九四八年二二八事變週年當天，由廖文奎命名、以追求臺灣獨立為目標的「臺灣再解放聯盟」(Formosan League for Re-emancipation, FLR)在香港正式成立，由廖文毅擔任聯盟主席，戰後臺灣獨立運動正式展開。

當時由於國民黨政府在國共內戰中落居下風，美國政府政策轉變，不再主張落實《開羅宣言》將臺灣歸還中國。美方開始接觸、試探以廖文毅為首的臺灣再解放聯盟，協助臺灣再解放聯盟移往東京發展，並由南京、香港、臺灣的美國使領事館、東京盟軍總部等機構進行密切觀察。很快的，美方就發現領導者廖文毅並不是稱職的革命家，相較之下，廖文奎則具有遠見，能提供組織政策建言與指導。但是廖氏兄弟存在某種緊張關係，對家族財產處置意見不和。由於美方對臺灣再解放聯盟領導人及諸多成員能力評價不高，加上該組織在日本、臺灣都缺乏真正實力，遂於一九四九下半年逐漸放棄扶植此一勢力。[1]

一九五〇年一月，廖文毅由香港前往東京，在中華民國駐日代表團要求下遭到被捕，以非法入境罪名處以六個月有期徒刑，關押於巢鴨監獄。[2]蔣介石總統指示駐日代表團團長何世禮相機與美方交涉，以廖文毅具有中華民國籍為由，一俟羈押期滿後即予遣返。[3]盟軍總部並未同意將廖文毅遣返臺灣的要求，廖氏被釋放後仍居留日本從事臺獨運動。

一九五〇年五月，臺灣民主獨立黨成立，此後每半年就向聯合國提出請願書，要求公投、獨立；一九五五年四月發出〈致萬隆亞非會議請願書〉，強調臺灣地位未定，要求將臺澎交聯合國託管三年後，由聯合國保障成為永久中立之獨立國家；同年七月，又致函日內瓦會議英美法德四國元首，要求聯合國宣布解散國府軍隊、協助臺灣獨立。

與此同時，廖文毅等人逐漸體悟，臺灣民主獨立黨作為一個政治團體，不易引起國際重視，於是在一九五五年趁著聯合國大會召開之際，成立「臺灣臨時國民議會」（次年改組為「臺灣共和國臨時國民議會」）；一九五六年成立「臺灣共和國臨時政府」，當日舉行二二八紀念會及廖文毅大統領、吳振南副統領就職典禮，另由郭泰成、鄭萬福分別擔任正副議長。同年十月向第十一屆聯合國大會呈交請願書，要求聯合國承認臺灣獨立的狀態。至此，廖文毅的臺獨運動策略產生重要轉折，從原本呼籲聯合國託管、公民投票路徑，轉而宣稱代表臺灣八百萬民眾民意，追求成為永世中立之「臺灣共和國」。[4]

廖文毅也積極在國際間展開活動，一九五七年出席馬來西亞聯邦獨立慶典。一九五九年展開歐美訪問活動，先是前往荷蘭向國際法庭提出申訴，控告國民黨政府不法占據臺灣；八月赴日內瓦會晤四國代表，說明臺灣獨立主張；又到倫敦遊說國會議員與朝野人士、倡議臺灣獨立；十月到美國爭取朝野人士對臺灣問題的關心與同情。[5]

廖文毅及其臺獨組織向聯合國請願、在國際會議爭取發聲機會、到歐美各國的穿梭活動，都讓國民黨政府感到如芒刺在背。一九五九年三月，國防部情報局甚至提出暗殺建議，方案有三：「廖逆及其重要負責人如繼續背逆不知悛改，必要時，可指派行動人員、或收買日本浪人，伺機予以刺殺」；二是「賄賂廖逆或組織重要本人的侍從或其家庭傭役，予以祕密毒害」；三是「利用共匪亦敵視廖逆組織的情勢，假借匪偽身分名義，從事對偽組織分子展開制裁行動」。但顧慮暗殺行動將引起外交上重大衝擊，國家安全局批示「擬緩辦」。[6]

廖文毅的臺獨運動一度也成為美方施壓國民黨政府的籌碼。一九六一年「蒙古人民共和國」（外蒙古）申請加入聯合國會員國，美國政府基於戰略考量欲和外蒙古建交，並接受其加入聯合國。但國民黨政府不願承認外蒙古是獨立國家，打算動用安理會否決權，造成與美國外交關係緊張。在中美雙方鬧僵之際，甘迺迪政府打出廖文毅牌，美國駐日大使館為廖文毅辦理手續赴美、並擬讓他出席聯合國大會提出臺灣地位問題，藉此迫使蔣介石讓步。蔣介石總統認為事態嚴重，六月二十日召見美國駐華大使莊萊德（Everett Francis Drumright，1906–1993），他表示國務院此一舉措極端嚴重，影響所及將可能造成我方內政上之動亂，並抗議美國准許廖文毅簽證，不啻鼓舞臺獨活動。蔣總統挖苦美方說，國際上傳聞美國對華政策有變，將逐步走向「兩個中國」、「承認共匪」與「臺灣獨立」，看來傳言不虛。他強調廖案、外蒙建交與中國代表權此三案均涉我方政府之基本問題，決不能有遷就忍讓餘地。[7]儘管蔣總統話說得很重，但最後政府仍在外蒙入會案讓步，美方才讓廖文毅返回日本。

國民黨政府的打擊對策

廖文毅在日本從事臺獨運動，掌握情治大權的蔣經國早已密切注意，他最擔心的是這些活動背後有美國政府祕密援助、或日本政治人物支持。一九五六年臺灣共和國臨時政府成立，臺北方面大為震動，但苦於在東京的情治布局無法發生效用。[8]也就在這一年，司法行政部調查局開始在廖文毅集團內部布置線民，蒐集情報。

調查局的「策反計畫」，獲得國安局局長鄭介民、國防會議副祕書長蔣經國核准，透過陳祖培（東京小組主要成員）、蔡錦霞（廖文毅大嫂蔡綉鸞族親）、劉傳能（劉明兄長、廖文毅舊識）遊說廖文毅集團多位幹部返臺投降。[9]一九五六年七月，第一個被成功策反回臺的就是臺灣共和國臨時議會外交委員長陳哲民，他的女兒陳娟娟嫁給廖史豪，是廖文毅的親家。陳哲民投降引發臺獨陣營強烈震撼，廖文毅緊急改組臺灣民主獨立黨。但同年底又有該黨事務局長林澄水變節投降，次年元月黨副主席陳春祐、黨關西支部長林排、黨中央委員江來相繼發表聲明脫離組織返臺。

接著調查局又策動臺獨陣營內部對立分化，一九五八年鄭萬福、陳金泉、曾炳南、大統領府內政省省長鮑瑞生四人倒戈，另成立「臺灣民政黨」，對抗廖文毅一派。反廖派在共和國臨時議會中指責廖文毅領導無方、空虛幻想、缺乏具體臺獨方案，削弱廖文毅的領導權威。臺灣民政黨甚至發表聲明指控廖文毅的臺獨運動是「中國共產黨赤化臺灣的陰謀活動」，強調該黨才是真正追求臺灣獨立的革命團體，藉此醜化臺灣民主獨立黨、分裂獨立運動。[10]

在種種策略奏效下，情治機關愈加得心應手，各項計畫多路並進：一則利用投降來歸人士致函臺獨成員、說明返國情形與國內建設，進行宣傳。二則持續以內線從中挑撥分化，調查局已吸收廖文毅左右手簡文介（簡世強）為第一對象，強化臺灣民政黨領導地位以削弱國民議會議長吳振南地位，再運用內線挑動吳振南、廖文毅、郭泰成等人之間衝突與相互猜疑。三則持續策反，密派蘇嘉和夫婦策反吳振南、運用劉啟光等人策反郭泰成、運用蕭天祿關係策反曾炳南，最後希望透過簡文介之影響力迫使廖文毅宣布歸順。四則施以打擊，包括斷其財路、阻撓其職業生路、嚴辦在臺家屬接濟、運用來歸人員公開批辦臺獨活動。五則統一運用，將已投降的集團內重要幹部如林純章（林順昌）、曾炳南、童一中、藍家精、陳哲民等交由國家安全局運用。[11]這些打擊對策使得廖文毅集團爭議不斷，大大打擊其名聲、瓦解其勢力。

其次，國民黨政府也在宣傳上下功夫。一九六一年十二月，國民黨中央黨部海外對匪鬥爭工作統一指導委員會（海指會）與第三組（海外工作）、第四組（宣傳工作）、第六組（情報工作）、外交部、國家安全局、僑委會、教育部共同成立「應正本專案小組」，第二次會議確立對臺獨運動之「正本清源消弭隱患於無形」宣傳方針：

> 宣傳方面**在國內對「臺獨」活動仍採不予重視態度**，而著重積極的民族精神教育；在**海外著重指出所謂「臺灣獨立運動」為共匪指揮運用的統戰活動**。……對廖逆文毅等在共匪指導運用下從事顛覆活動在國內宣傳……（一）**有關所謂「臺灣獨立」之新聞與活動，國內報刊不予採登，不予直接評論**。（二）運用本省籍忠貞同志透過各種集會與活動，進行深入側面之宣傳，以揭穿分歧分子為匪利用、從事分化顛覆之陰謀。……在海外宣傳方面……（一）明確**指出所謂「臺灣獨立運動」實為共匪祕密運用「兩個中國」陰謀的一體兩面**，其目的在假借名義、欺騙本省同胞，陰謀攫取臺灣。[12]

簡言之，國民黨政府的「正本清源方針」是：一是在國內採取無視方式，媒體不予報導、不使臺獨運動廣為周知。二是對外宣傳臺獨運動是中共陰謀，將其抹紅。

在此方針下，應正本小組提出《廖文毅與共匪統戰關係》宣傳小冊，指控廖文毅日治時期即與謝雪紅、蔡孝乾往來，戰後與謝雪紅合作策劃二二八事件，企圖暴力奪取政權。

一九四八年在共匪策動下與謝雪紅等人合組臺灣再解放聯盟。廖文毅偷渡到日本後又獲得日共與中共暗中庇護支持，成立臺灣民主獨立黨、臺灣共和國議會、臺灣共和國臨時政府。一九六〇年成立臺獨運動團體之「統一戰線部」，公開使用共產匪黨的獨特組織形式，因此臺灣民政黨在一九六一年九月發表聲明，指控廖文毅為國際共產間諜，陰謀使臺灣淪入中共手中。[13]

此一宣傳小冊最後修訂為《廖文毅及其活動內幕》，透過外交部寄送給駐美、加、日各領使館及聯合國代表團，中華民國駐美大使館另編製廖文毅背景資料，並將譯文密送國務院。[14]駐日大使館也將該宣傳小冊轉送華僑總會、臺灣同鄉會及相關人員參考運用。透過外交部，在各國針對廖文毅所主導的臺獨運動進行全面抹紅宣傳。

再者，國民黨政府也利用司法手段對廖文毅節節進逼。早先因臺獨案被捕的黃紀男、廖史豪減刑出獄，交由司法行政部調查局運用，但調查局發現，黃紀男聯絡廖文毅，並將廖文毅所著《臺灣民本主義》等書籍給郭雨新、高玉樹等人閱讀；廖史豪在運用期間，其臺灣獨立叛亂思想也毫無悛改。[15]一九六二年元月，黃紀男被控以「臺灣民主獨立黨臺灣地下工作委員會」主任委員罪名再度被捕，廖史豪、廖蔡綉鸞也入獄，甚至廣泛株連兩百多人。[16]

一九六四年十月，黃紀男、廖史豪被判處死刑，廖蔡綉鸞、鍾謙順有期徒刑十五年，廖溫進、林奉恩、陳火桐有期徒刑十二年，許朝卿有期徒刑六年，陳嘉炘、廖慶順、郭振輝、林南增有期徒刑五年。其中多人是廖文毅近親，包括廖蔡綉鸞是長嫂、廖史豪是姪子、廖溫進是親弟。國安局密函國防部軍法覆判局對該案判決予以拖延，作為遊說廖文毅歸順的籌碼。[17]

更致命的是，國民黨政府出手截斷廖文毅的經濟來源，警備總部宣布沒收廖文毅之財產。據警總估計動產部分包括臺泥與工礦公司股票、土地實物債券、土地銀行存款、地價補償費等總計新臺幣六百零五萬八千四百八十七元貳分；不動產部分包括土地約二十甲、房屋店面十四間、樓房一棟（持分五分之一），估計沒收之財產總值約新臺幣三千餘萬元。[18]

四二專案

在親人為質、財路斷絕的情況下，廖文毅一步一步被逼到牆角。此時，調查局再接再厲，利用潛伏在廖文毅身邊的親人加強遊說，動搖他的意志。

廖蔡綉鸞四女廖菊香夫婿許欽璋，是廖史豪臺獨案的自首分子，後來成為調查局運用人員。[19]五女廖杏香之夫婿原長秀，本名陳長秀，是臺籍監察委員陳慶華獨子，自東京大學畢業後，在日本的美國飛利浦公司服務，具中日雙重國籍，由調查局運用對廖文毅進行說服工作。[20]廖蔡綉鸞被捕後，許欽璋往返臺日洽辦商務期間，屢屢與原長秀商議如何援救岳母，兩人咸認為若能說服廖文毅放棄臺獨活動回國，岳母就可能獲得寬恕。[21]許欽璋返臺後，在調查局指示下密集與原長秀寫信聯繫，設法促使原長秀說動廖文毅；許欽璋自己也向調查局透露廖文毅很想念老母，或可動之以情、並給予前途保障來說服廖氏放棄臺獨運動。[22]

一九六五年二月，調查局策動林台元在臺灣共和國議會中對議長黃介一提出不信任案，黃介一強力反擊，臺獨組織內部爆發激烈衝突，廖文毅向一名調查局內線透露頗感灰心，此心聲遭調查局掌握。三月，廖氏又向姪婿原長秀表示，如果政府允許他提出條件，他願意離開日本、不再從事臺獨活動，並願與政府人員直接晤談。[23]調查局日本工作小組得到這些內線情報後，立即向上級呈報，認為近年對臺獨組織之分化對策已經奏效，廖文毅先是面對張春興、吳振南等人的挑戰，組織內部形成反廖集團，這些讓他內心痛苦不已，騎虎難下之餘已生出放棄臺獨運動念頭。[24]日本工作組策動原長秀不斷勸說，於是廖氏提出三項條件：一、釋放在臺家屬。二、發還在臺家產。三、發給美金十五萬元，供其離日赴瑞士居住。[25]

得知廖文毅已意志動搖，調查局長沈之岳認為機不可失，加緊策動廖文毅投降。相關計畫由調查局長沈之岳親自指揮，並密集向國防會議副祕書長蔣經國報告。[26]

沈之岳決定趁著廖文毅心志脆弱之際，於一九六五年四月二日派廖文毅姪女廖菊香、偕同妹婿原長秀前往爭取說服。行前，調查局先派許欽璋陪同妻子廖菊香到雲林西螺拍攝廖文毅先人故里田園、先人陵墓、家屬生活照片六十八張，並錄製廖母陳明鏡、被捕親人錄音帶兩捲，攜往日本，聲聲呼喚廖文毅返臺。[27]出發前，調查局還針對廖菊香應該如何對廖文毅說話、如何「動之以利害、曉之以大義、感之以真情」，進行了細部訓練。此一策反廖文毅計畫稱為「四二專案」，並以「六五一號」為廖文毅代號以俾保密。[28]

四月六日廖菊香、原長秀在日本與廖文毅見面，廖文毅決定由兩人持委任狀與調查局商議。十六日，原長秀與廖菊香攜帶廖文毅親自簽署之全權委託書，自東京飛抵臺北，與調查局方面連續商談三次。廖文毅原本想要赴瑞士居住、不同意返臺，若須返臺則必須由第三國外交人員擔保其人身安全。但調查局方面以國家尊嚴理由多方曉諭，廖文毅最後撤回此條件。[29]十七日，雙方達成協議，重要內容包括：

一、廖博士聲明解散臺獨組織，及放棄臺獨運動，響應本黨反共建國聯盟之號召，自日本歸國。

二、政府對廖博士安置，議定兩項，任其自願選擇。

(甲)參加政府：給予省府委員或政務委員職位。

(乙)參加經濟建設，任其選擇一項：(一)給予公營事業機構董事長或總經理職位。

(二)自集資本創立適當規模之企業，由政府給予協助。

三、廖博士回臺後，政府採取左列措施：

（甲）依法律程序，報請赦免廖溫進、廖蔡綉鸞、廖史豪、黃紀男等罪行。
（乙）發還廖博士及其家屬被查封之財產。
（丙）在臺臺獨黨分子交出名單，依法准予自首，免除刑責。
（丁）在日本臺獨黨分子如願回國，負責安排其生活或出路。[30]

調查局與原長秀談判的同時，蔣經國也指示沈之岳與警備總司令陳大慶商議。十九日沈之岳向蔣經國呈報，廖文毅願與調查局商談之主要原因是：一、廖某奔走海外十數年，臺獨偽黨活動缺乏成效，其幹部意見分歧、無法領導，深感灰心。二、廖氏親友遭其牽連參與運動遭判重刑、牽連人數眾多，廖氏遭親友責難，內心不安、精神負擔極大。三、在政府未宣布沒收其財產前，每年可祕密自家中取得數千元美金接濟，如今則經濟來源斷絕，生活與運動皆遭遇嚴重壓力。因此案至關重要，沈之岳建議派高級人員赴東京與廖文毅直接商談，以做決策依據。[31]

原長秀於二十日返回東京向廖文毅報告雙方協議內容，並回報調查局廖文毅將於五月十四日返臺，沈之岳立即呈報蔣經國。二十三日原長秀第二度返臺，並以廖文毅全權代表名義與調查局第三處處長毛鍾新簽下協議。[32]大勢底定後，沈之岳指派毛鍾新於五月十日赴日，協調駐日大使館、國家安全局日本工作組等有關單位，並陪同廖文毅自東京出境、確保安全。

與此同時，調查局則一一安排臺灣方面迎接事宜，包括赴松山機場歡迎人員、廖文毅發表談話、記者招待會、官員拜會、參觀國家建設活動，以及蔣經國副祕書長與蔣介石總統召見行程等等。[33]

過去有關廖文毅投降內情及談判條件，多半引用李世傑的說法。[34]但是，依據官方檔案可以發現實情與李世傑所述有若干差距：一、李世傑隱匿了調查局線民原長秀、許欽璋、廖文毅姪女廖菊香在過程中的重要角色，把功勞歸給調查局第三處處長毛鍾新。二、廖文毅與國民黨政府之協議書，是由其代表原長秀與調查局第三處處長毛鍾新所簽署，毛鍾新的對造並非廖文毅本人。三、李世傑所說雙方協議書委由岸信介保管一事，乃為謠傳。廖文毅所要求的是第三國外交人員確保其返國安全無虞，但最後仍被說服而放棄。四、李世傑聲稱協議條件中，蔣經國允諾將任命廖文毅為「相當於內閣閣員」或「臺糖公司董事長」職位，也非實情。

一九六五年五月十四日傍晚，臺灣共和國臨時政府大統領廖文毅搭乘華航班機抵達臺北松山機場。政府部門安排諸多黨政要員到機場大陣仗歡迎，國內新聞報紙連日大肆報導，讚譽是「中國政府最近十年在政治上成功的一件大事」，並由黨媒中央社統一發稿，聲稱廖文毅「痛改前非、悔悟自新、棄暗投明、團結反共」。[35]廖文毅投降歸臺，為自己所領導的第一代臺獨運動敲響喪鐘。

國民黨政府在此役中大獲全勝，六月四日由沈之岳呈蔣經國〈廖文毅博士之分析〉，對廖文毅的性格、思想、政治行動進行剖析。報告中指出廖文毅自幼聰穎、學習力強，中學述志要奔赴祖國擔任中華民國外交部部長，也曾憧憬成為浪漫之文學家，認為廖的性格「有正義感、熱情澎湃，易衝動、易趨極端而不顧一切。慷慨好義、氣度寬宏，有容人之量、無知人之明。有領導欲，但缺乏統御力與組織力，並有文人積習，膽怯而多疑慮。善社交、喜揮霍，嗜酒多慾、細行不檢；妄自尊大、喜人奉承而無主張，少果斷，容易受人之包圍操縱」。這是勝利者的宣言，廖文毅已毫無辯駁餘地。

廖文毅為何選擇對抗國民黨政府？沈之岳的報告中指出，廖文毅因為國民參政員選舉遭民政處處長周一鶚作票而落選，又在二二八事件後廖氏兄弟遭陳儀政府通緝為在逃主犯，極感怨憤，遂趨向極端。廖文毅又為何在奔走十八年後決定放棄他的革命大業？因為廖文毅認為兩位兄長均早逝，溫仁年四十二離世、文奎年四十八而亡，俱不長壽，自忖其壽亦不甚長，而有落葉歸根之思。[36]

臺獨運動的世代交替

早在廖文毅成立臺灣共和國臨時政府之初，日本明治大學講師王育德就認為廖文毅等人動輒自稱「大統領」、「大臣」，是為「大頭病」，該團體在日本臺僑之間風評不佳；廖春榮等青年以日本反安保學生鬥爭為例，批評臨時政府鬥爭力不足，反對加入該團體。他們主張應先辦雜誌，爭取臺灣留學生、在日臺僑的支持，激發臺灣人意識；進而對日本媒體、國會、政界、學界宣傳臺灣人要求自決、獨立的心聲。一九六〇年二月，王育德與東京大學臺灣學生黃昭堂、廖春榮、蔡季霖、黃永純、傅金泉等六人成立「臺灣青年社」，創辦《臺灣青年》雙月刊。該社成立後，包括許世楷、張國興、周英明、金美齡、林啟旭、侯榮邦等許多臺灣留學生陸續加入。[37]一九六三年五月臺灣青年社改為「臺灣青年會」，以發展組織、從事臺灣獨立運動為目標。

大統領廖文毅投降返臺對臺獨運動造成重擊，臺灣青年會立即召開座談會，指控廖文毅是「現形的騙子」。黃有仁（黃昭堂）、高見信（許世楷）、廖建龍（廖春榮）、孫明海（周英明）四人認為，盤踞在臺灣共和國臨時政府的那幫傢伙大多不可靠，卻沒想到投降的竟是廖文毅。他們批評臺灣共和國臨時政府原本就是反映廖文毅性格、個人利害的空泛組織，初期廖文毅被左右包圍、拍捧，自命為大統領而高高在上、虛榮自得，但近年情勢不復以往，周圍人士相繼退出，臨時政府已不具價值，於是廖文毅打算以高價賣給國民黨政府。儘管廖文毅的背叛一時之間使得臺獨運動灰頭土臉，但他們也分析，長遠來看此事反倒對臺獨運動有加分作用，因為臺灣共和國臨時政府這個欺騙性團體將因此被消滅，臺獨運動會走向更純粹化；以往只靠年資優勢的老人們將因此退出舞臺，換上年輕一代向前推進；原本被動消極的人們受此事刺激而倍感憤慨，將會有更多人紛紛跳出來投入運動、發憤圖強，這些因素都將促使臺灣獨立運動全新時代的來臨。[38]

國民黨政府也十分清楚，解決了廖文毅，並不等於終結了臺灣獨立運動。五月二十六日蔣經國在日記上說：

> 廖文毅反正來歸，在政治上雖有利於我政府，但臺獨之組織與思想不會因此而消滅，在反臺獨的鬥爭中決不可鬆懈。[39]

蔣經國也在中央心戰指導會報上指示：

> 「臺獨」問題不可太樂觀，不要以為廖文毅回來了，這個問題就告解決，應即掌握這個問題的客觀背景及各種因素，注意加強心防教育，尤其對青年的教育。[40]

果然，青年世代以積極行動重振海外臺灣獨立運動士氣。在日本，臺灣青年會於一九六五年九月改組為「臺灣青年獨立聯盟」，由辜寬敏出任委員長，除了組織行動委員會、展開島內祕密盟員的招募工作外，並積極與美國臺獨運動聯繫整合。十月，美國威斯康辛大學周烒明所領導的「臺灣問題研究會」、陳以德所領導的「臺灣獨立聯盟」（United Formosans for Independence, UFI）邀請美國各地臺灣同鄉會、加拿大臺灣人權委員會、日本臺灣青年獨立聯盟等代表召開「麥迪遜結盟會議」。會後並發表共同聲明，呼籲全美臺灣人攜手建立聯合組織，並鼓勵日本臺獨運動團體勿陷於分裂、應重新修好。一九六六年六月UFI再接再勵舉辦「費城會議」，邀請全美九個地區的臺獨運動代表組成「全美臺灣獨立聯盟」（The United Formosans in America for Independence, UFAI），由周烒明擔任中央委員會委員長、陳以德擔任執行委員會主席。[41]

一九六六年UFAI決定趁著聯合國大會討論中國問題之際，在《紐約時報》上刊登廣告，廣告費高達四千美元，日本、加拿大、歐洲、美國的臺獨團體積極募捐，於十一月二十日《紐約時報》刊出〈臺灣是臺灣人的臺灣〉（Formosa for the Formosans）的巨幅廣告，向聯合國會員國、中共領導人、國民黨政府、美國人民提出臺灣人的訴求和心願，要求「由臺灣人決定自己的未來」。[42]

接下來幾年內，海外臺灣獨立運動更加密集動員、整合、串連，一九六九年九月全球性臺灣獨立聯盟籌備會議在紐約召開，通過將成立World United Formosans for Independence，仍稱為「臺灣獨立聯盟」（WUFI），各本部仍各自維持獨立性。一九七〇年元月一日，世界性的臺灣獨立聯盟正式成立，蔡同榮任主席、張燦鍙任副主席。

青年世代主導的臺灣獨立運動在廖文毅投降後全面登場，國民黨政府從此面對蓬勃的抵抗運動，而陷入更加難以招架的局面。

最後的大統領

廖文毅曾遭國民黨政府以陰謀叛亂、違反《國家總動員法》等罪名五度通緝，投降後立即在五月十五日，由法務部調查局函請臺灣警備總司令部暨臺灣高等法院檢察處分別撤銷通緝，陰謀叛亂刑責部分不予起訴，並報請赦免、發還遭沒收之財產。六月九日統總特赦廖文毅，並發還全部沒收之財產。同年十月二十九日，蔣經國與參軍長黎玉璽為黃紀男等案簽請覆判，黃紀男、廖史豪、廖溫進三人「直接間接從事策反工作立功」，覆判時減輕其刑，後並予特赦。但廖蔡綉鸞未及出獄，即於保外就醫期間不幸病逝。[43]此後廖文毅一直擔任曾文水庫建設委員會副主委一職，並未獲得掌握實權的政治職位，但國民黨政府答應廖文毅的條件都已一一履行。

廖文毅返臺初期住在調查局招待所，調查局臺北工作區站安排林希鵬擔任特別勤務、作為廖文毅貼身警衛，並有專車司機陳阿勇，實際上由兩人隨時跟監。不久又增派總管、祕書、護衛、服務人員、雜役等多人加強監護。同年六月廖文毅購買天母蘭雅里一〇六巷新居入住，調查局重新完成周遭環境調查、評估與布署，監護工作從調查局臺北站轉由第三處負責，並由陽明山警察成立「〇五一四專案安全維護勤務」，加入監護工作。[44]隨著廖文毅日籍女友來臺同住、廖文毅擔任曾文水庫建設委員會副主委、常參加長老教會活動、與教友聚會等等，監護工作益增複雜度，乃由國家安全局協調警備總部協助與警務處支援協助。調查局成立「偵監小組」，祕密跟蹤監控廖文毅與日籍女友行動；廖宅外圍日間有陽明山警察派出所員警三名、夜間則僱用四人擔任警衛工作；廖文毅的郵件檢查、電話監聽工作由國家安全局與警備總部負責；廖宅後院也加強照明設備、豢養狼犬以確保安全。[45]檔案管理局已公開之數量龐大的調查局「德化專案」監控紀錄，[46]顯示廖文毅投降後的二十一年生活動態遭到全面監控，如在天羅地網之中。

廖文毅返臺後，許多政府官員、親戚朋友、政治舊識前往拜訪，近身監視的林希鵬每日必須撰寫「工作報告」，詳細記錄廖氏生活狀況、呈報他與訪客的談話內容，然後由調查局三處分析廖文毅之心態與意圖，研擬後續工作方向。檔案管理局保留了廖文毅返臺後一九六五年六月至十二月林希鵬逐日撰寫的〈工作報告〉。[47]

林希鵬是苗栗人，一九五一年因參與「重整後臺灣省工作委員會」被捕，與大批同案成員都認錯自新，後留在調查局工作。[48]此次因為熟悉日文，而被賦予擔任近身監視廖文毅之任務。在監視廖文毅三個月後，林希鵬提出〈三個月來之觀察所見〉，對廖文毅的性格有生動的描述。他認為廖文毅對策反、瓦解國外臺獨組織缺乏主動性與主觀上之努力，對於國內臺獨組織與關係交代亦不清楚。他也指出，廖文毅在考核階段，極力注意自己的言論與交往人物，但因領袖欲強，不但想做官、而且想做大官。廖氏個性唯我獨尊，常批評丘念台、蔡培火等臺籍政治人物，認為自己是唯一人才；尤其是好出風頭，對於自己成為新聞人物頗為沾沾自喜，曾謂如果受邀總統官邸舞會，第一位將邀請蔣夫人跳舞。[49]

大統領廖文毅返臺不久，很快地就轉換身分、棄政從商，優游於商業投資活動之中。先前警備總部粗估沒收的廖文毅財產總計約新臺幣三千餘萬元，但實際價值恐不只此數。據國家安全局報告，僅僅返臺三個月後，一九六五年九月，廖文毅就已捐助中國文化學院、擔任工業研究所所長，並收購南京東路土地二千七百坪，打算與旅美華僑李某興建觀光旅館；又收購中山北路二段土地六百二十坪，擬興建十層辦公大樓；並投資四千萬元於王德溥、翁鈐之國豐汽車，計劃與日本五十鈴汽車公司合作。[50]

至於在感情生活方面，廖文毅返臺後，住在神奈川大磯町的前田善子曾寫信給他，信中充滿思念之情，並描述「小寶貝彩子」可愛模樣、對廖的孺慕，[51]但廖文毅似乎並未回信。倒是六月初接獲住在鹿兒島的「南香」來信時，廖文毅熱情回應、頻頻魚雁往來。調查局追查此人真實姓名為近藤朝、近藤朝子、近藤美座。在廖文毅殷勤邀請與安排之下，近藤朝子七月即來臺陪伴。[52]從林希鵬的工作日記可知，廖文毅對近藤朝子出手大方，經常陪她進城逛街、添購衣物；廖文毅自己也生活闊綽，半年內就買車、買珠寶、購地置產、投資股票企業等，還經常打高爾夫球作為調劑。

一九六五年底，葛超智（George H. Kerr, 1911–1992）出版《被出賣的臺灣》（*Formosa Betrayed*）一書，以他親身經歷敘述二戰前後美國政府對臺灣問題之處置，並見證了國民黨政府統治失敗造成臺灣人民反抗與二二八屠殺，他呼籲聯合國應該給予臺灣人託管、公投、獨立的權利。[53]此書出版後，《紐約時報》東京分社主任杜茹伯（Robert Trumbull, 1912–1992）、史丹佛大學教授曼柯（Mark Mancall, 1932–2020）分別在《紐約時報》與《紐約前鋒論壇報》發表書評加以肯定。廖文毅奉命致函兩報編輯加以駁斥，指責葛超智的書「過於偏激、感情用事、不值得貴報評論與推薦」（the book still would be too biased and emotion ridden to merit serious review and recommendation by the TIMES）。他並以自己回到臺灣半年來的觀察表示，臺灣並未受到政府以武力壓迫，當前臺灣人民享有在亞洲僅次於日本的高生活水準，杜茹伯、曼柯兩人對中華民國充滿偏見，所持論調根本不值得重視。[54]

葛超智曾於日治末期在臺灣教書，有許多臺灣人學生，對臺灣有深厚感情。戰爭時期他投入海軍情報單位、參與了美國政府的臺灣占領規畫，戰後被任命為臺北領事館副領事，在目睹二二八事件發生後，他因為主張聯合國託管臺灣，與國務院政策不同而離開外交工作，但仍於美國政府各部門間為臺灣問題奔走呼籲。他也透過舊識協助黃紀男等臺獨運動者，還曾親自到日本拜訪廖文毅。[55]他為臺灣處境仗義執言、留下歷史見證，卻遭到廖文毅公開駁斥否定。據說，葛超智晚年對臺獨運動人士極為失望，不再關心臺灣獨立運動，恐怕正與上述廖文毅出面駁斥有關。

廖文毅投降十年內，第一代臺獨運動重要成員如洪流崩山般相繼返臺。一九六六年臺灣民政黨主席鄭萬福返歸。一九七一年，臺灣共和國臨時國民議會議長廖明耀、臺灣獨立聯盟中央委員簡文介、臺灣獨立聯盟幹部施清香等三人聯袂來歸。一九七二年身兼臺獨組織四項要職的邱永漢，回國投資設廠、力圖「經濟報國」。一九七三年臺灣自由獨立黨宣傳部長、臺灣臨時政府國民議會議員黃永純返國。接著，臺灣青年聯盟中央委員、文學家傅金泉回國投誠；臺灣公會宣傳部長林璐環投降；愛國青年團團長、臺灣共和國臨時議會議員楊子湖返臺，島內媒體欣然宣告「臺獨叛國組織已經徹底瓦解」。[56]

廖文毅在二二八事件之後，最先向國際社會發聲，揭示臺灣人的主張，呼籲聯合國託管、公投自決、臺灣獨立，這是他一生最重要的貢獻。但是廖文毅因個人性格局限，無法有效領導、無力處理內部爭議，加上國際環境條件不利、國民黨政府的滲透分化對策，使得他所領導的第一代臺獨運動長期處於風雨飄搖之中。投降後的廖文毅，回復富家公子的悠遊生活，除了上述駁斥葛超智專書，在臺獨戰友投誠返臺時露露臉、說說場面話之外，並未積極承擔政府宣傳任務，總算是維持了敗者的最後一點尊嚴。一九八六年五月九日，廖文毅因腦中風併發症去世，享年七十七歲。[57]

相對於廖文毅早年風風火火從事革命事業、晚年棄甲曳兵臣服而降的巨大起落，他的妻子與兒女因為他的政治選擇所承受的跌宕衝擊，極少被關心與探知。如今廖文毅的孫女廖美文有心從事挖掘與探究，克服萬難完成此書，相信能填補這位革命家及其家族歷史的缺頁與空白。

1 陳翠蓮，《重探戰後臺灣政治史：美國、國民黨政府與臺灣社會的三方角力》（臺北：春山，2023），頁43–58。

2 「偽『臺灣獨立黨案』交涉經過說帖」，《臺灣獨立運動（十三）》，《外交部》，檔案管理局藏，檔號：A303000000B/0050/006.3/014/1/0086。

3 「蔣中正電朱世明請即與美方交涉廖文毅遣送回臺事」，〈對美關係（六）／072〉，《蔣中正總統文物》，國史館藏，典藏號：002-090103-00007-072。

4 陳慶立，《廖文毅的理想國》（臺北：玉山社，2014），頁76–79。

5 「與廖文毅詢問談話參考資料」，〈廖文毅案有關指示及裁定（二）廖案處理參考資料〉，《法務部調查局》，檔案管理局藏，檔號：AA11010000F/0039/FA1.1/00244/0002/001/0038–0039。

6 「檢送廖逆文毅偽組織在日活動狀況的調查研究與對策敬請核參由」，〈防制臺獨方案第一卷〉，《國家安全局》，檔案管理局藏，檔號：A803000000A/0047/C300826/1/0001/0288–0297。

7 「蔣中正與宋美齡接見美國駐華大使莊萊德就國務院決定發給廖文毅簽證與美國政府對外蒙建交等事面告涉及基本問題不能再遷就忍讓」，〈中美關係（一）／017〉，《蔣經國總統文物》，國史館藏，典藏號：005-010100-00055-017。

8 李世傑，《臺灣共和國臨時政府大統領廖文毅投降始末》（臺北：自由時代，1988），頁77–80。

9 「對偽臺獨黨現階段之工作方案」，〈防制臺獨方案第一卷〉，《國家安全局》，檔案管理局藏，檔號：A803000000A/0047/C300826/

1/0001/001/0319。

10 李世傑，《臺灣共和國臨時政府大統領廖文毅投降始末》，頁195–200。

11 「對偽臺獨黨現階段之工作方案」，〈防制臺獨方案第一卷〉，《國家安全局》，檔案管理局藏，檔號：A803000000A/0047/C300826/1/0001/001/0318–321。

12 「應正本案實施計畫綱要」，〈臺灣獨立運動（十七）應正本小組〉，《外交部》，檔案管理局藏，檔號：A303000000B/0050/006.3/018/1/017。

13 「應正本專案小組案第九次會議」，〈臺灣獨立運動（十七）應正本小組〉，《外交部》，檔案管理局藏，檔號：A303000000B/0050/006.3/018/1/032。

14 「外交部代電」，〈臺灣獨立運動（十七）應正本小組〉，《外交部》，檔案管理局藏，檔號：A303000000B/0050/006.3/018/1/040。「中華民國駐美利堅合眾國大使館代電」，《外交部》，〈臺灣獨立運動（十七）應正本小組〉，檔案管理局藏，檔號：A303000000B/0050/006.3/018/1/041。

15 「司法行政部調查局函」、「警備總部復廖史豪案由」、「國防部軍人監獄代電」、「司法行政部調查局函為叛亂犯廖史豪請暫由本局繼續監管由」，〈廖史豪等案〉，《國防部軍務局》，檔案管理局藏，檔號：B3750187701/0039/1571/0022500/125/015–025。

16 黃紀男口述、黃玲珠執筆，《老牌臺獨：黃紀男泣血夢迴錄》（臺北：獨家，1991），頁367–385。

17 李世傑，《臺灣共和國臨時政府大統領廖文毅投降始末》，頁281–283。

18 「檢呈沒收叛亂犯廖某財產價值新臺幣三千餘萬元擬飭臺灣警備總司令部依法迅速處理」、「檢呈發還廖文毅動產與不動產請冊各一份」，〈廖文毅等案〉，《國防部軍法局》，檔案管理局藏，檔號：B3750347701/0053/3132524/524/1/001、004。

19 「運用廖菊香赴日加強策反廖逆文毅來歸計畫」，〈廖文毅案有關指示及裁定（十一）運用廖菊香許欽源夫婦〉，《法務部調查局》，檔案管理局藏，檔號：AA11010000F/0039/FA1.1/00244/0011/001/0048。

20 「密不錄由」，〈廖文毅有關指示及裁定（五）四二專案〉，《法務部調查局》，檔案管理局藏，檔號：AA11010000F/0039/FA1.1/00244/0005/001/0165。「呈復原長秀資料」，〈廖文毅案有關指示及裁定（十一）運用廖菊香許欽源夫婦〉，《法務部調查局》，檔案管理局藏，檔號：AA11010000F/0039/FA1.1/00244/0011/001/0061。

21 「簽呈為擬運用廖菊香進行策反廖文毅是否可行報請鑒核由」，〈廖文毅案有關指示及裁定（十一）運用廖菊香許欽源夫婦〉，《法務部調查局》，檔案管理局藏，檔號：AA11010000F/0039/FA1.1/00244/0011/001/0104。

22 「許欽璋擬策動廖逆文毅放棄臺獨活動由」、「許欽璋報告」，〈廖文毅案有關指示及裁定（十一）運用廖菊香許欽源夫婦〉，《法務部調查局》，檔案管理局藏，檔號：AA11010000F/0039/FA1.1/00244/0011/001/0128–0129、0140。

23 「沈之岳呈復策反廖案情行」，〈廖文毅案有關指示及裁定（十一）運用廖菊香許欽源夫婦〉，《法務部調查局》，檔案管理局藏，檔號：

AA11010000F/0039/FA1.1/00244/0011/001/0014–0015。

24 「對廖逆文毅投誠來歸案之分析」，〈廖文毅案有關指示及裁定（十一）運用廖菊香許欽源夫婦〉，《法務部調查局》，檔案管理局藏，檔號：AA11010000F/0039/FA1.1/00244/0011/001/0076–0078。

25 「策反廖逆文毅案」，〈廖文毅案有關指示及裁定（十一）運用廖菊香許欽源夫婦〉，《法務部調查局》，檔案管理局藏，檔號：AA11010000F/0039/FA1.1/00244/0011/001/0085。

26 蔣經國著，歐素瑛等編輯校訂，《蔣經國日記（1965）》（臺北：國史館，2024），頁138、141、143、167、169。

27 「沈之岳報告」，〈廖文毅案有關指示及裁定（五）四二專案〉，《法務部調查局》，檔案管理局藏，檔號：AA11010000F/0039/FA1.1/00244/0005/001/0158。

28 「密不錄由」，〈廖文毅案有關指示及裁定（五）四二專案〉，《法務部調查局》，檔案管理局藏，檔號：AA11010000F/0039/FA1.1/00244/0005/001/0167。

29 「為策反廖案處理情形報請核示由」，〈廖文毅案有關指示及裁定（五）四二專案〉，《法務部調查局》，檔案管理局藏，檔號：AA11010000F/0039/FA1.1/00244/0005/001/0098–0099。

30 「四月十七日會談協議紀要」，〈廖文毅案有關指示及裁定（五）四二專案〉，《法務部調查局》，檔案管理局藏，檔號：AA11010000F/0039/FA1.1/00244/0005/001/0064–0065。

31 「為策反廖逆文毅一案奉諭與陳總司令商談情形報請核示由」，〈廖文毅案有關指示及裁定（五）四二專案〉，《法務部調查局》，檔案管理局藏，檔號：AA11010000F/0039/FA1.1/00244/0005/001/0129–0131。

32 「會談協議紀要」，〈廖文毅案有關指示及裁定（五）四二專案〉，《法務部調查局》，檔案管理局藏，檔號：AA11010000F/0039/FA1.1/00244/0005/001/0081。

33 「四二專案接待工作準備計畫」、「沈之岳密電稿」，〈廖文毅案有關指示及裁定（五）四二專案〉，《法務部調查局》，檔案管理局藏，檔號：AA11010000F/0039/FA1.1/00244/0005/001/0020–0024、0049–0050。

34 李世傑，《臺灣共和國臨時政府大統領廖文毅投降始末》，頁280–292。

35 〈對廖文毅返回臺灣　日朝野表重視　認廖響應反共號召　讚揚我國政治成功〉，《聯合報》，1965年5月16日，1版。〈廖文毅呼籲在海外友人棄暗投明　團結反共〉，《聯合報》，1965年5月19日，1版。

36 「廖文毅博士之分析」，〈廖文毅案有關指示及裁定（四）四二專案〉，《法務部調查局》，檔案管理局藏，檔號：AA11010000F/0039/FA1.1/00244/0004/001/0085–0091。

37 黃昭堂口述，張炎憲、陳美蓉採訪整理，《建國舵手黃昭堂》（臺北：吳三連臺灣史料基金會，2012），頁80–83。陳銘城，《海外臺獨運動四十年》（臺北：自立晚報社，1992），頁15。

38 〈正体暴露したイカサマ師—国府へ走った廖文毅—〉，《臺灣青年》第五十四號（1965.5.25），頁4–6。

39 蔣經國著，歐素瑛等編輯校訂，《蔣經國日記（1965）》，頁180。

40 「四二專案」，〈廖文毅有關指示及裁定（八）策反廖案處理情況報告〉，《法務部調查局》，檔案管理局藏，檔號：AA11010000F/0039/FA1.1/00244/0008/001/0005。

41 周烒明，〈早期（1960–1970年）威斯康辛大學臺灣學生在臺灣建國運動所扮演的角色〉，收入張炎憲等編著，《自覺與認同：1950–1990年海外臺灣人運動專輯》（臺北：吳三連臺灣史料基金會，2005），頁465–469。黃昭堂口述，張炎憲、陳美蓉採訪整理，《建國舵手黃昭堂》（臺北：吳三連臺灣史料基金會，2012），頁155–156。

42 周烒明，〈早期（1960–1970年）威斯康辛大學臺灣學生在臺灣建國運動所扮演的角色〉，頁467–470。

43 「為覆判黃紀男等叛亂一案簽請核示由」，〈廖文毅等案〉，《國防部軍法局》，檔案管理局藏，檔號：B3750347701/0053/3132524/524/1/006。

44 「呈復廖博士所擬定居處所偵查情形」、「陽明山警察所〇五一四專案安全維護勤務與聯繫辦法」，〈廖文毅（四二專案監管措施）案〉，《法務部調查局》，檔案管理局藏，檔號：AA11010000F/0054/301/01841/0001/001/0069、0087–0094。

45 「調查局三處簽呈」、「廖文毅安全監護措施」，〈廖文毅（四二專案監管措施）案〉，《法務部調查局》，檔案管理局藏，檔號：AA11010000F/0054/301/01841/0001/001/0014–0023。

46 〈德化專案（廖文毅）〉，《法務部調查局》，檔案管理局藏，檔號：AA11010000F/0042/3/18517。

47 「林希鵬工作報告」、「三處四科簽呈資料」，〈廖文毅（四二專案監管措施）案〉，《法務部調查局》，檔號：AA11010000F/0054/301/01841/0001/001/0118–0270；〈廖文毅（四二專案監管措施）案〉，《法務部調查局》，檔案管理局藏，檔號：AA11010000F/0054/301/01841/0002/001/0001–0385。

48 曾永賢口述，張炎憲等訪問，許瑞浩等記錄整理，《從左到右：曾永賢先生訪問錄》（臺北：國史館，2009），頁118。

49 「三個月來之觀察所見」，〈廖文毅（四二專案監管措施）案〉，《法務部調查局》，檔案管理局藏，檔號：AA11010000F/0054/301/01841/0002/001/0384–0385。

50 「廖文毅經濟發展計畫」，〈廖文毅案有關指示及裁定（二十三）廖文毅返臺後活動〉，《法務部調查局》，檔案管理局藏，檔號：AA11010000F/0039/FA1.1/00244/0023/001/0052。

51 「前田善子來信」，〈廖文毅案有關指示及裁定（二十三）廖文毅返臺後活動〉，《法務部調查局》，檔案管理局藏，檔號：AA11010000F/0039/FA1.1/00244/0023/001/0149–0150。

52 「檢送廖文毅通信資料由」，〈廖文毅案有關指示及裁定（十二）廖案有關函件卷〉，《法務部調查局》，檔案管理局藏，檔號：AA11010000F/0039/FA1.1/00244/0023/001/0149–0150、0125–0134、0147–0150、0232–0234、0249–0252。

53 George H. Kerr, *Formosa Betrayed* (Boston: Houghton Mifflin, 1965).

54 「為檢送行政院新聞局函送『美國仇華分子出版《臺灣被出賣了》一書案』節略資料一份如附件敬請查照參考」，〈廖文毅案有關指示及裁定（二十三）廖文毅來臺後活動〉，《法務部調查局》，檔案管理局藏，檔號：AA11010000F/0039/FA1.1/00244/0023/001/0065–0070。

55 陳翠蓮，《重構二二八：戰後美中體制、中國統治模式與臺灣》（臺北，衛城，2017），頁402–444。

56 〈「臺獨」叛國組織徹底瓦解」，《聯合報》，1974年10月8日，2版。

57 〈廖文毅病逝〉，《聯合報》，1986年5月10日，2版。

國家圖書館預行編目資料

成為幽魂的總統：一段跨越三代的家族記憶與臺灣獨立運動往事／廖美文（Kim Liao）著；向淑容譯
－初版.－臺北市：春山出版有限公司，2025.06－400面；14.8×21公分.－（春山之巔；34）
譯自：Where every ghost has a name : a memoir of Taiwanese independence

ISBN 978-626-7478-69-1（平裝）
1.CST：廖文毅 2.CST：廖氏 3.CST：家族 4.CST：臺灣傳記 5.CST：臺灣獨立運動
783.37 114005220

Summit
春山之巔
O34

成為幽魂的總統：

一段跨越三代的家族記憶與臺灣獨立運動往事

Where Every Ghost Has a Name: A Memoir of Taiwanese Independence

作　者　廖美文（Kim Liao）
譯　者　向淑容
責任編輯　盧意寧
封面設計　丸同連合 UN-TONED Studio
內頁排版　丸同連合 UN-TONED Studio

總 編 輯　莊瑞琳
行銷企畫　甘彩蓉
業　務　尹子麟
法律顧問　鵬耀法律事務所戴智權律師

出　版　春山出版有限公司
地址：11670臺北市文山區羅斯福路六段297號10樓
電話：02-29318171
傳真：02-86638233

總 經 銷　時報文化出版企業股份有限公司
地址：33343桃園市龜山區萬壽路二段351號
電話：02-23066842

製　版　瑞豐電腦製版印刷股份有限公司
印　刷　搖籃本文化事業有限公司
初版一刷　2025年6月
定　價　550元

I S B N　978-626-7478-69-1（紙本）
978-626-7478-68-4（PDF）
978-626-7478-67-7（EPUB）

春山出版
Email　SpringHillPublishing@gmail.com
Facebook　www.facebook.com/springhillpublishing/

填寫本書線上回函

World as a Perspective

世界作為一種視野